Grundtvigs Vidskabelige Skrifter
グルントヴィ哲学・教育・学芸論集

④

学芸

同時代哲学との対峙

N.F.S.グルントヴィ……著
小池直人……訳

風媒社

目　次

訳者まえがき

本書『学芸』に訳出したテクストはすべて、著者グルントヴィが三〇歳代に公表したものであり、彼の同時代を席巻した哲学への批判にかかわる。「学芸」の基本的性格は永遠と歴史との相互連関性であり、本書はその原理論ともいえる諸論考を選び、当時隆盛を極めた体系哲学に対峙する仕方で展開される「学芸」の輪郭をとらえられるようにした。この時期のグルントヴィの議論は二〇歳代に影響を被った理性的啓蒙主義やロマン主義から離れ、ルター派プロテスタンティズムへと接近するなかで宗教復興の強い調子を帯びるが、それは彼の後の宗教批判や教育、社会、政治的諸言説を理解する上で不可欠の基礎となる。ここから読者は現代人が「学習福祉」、「学習経済」、「社会投資型福祉国家」などと呼ぶような、人間形成を最重視して展開される現代デンマーク（共同）社会の秘密を探ることができるだろう。

二〇二三年八月三一日

凡例

一　本書の底本となるテクストは次の通りであるが、訳出にさいして適宜オンライン版の *Grundtvigs Værker* を参照した。

第一章　哲学の世紀：Om philosophiske Aarhundrede, 1816, i: *N.F.S. Grundtvigs Udvalgte Skrifter,* bd.3, Holger Begtrup (red.), Gyldendalske Boghandel Nordisk Forlag

第二章　経験と健全な人間知性への学問的慣習の関係：Om Videnskabeligheds Forhold til Erfaring og sund Menneske-Forstand, 1817, i: *N. F. S. Grundtvigs Udvalgte Skrifter,* bd.3

第三章　真理、偉大、美：Om Sanhed, Storhed og Skiønhed, i: *Danne-Virke,* Et Tisdskrift, bd.3, 1817, Photgrafisk optryk, 1983

第四章　啓示、芸術、学芸：Om Aabenbaring, Konst og Vidskab, i: *Danne-Virke, Et Tisdkrift,* bd.3, 1817, Photgrafisk optryk, 1983

補録　第一節　シェリングについて（抄訳）：Om Schelling, i：*Krønikens Gienmæle,* 1813, i：*Grundtvigs Værker.*

補録　第二節　ステフェンスについて：Om Steffens, i：*Krønikens Gienmæle,* 1813, i：*Grundtvigs Værker*

二　訳注は章ごとに、（1）（2）（3）…のように示し、一括して本書の末尾に掲げた。

三　グルントヴィによる原注および、グルントヴィ自身が明示してはいないが、聖書テクストの参照箇所のすべては、各章の末尾に注として（一）（二）（三）のように漢用数字で掲げた。例えば「コリント人への第一の手紙1－3」。

四　本文中の（　）内はすべてテクストにより、［　］内はすべて訳者による補足的挿入である。

五　章題、節題は［　］内を除いてすべてテクストによるが、小見出しはすべて訳者による。また第一章、第二章…、第一節、第二節等の順序はすべて訳者による。

六　本書に訳出したテクストのうち、英訳書（*The Core of Learning: The philosophical Writing of N.F.S. Grundtvig*, translated by E. Broadbridge, Aarhus University Press, 2021）に訳出されている部分は、適宜参照した。

グルントヴィ哲学・教育・学芸論集　4

Grundtvigs Vidskabelige Skrifter 4

学芸

同時代哲学との対峙

第一章　哲学の世紀

[はじめに――哲学の世紀とその難点]

「我々は哲学の世紀に生きているんだ。」たしかに我々はみな、この話を幼年期に聞かされてきた。我々がおとなになったら、きっと子どもたちの想像できる一角の人物と見られるようにと激励されてきた。だが我々が信じるべき理性的な人々となることはけっしてないだろう。再洗礼派のような仕方で(1)世界という貯水のなかで哲学的なものの名によって洗礼を受けた一八世紀を考察するなら、津々浦々にいたるまで哲学的なものに向かい(2)、それを問題にするなら、我々にはたしかに哲学がいたるところで好意的に書かれ、それが一つの国から他の国へと歪んだ仕方で迎え入れられているのがわかる。だが哲学はまったく見えさもしないので、たしかに、一八世紀の下手なラテン語哲学が、みんな聞いたことはあるが誰も見た者はいない『イェルサレムの靴職人と彼の月旅行(3)』の物語を意味していたと我々は考えなければならないだろう。[ホルベアの作品]『ニルス・クリム(4)』が風刺的だとしばしばいわれるのはたしかだ。だが、ホルベアの旅行記全体が、理論的にも実践的にも一八世紀の哲学の明らさまの予言であること、このことを見抜いた者を私はまったく知らない。だがこのことはじっさいに、明快な説明を要し、哲学者のコメントに価する。なぜなら、とくに哲学追悼の辞と呼ばれたホルベアの哲学にたいする賛辞が本物のコメンタールと呼ばれるものだからである。

しかしながら、私が心意識(5)のなかで諸々の予言を解明しなければないと考えていることなど思いもよらないことだろう。そうだ、私はかつてそうした試みのために疫病の家(6)に送られたのだが、その家で、予言を解明しなければならないと考えていことなど思いもよらないだろう。「疫病の家という」私が自分のありようを発見した場で、遺憾ながら私がじっさいにいた場で、解明の喜びは消え失せねばならないのだが、私はまったく独自の、理解可能な仕方での解明をすべて時代に委ねる。そのことで世人が確実な証明と信頼性のヴィジョンを手にするだけでなく(一)、「壮麗な」祭礼服と、憧憬の空にいたるには絶望的だが、地上には届くヴィジョンを獲得できる。こうしたことはきっと、偉大な事柄と呼ばれるにちがいないだろう。

これにたいして、私はここで簡単に、哲学がいったい何でありうるか、哲学が我々にかかわって本来何であらねばならないか、そして我々が哲学とともに何をなすべきかを思い起こすことに眼を向け、そのことにたいして一八世紀哲学と一九世紀のそれのどちらが哲学的なものの名を獲得できるのか、根本的ともいえる反省を加える。たしかにそうしたことは私には省略できない難問であるように思えるが、いつでも我々の周囲には多くの覚醒した秀逸な哲学者たちがいる。エーレンシュレアーの詩作(7)や『アテナ』誌(8)の諸理念のように、彼らは、どのように万物が包括的全性と無性のなかに解消するかをまったく巧みに我々に語ることを心得ている。だがある部分で、問題の解消は世人には簡単にできるのであり、そのために哲学は必要ない。むしろ問題を獲得することが主要課題である。そしてある部分で、哲学者たち自家製の独特な種類の服は、シミがいっぱいで舶来のぼろきれでできた少し精神的な紙、すなわち論文であり、そこでの透かし模様がだけが唯一デンマーク的なものである。換言すれば、［その紙の上に］思想家たちはたんに擁護や説得を記すだけでなく、衝突や思い付きを記している。その言語はあまりに取り乱したドイツ語であるから、それらの思想家たちがどれほど狂っているかは、しばしば見るに忍びないことがある。だからそこから世人は通常の虚偽からその反対が真理であること（cuius contrarium verum est）を取り出せるようには有益なものを取り出すことができないのである。

それゆえ私は思うのだが、僅かなことばで、哲学といわれるものについて語ることはよいやり方ではない。少なくともデンマークの読者に、自家製の哲学を率直かつ簡潔に語ることを妨げ、すべてを真摯な人間誰しもが熟知している物事や表現へともたらすことを妨げているのが深い思索でも貧弱な言語でもないことを読者に思い起こさせることは不適切ではない。むしろ、混沌の思考様式と母語の無知、これ見よがしの自慢振舞いへの喜び、同時に多くの人々がそこに立脚していることを想像する喜びが原因である。つまり誇張した文体が高さであり、混沌が深さであることを想像する喜びがともに、現実に存在する不分明や曖昧さの唯一の原因なのである。

［学芸とは何か］

哲学は周知のように、英知すなわち完全な認識、直接的直観への人間の努力の表現である。すなわち、最高のキリスト教的表現を用いれば、顔と顔を突き合わせての考察努力である[二]。我々がこの努力をその生ける様態で記すために最良に選択できるデンマークのことばは、疑いなく学芸である[9]。そのことばは、我が国のデンマーク語聖書のすべての箇所でこの意味に用いられる[三]。それは知と機知、冗談を背後にすえ、確信と並び立ち、学問と学問的慣習、英知に自覚的であることでこのうえ上なく厳密な証明ができ、接尾語〈-skab〉を伴っている。このことばはアイスランド語の〈skap〉、すなわち心意識性であり、内的存在においても生きいきした表現[四]においても、母語において基礎をなす諸性質を表現するのである。そうだ、我々は必ずしもことば遣いにとどまる必要はなく、その表現の最高水準へと、すなわち神のことばが現存しさえする現実・活動的真理へと向上できる。というのも、我々はどんな人間的性質も創造されたものと見なさねばならないからであり、その学芸は理性において諸々の確信の世界の創造をめざし、言語においてその世界の像、シンボルの創造をめざす。世人は大まかに学問がまさしく学芸に匹敵する表現だったといえるだろうが、しかし、これにたいしてたしかに、紛糾してけっしてうまく展開されていないし、混乱によってすっかり解明されていないと異議申し立てがなされよう。我々は、どのように学問が諸々の真理という分岐した圏域を意味するようになるかまったく洞察できないのだが、学問にまったく［学芸とは］違った意味を与えることには用心が必要である。つまり学問が［学芸に］置き換えられるか、あるいは変更されるべきであることが一般に明らかに洞察されるのだが、学問に［学芸とは］まったく違った意味を与えることには用心が必要なのである。

しかしながら、［学問の］知は全体的なもの、閉じられたものを意味するのであり、したがって、何らかの権利をもって諸々の知識情報の総計にだけ適用されるとはいえる。その知識情報は記述された範囲への制限によって、外見上の全体性をえることができるのである。なぜなら、学芸はこれに反してここで、塵[10]における到達できない目標への無限の努力であり接近であって、それが学問と呼ばれるなら空々しい自慢となるだろうからである。これと違って、学問的慣習は学芸と密接にかかわるものについてとくに用いられる[11]。というのも、たいてい補足的用語にすぎなかったこの表現の通常の使用は、［学芸と学問の］両方にたいしてともに認められるからである。学芸の目標が完璧な学問であることは疑いないのだから、真理はそうした学問を同伴する。だから、たしかにデンマーク語とはいわれるだろうが、学芸的とか学芸的慣習のような新語を［学問的慣習以外に］つくることは不要である。なぜなら、それらの新語はそれ自体では社交的とか友愛的とかのことばと同じで、耳障りが悪く、少なくともデンマークの読者にたいして案内となるよりむしろいっそうの混乱を招くからである。

［学芸の基本問題と理性の限界］

以上の前置きはたしかに、おそらくは表層的で素っ気ないが、しかし夢想的とも無根拠ともいわれることはないだろう。同様に、この前置きの後に学芸の目的や条件にかかわる〔第一の〕問題が来る。ここではだが、学芸と呼ぶに価し、真の学芸である知の喜びと学説が向存在の解明にかかわらなければならないことは明らかである(12)。その向存在は、世人がその根底と起源、状況と意味、意図と目標について明快に概念をもつときにはじめて解明されていることはなおさら明らかである。

第二の問題は、向存在の根底と目標が直接的に人間的学芸の対象でありうるかどうかについてである。換言すれば、どの範囲で我々はたんなる理性からその向存在を解明できるのか、どの範囲で我々は理性によって万物の根底と目的を受け取ることができるのか、我々が何を一言で神と呼ぶのかが問題である。このことは明らかに、理性によって概念把握できるものを除いて、何がしかのものを精神的な事柄の真理と見なすべきでないと主張する哲学全体によって前提されている。というのも、我々は、取り巻かれ、結びつけられているものだけを身体的な仕方で概念把握できるのと同様に、理性の把握能力を越えて行くものまで理性で概念把握することはできないからである。なぜなら身体が手を使って把握する場合も同様だが、理性は理性自身より大きいものを把握できないからである。

したがって、我々が最高のものや最初のもの、最後のものを概念把握できるかどうかは明らかに、我々自身が最高のものや最初のもの、最後のものであるかどうかに依存している。というのも、たしかに想像力と感情は我々自身を越えていくことができるが、理性はけっしてそれができないからである。なぜなら、理性はそれ自身であることにとどまらねばならず、明快で矛盾のない意識であることに終始しなければならない。すなわち理性や非理性をとらえ、概念把握し、理性と非理性であることにとどまり、［後者の場合は］自己自身を廃棄する。すべてそうした性質によって働かねばならない。矛盾してはじめて可能なことを捨象し続けなければならないのである(13)。

したがって、同時代の哲学者たちが、神的な事柄についての学問を我々に授ける事態に先立って反芻しなければならなかった問題は、そのような学問が可能かどうか、換言すれば神的な事柄と人間的な事柄とが同一であるのかどうか、人間がじっさいに自分自身の神なのかどうか、人間が（独立的で）自己自身に由来し、だが（厳密な知性において自由で）自体的、即自的であるのかどうかでなければならなかった。というのも、それらの問題だけが肝心だからである。もし我々が神を概念把握できないことがたしかであるとすれば、すべての我々の神についての学問は愚かな行為である。というのも我々が自ら概念把握できないような諸々の概念は、たしかに我々の諸概念ではなく、ゆえに必ずそれらが間違っているか真理であるかのどちらかであるにしても、我々が信仰によって獲得できるようなより高次の諸概念でなければならないからである。したがって、端的に我々の理性で概念把握できない唯一の表象があるなら、その表象は矛盾の余地なく確実に［理性にとっての］最高のものではない。というのも［理性で把握できる］最高のものはもはや、［その表象以上に］高いものではないからである。

しかしながら今、自己自身に由来し、独立的であり、自分自身の父であり生の根拠である概念が神であるなら、それは、その現実性において矛盾の余地のない一つの概念である。というのは、我々はその概念を我々の意志するもの、我々が永遠と呼ばねばならないもの、けっして始まらないが存在するものと呼ぶにちがいないからである。始まらなかったものは必然的に不変である。通常、何らかの概念が向存在するのなら、その概念をそのものとして概念把握しなければならないだろうし、その概念は我々自身の内にあるか我々を越えてあるか、どちらかでなければならないであろう。だが、我々に今わかるのは、その概念がただ我々に向かい合い、我々がその概念に向かい合って、それが我々には概念把握できないことを立ち止まって宣言せねばならないということだ。だが、世人がその向存在はその根拠が概念把握されることなく根本的に解明されていると主張するのも、永遠で独立的な存在についてのすべての学問が我々には不可能だと認めるのも矛盾してはいないのだ。なぜなら、すべての向存在の必然的根本概念としての学問は我々には把握できないからからである。

すべてこうしたことは、なおもいっそう厳密かつ明快に証明されねばならない。だがそのことは片や偏見のない読者にとって十分に明快であるにちがいない。そして片や、ここはそのことを十全に展開する場ではない。要するに私は、これらの読者に啓示的真理を思い起こさせねばならないだけだろう。したがって、何がしかの光に照らせば次のようにいうことは夢想的主張とすべきではないだろう。すなわち、信じるべきものを概念把握しようとする時代、換言すれば人間には概念把握できないことが証明されたなら何らかのことが反証されたと考える時代、そのような時代が理性的でも哲学的でもなく、まさしくその正反対だというなら、それは夢想的主張とすべきではないだろう。

〔理性の真理とシンボル的認識〕

ところで一八世紀を哲学の世紀と呼ぶことに最低限の正しさがあるかどうかは詳論を要しないが、そのように呼ぶことが望まれるのかどうか、学芸がどこでも何がしかの価値と理性的意図をもつかどうかは精査を要する。なぜなら、我々には神を概念把握することができないので、学芸は永遠なもの、神的なものの直接的認識を与えることができないからであり、そのことがたいへん重要な第二の問題である。重要な、と私がいうのは無条件にではなく、現代のあらゆる反省的人間にあってなされるように、その問題が要請されるという条件によってである。

この問題は哲学史によって決着をつけることができない。というのも、理性はそれが理解しないものを判断しようとするなら著しい過ちに陥り、その理性にしたがう者を混乱させ、理性の正しい使用のメリットを何も示さないからである。私が考えるように、理性がこれまでつねに精神の国において自力で歩もうとし、まったく粗野な仕方で「人々を」導くことが証明されるとしても、そのことで示されるのは、理性はその「到来の」時を待たないということだけである。しかし、自惚れた子どもが教育と訓練によって理性的な子どもになることは疑いないし、そのようにして自惚れた理性もまた賢くなる。世人は賢くなればできないことを望まないし、「神という」自らの上位者とは争わない。人類においても、個々の人間においても同様に、理性は精神的成長と発達のための概念であり表現である。このことは否定できない。理性は以前にはけっして概念把握しなかったものを把握するようになること、その軌道が折り悪く塞がれないなら、そのようになるにちがいないこと、この両方のことは簡単にわかることである。

そこで問題は、そうした条件にしたがって理性が人間精神にとって重要であるものを概念把握するにいたりうるかどうかになるが、そのことの答えは簡単である。というのも、理性はそれ自身と理性の概念のもとにあるもののすべてを、したがって時間的人間と時間的なものすべての概念把握を可能にしなければならないからである。なぜなら人間はすべての時間的なものの中心にいるからであり、時間的なものは人間において概念把握できなければならないからなのだ。さらに、いかなる理性も指定され、定められ、創造され、理性にとって可能なものを概念把握するよう習慣づけられねばならないように、時間的なものを考慮せずには、永遠なものを何も解明できないことが簡単にわかるのだから、時間的なものの解明は永遠なものについての人間の確信に最も決定的な影響を与え、媒介的で像的認識すなわちシンボル的認識を産み出さねばならないだろう。というのも、時間的なものはじっさいには永遠なもののシンボルでありうるにすぎず、真理に即したシンボルがはっきりと概念把握されるなら、シンボルを越えたもの自体を把握しないとしても、それが何を示し、何を意味するのかはわかるからである。

自己自身を真理において概念把握すること、それは人間理性にとって大いなる目標であり、人間的学芸の高みであって、そこへの第一歩は真理における理性の精神的自己意識であり、自己自身を真の永遠との関係において承認すること、神的理性と真理との関係において承認することなのである。

〔理性の無矛盾性〕

ここで私は明らかであることを、すなわち諸民属の理性が、彼らの最初の年代おいては精神的にはほとんど自覚されていないこと、そのことは個々の人間の理性が、壮年になる以前の幼児期においては感覚的で、精神的に自覚されていないのと同様であること、こうしたことを展開するつもりはない。私はまた、いかなる理性も、それが信仰の援助によって予め真理においてなかったとするなら、じっさいに自覚的にならないという確実な事柄をここで証明するつもりもない。しかし私が注目したいのはたんに、何か精神的なものがあるかぎり、すなわち人間において超感覚的なものがあるかぎり、精神的なものの現実・活動性を否定する理性はまったくの狂っているということ、その理性がそれ自身による存在(14)を概念把握できないかぎり、理性が自己を精神的独立性に帰するなら、虚偽において自己自身を意識化していることである。そうだ、これと同じケースは、理性がその生それ自体を保持するために、自己を自立的と言明する場合である。というのも、理性は自立的理性を、つまりそれ自体における生ける真理を概念把握できないからである。

理性が概念把握できないものはやはり理性ではない。なぜならその理性は、概念把握し、一つの概念であることがなければまったくないに等しいからである。なお、その理性は我々においては永遠のものや不変のものをとらえることのできない時間的概念であるが、自立的なものは永遠のものであり、その自体的な生ける真理は不変なのである。

したがって、人間的理性が自己自身を真理において意識するようになるなら、理性は自己を時間的、依存的概念として意識するようになり、それ自体においては死んでいるが、真理への愛においてのみ生きている概念として意識するようになる。「私は感覚的に向在し、私は時間において感覚的である。私は時間的なものの真理の証人である。」これは自己意識的理性の第一の誠実な発言である。そして今や、理性はさらに前進して述べる。「この［理性の］概念把握は無矛盾的であり、その把握にいかなる理性も自己矛盾なしには矛盾できないし、そのことによってこの概念把握の真理性を証明できる。したがって、私に、私の向存在と同様に明確であり、たしかであるものもまた無矛盾的であり、それは私と同様に時間的真理である。というのも、それは私において真理であるから。」しかし理性が自己自身に永遠真理とは何かを問うなら、その答えは「そのことを私は概念把握できない」ということになる。というのも、その理性は私［すなわち自我］を内に含むが、しかし、私を排除する何ものも永遠真理ではありえないこと、私が私であるものでありうるために、永遠に真理であらねばならないことすべては永遠真理である[15]。というのも、私は永遠真理の時間的像、時間的シンボルだからである。

　こうしてその理性が純粋に自己自身にたいして現れるなら、そのときはじめて理性はその精神的法廷を保持することができ、個人的傾向性や表面的光沢にしたがってではなく、真理にしたがって、すなわち真理の永遠の基本法則である矛盾原則、矛盾律にしたがって判定する。理性は、理性の光において解明されるものすべてを評定し、他のものすべてに理性の価値を主張させる[16]。その価値は、まさに虚偽の肯定や理性が概念把握する真理の否定を恐れることと基本的に同一である。というのも、虚偽は真理の否定なくしてはありえないからである。いかなる「否」も「然り」を前提とし、かつ後者を是認しようとはしないのである。

〔学芸の歴史性〕

ところで、我々の理性に概念把握可能であり、そうすべき対象が時間的人間であるということを明快な真理によって主張するなら、すべての真の学芸は、あらゆる仕方で歴史的でなければならない。〔まず〕歴史的というのは、その理性に時間的真理という基準がなければ、理性はそれ自体で何も見出せないし、それ自身を度外視して学芸の内容を探さねばならないだろうからである。〔次に〕歴史的というのは、人間が時間において展開され、時間において概念把握されるにすぎないからである。〔さらに〕歴史的というのは、理性が部分的でなければならず、時間とともに結論できるにすぎないからである。こうしたことの帰結として第一に、年代期を解明しない学芸理論はどれも誤りであり、第二に、既成のものとして公表されている学芸のどんな理論も、どんな哲学体系も、それが個々の点においていかに多くの真理性を保持していようとも、全体としては大いなる虚偽だということである。というのも、概念把握されるべきものは人間であり、人間が時代において発達・展開し、そしてその理性は時代を通じて自己を展開する人間的概念の表現であるのだが、そうであるなら、我々は時代の経緯のもとで、概念における自己展開者であるような人間の概念、すなわち人間的学芸の真の概念を保持できる。その概念がまさに自己展開する唯一のものであるがゆえに、すべて展開されているものをまさに真理において概念把握することができるのである。

最後にここからの帰結だが、その理性が暫定的真理の知識情報なしに真理において展開されることができたとすれば、理性は時間の経過のもとで人間を満足させ、彼に完全で明快な人間概念をその充実の全体において与えることはできなかったであろう。だがしかし、真摯な人間は不安定かつ不確定な仕方で世界において、彼の最重要の永遠の関係を求めて、まさに日常の終焉まで彷徨せねばならないだろう。もちろん、唯一の完全に明瞭な概念を抜きにしてのことである。というのも、その完全な全体性がなければ、何も完全に明瞭ではないからである。

しかし、その概念把握が人間における展開であるとすれば、展開されるべき真理は混ぜ合わされて予め存在するであろう。人間において明瞭になるはずのものは、人間には予め、不分明なものとしてなければならないだろう。人間が概念把握するようになるべきものを彼は［まず］信じなければならない。理性は、受け取るべきものを予め見つけねばならない。まさに手が［受け取るものを］産み出せないように、理性は概念把握すべきものを生み出せない。まったく明らかなことだが、人間がじっさい何らかの仕方で自己を永遠真理の地上的像、地上的シンボルとして概念把握すべきであるなら、その人間は現実・活動的に人間でなければならず、まさしく人間のはじまりから人間でなければならないが、永遠真理そのものはその人間において、まさしく人間のはじまりから啓示されていなければならず、その永遠真理自身が人間に生を吹き込み、人間をして精神において真理の声を聞かしめねばならない。というのも、生ける真理は自己を否定できず、時間的生において自己を［概念的に］

明示できないが、しかしその生にたいして自己を隠すこともできないからである。そのことは自己矛盾なのだから。

　永遠真理の時間における啓示、それは理性が歴史を通じて概念把握するために創造されていることなのだ。というのも、その歴史はどのようなあり方で啓示が生じたかを示さねばならず、永遠真理の時間的シンボルを表現しなければならないからであり、この、どのようなあり方でとしての像すなわちシンボルが、理性が概念把握すべきものだからである。

　私は、そうしたことから歴史がそれについて伝える神的啓示の理性的考察にかかわって結果することを詳論するつもりはない。というのも、そこでの問題は歴史が不分明に構成し記述する啓示だからである。個々の個人あるいは状況について私はここでは語らない。むしろ、歴史において議論の余地のないもの、すなわち歴史の行程と諸々の記念碑、諸々の民属集団、大きな民属の事績や出来事、他ならないそれら諸民属の遺産を問題にする。そのなかで、それら諸民属は人類の構成員としての特徴を正確に反映したであろう。というのも、そのようなものとして諸民属は、彼らの営む生が個々の様々な国家としては消滅しなければならないとしても永続的なのだからである。

〔歴史とは何か〕

　こうして我々が歴史を考察する場合、歴史がどんな真理愛好的な学究の徒よっても詳しく問われねばならないこと、さらに歴史が確実で重要な答えを与えるにちがいないこと、この両方のことは簡単に洞察できる。なぜなら歴史は人間が必然的に自己の真の条件を表現しなければならなかったプロジェクトであり、加えてそこにおいて真理が人間たちの計画や行動にたいする判断を告知しなければならないことばだからである。ただ歴史においてのみ、我々はこれまで明らかにされたような仕方で人間を完全に知るだろう。ただ歴史においてのみ、人間は子孫の眼に隠されている自らの現実と真の姿を啓示するのである。

たしかに単純にわかることだが、思想家はまず第一に自己自身に尋ねるはずだし、そのことによって正しく歴史に尋ねることに熟達するだろう。しかし、個々人あるいは個々の時代がそれ自身から人間の解明を欲することが精神的狂気であるのはまったくたしかである。人間は、人間的生の全体の最終的恩恵である当の人［イエス］を措いては完全には明かにできない。すなわち真の解明された人間そのものであり、キリスト教的表現でいえば、神の子として解明された人間の子(五)を措いては完全には明かにできないのである。

こうして、古い時代が精神的想像力と感情とを啓示すること、現代の自己自身のもとでも他の人々のもとでも誰も見出さない精神的想像力や感情を啓示することは否定できない。だが、これらの想像力や感情はまさに解明されねばならないだろう。すなわち、人間が自己自身を理解でき概念把握できるに先立ち、その理性が自己自身を人間精神の展開として概念把握できるに先立ち、そして、その理性が人間的なものすべてをそれ自体において概念把握でき解明できるに先立って、［想像力や感情は］解明されねばならないだろう。真理における自覚的理性が純粋に思弁哲学(17)と呼ばれたものについて判定しなければならないことは明らかなのだ。その哲学が真理における歴史全体の総括概念ではなく、それ自体において人間的諸性質をすべて保持し、まったく欠点のない結びつきとその最高の展開でないのなら、そうしたものを自覚的理性はまさしく怠惰と宣告しなければならないだろう。というのも、人間の諸条件を越えて自立的に反省することはたしかに自己自身を探求することではあるが、自己自身の解明を普遍妥当的と呼ぶことは自己を完全で完璧な人間として措定し、自らの経験を人間の歴史全体と受け取ることだからである。今、個的で欠点のない人間の子がそう考えているなら、そうだ、その人間の子が死を経験し証明する以前に、［普遍妥当的］と考えているなら、その子は愚かであり、世人はその不明を憐れまねばならない。だが、その憐れむ人自身が不明でなければ、その愚かな子に墓のなかにまで付き添って行くような誘惑にかられることはけっしてないのである。

［一八世紀哲学による歴史の貶下］

ところで、冷静な眼をもつ理性すなわち覚醒した理性は、まさしく真理に自覚的で、真に精神的な理性と同一のものであるが、その理性が一八世紀を、つまり理性があらゆる仕方で正当化され、義務ともされている一八世紀を理性の法廷へと召喚するなら、そこでの裁定は、その世紀以上に真に哲学的でなく、真理を愛さない世紀はおよそなかったということになるにちがいない。というのも、その世紀の理性は自己をいたるところで自立的とし、頻繁に独立的だと宣言したからである。その世紀の哲学者はまさしくヴォルフからシェリングにいたるまで、人間を自己自身から解明することを引き受けた(18)。歴史は、それが必ずしも無視され、軽蔑され、無効と宣告されなかったにしても、そのようないわゆる哲学によって傷つけられ、歪曲され、台無しにされたであろう。歴史の解明は哲学の最終目標として尊重されてはおらず、むしろ副次的問題であり、児戯に等しいものと見なされた。その哲学はそうしたものを結果的にガラクタの山として残したか、あるいは娯楽のためか、せいぜい貧民や感情的精神を黙らせるために、その哲学の超感覚的な高所から一瞬だけ身を落としたかのいずれかである。もっとも、貧民や感情的精神は人間およびその向存在の解明と呼ばれたものにおいて明白になった偉大なる人間の生を知るための人間の権利を訴えたのではあるが。ヴォルフは歴史が向在しないかのようにふるまいはしなかっただろうか。カントは歴史の非妥当性を主張し、フィヒテ(19)は同様のことを証明しようと努めなかっただろうか。シェリングは歴史を自然―人間発展のたんなる描出に変え、人間の自己解明のたんなる範型に変えるよう精励しなかっただろうか。それは、人間の解明へと歴史を活性化するよう努めた哲学を意味したのか［、いやそうではない］。

ヘルダーやチューゲ・ローテ(20)のような幾人かの個人が精神とともに歴史を問う努力をしたこと、これは正しい。しかし、一八世紀の哲学は彼らを歴史へと駆り立てたのか、それともそのさい彼らを阻害したのか。彼らは聞き取られたのか、それとも彼らの努力は、歴史によって没落する教会を支える無駄な試みと見なされたのか。他の点でいえば、歴史解明が課題とされたさい、歴史自身をして語らしめたのか、それとも口頭でのことばとしてだけ歴史がおかれたのか、人間の条件についての諸々の主張を歴史によって証明しようと探求がなされたのか、それとも、それらの主張が直接確実なものと見なされ、たんに可能なかぎりうまく歴史を自己の主張に合わせて、歴史の証言を否定したり、疑ったりすることに手を貸したのか。どのように諸事件が生起してつながり合うのか。どのように詩情と芸術とがそれらの驚嘆すべき作品をもたらしたのか。所与の諸原因、それらだけが周知の諸結果を導きえたことが矛盾なく証明されたのか。人間の諸能力についての明快な概念は与えられたのか。現存する人間精神の偉大な諸事業が現実・活動的に記述される方法で生起しえたことは証明されたのか。あるいは解明の全体は、世人が諸事件を起こし、それらを結び付けて、諸々の仕事を成し遂げねばならない場合に用いる方法で記述したことのなかにあったのか。

　読書教養層はこうしたことにたいして何が答えられねばならないのかよくわかっている。歴史がまったく概念把握されていないとしても、解明されるであろうことが所与の諸条件のもとで必然的に生じねばならないことには議論の余地がない。このことはよくわかっている。だが、そのように議論の余地のない証明がなされないなら、何も解明されていないし、明らかなことは、全体がたんに憶測にすぎず、そのような憶測が歴史において議論の余地のないものを理性の要求の一つと合致させるのに必要だとするなら[21]、その憶測がその真理性を証明するまでは、その主張を真理として通用させてはならないが、虚偽としてもならないだろう。しかしながら今わかることだが、一八世紀の諸々の理性的推論を歴史の証言と比べるならいつでもこうした事情がどの時点でも当てはまる。したがって、どんな人間も自らの良心のために、それらの推論を擁護したり、それらにしたがったりすることはできない。それらの推論はそれらの公然たる借金を歴史に支払わなかったのであり、たんに口実を設けて歴史を逃れようとしたにすぎない。

こうして一八世紀の理性は、その理性を嘘つきと宣言した多数の出来事や著作の全体が捏造ないし偽造だと主張したのだが、必ずしもそのことを証明したわけではないし、その理性の最大の告発者で、最も栄誉ある告発者である聖書の諸著作にかんして捏造や偽造をまったく証明していない。このことには議論の余地がない。当の理性が吟味したことはせいぜい、理性の主張の真理の可能性を示すことであったし、そこで示されたものそのものをさらに押し進めなかった。すなわち、理性の主張が示したものを証明するところまで進まなかった。かりに理性が捏造や偽造を的確に見つけ、その主張の根拠にできたなら、理性は良心の咎めなくふるまえたであろう。一八世紀の理性はそのような捏造の可能性の解明をけっして行わなかった。そしてその理性は現実の事態の証明に、つまり諸々の捏造と矛盾のない真理とのあいだの否定できない争闘の明快な説明にまったき責任を負うことになったが、それは理性自身の主張の無矛盾的真理の説明にたいして責任を負うことと同様である。この負債が支払われるまで、理性は詐欺師のように自身の墓のなかに横たわる。というのも、理性は自身の証文を仕上げておらず、むしろ自己自身にたいして誤った領収書を書き、歴史の手に後書きを加え、歴史の抗議を模倣したからである。それはあまりに不出来で、どんな歴史家も理性の罪科を証言できるし、そうしなければならないというだけではない。同時に歴史家は理性の否定の余地のない証文を歴史による自筆の認証と一緒に仕上げることによって理性の罪科を証明できる。その認証が明確に示すのは、もしまだ生まれていない将来の諸世代によって支払われるべきで、将来世代が支払う［罪科にたいする］罰金を、すでに支払済みだと宣言するなら、その歴史は狂っているにちがいないということなのである。

［課題としての歴史への問いかけ］

このことは、一八世紀についての私の無根拠な反省ではない。私の考える一八世紀哲学が矛盾のない真理だと証明できるなら、［現状では］一九世紀の哲学は、一八世紀のそれを踏襲しようが非難しようが哲学的なもの資格を獲得できないことは簡単にわかる。だがしかし、一九世紀の哲学は、一八世紀の哲学的なものがやり残したことに取り組むことでのみその資格がえられる。すなわち、［第一に］歴史を一九世紀哲学が議論の余地なくそうあらねばならないものとして認識すること、つまり歴史を真理の現実・活動的啓示、人間の現実・活動的発展、人間的学問慣習のルーツとして、その総括概念として、さらにその試金石としてもまた認識することによってのみその資格が得られる。［第二に一九世紀の哲学は］そうしたものとしての歴史を見開いた眼と疲れを知らない勤勉さで奨励・開拓することによってその資格をえられるが、そのさい自然観察における直接的直観にも[22]、あるいは類似のものにも、歴史への近道があると想像することは許されない。歴史のゴールは日常の終焉以前には到達できないのであり、現世的・時間的なものの解明以外にはありえないのである。

しかしながら可視的であると同様に、歴史の全体をはじめて形成でき鮮明にできる眼が依然として旅の途上にあり、開発形成され、開示される概念とともにあるかぎり、人間理性がそれ自体で、あるいは何者かにおいてその完全な概念を直観しようとする愚かさははっきり洞察できる。そうだとしても、時代の兆候はまさにそうした決定的な歴史の趨勢を約束し告知するように見えることも周知のことであるにちがいない。そうだ、そうした歴史の趨勢は、理性が無理と呼ぶにちがいないほどの、精神の領域における激的な転換と再生抜きにはありえないと正しく主張でき、矛盾なく証明できる。なぜなら、［ここで無理というのは］その趨勢は人間的に論じれば、まったく不可能だからである。このことは、正しく歴史に問いかけ、歴史による応答を理解するのに何が求められるかを示し出すことで明らかであり、その何かを私は歴史的学芸あるいは年代記の証言についての独自の論文で証明するつもりである[23]。

たしかに、そのようなことは、その課題に熟達することが非合理であるなら不要と思えるにちがいない。だが、その課題が取り組まれ、歴史がそのゴールに到達するはずだとするなら、すべての時間的なものが真理において解明されるであろうことはそれだけいっそうたしかである。ただし、どこで、誰によってそのことが起こるのか、天の下でどの民属に精神的闘争のなかで国を営むような、すなわち歴史を営むような覚醒が認められるのか、どの民属にとって素晴らしい遺産が準備され、その諸々の［測りの］糸がとても好ましい諸々の場に落とされているのかが問題であるにすぎない[六]。人間が何であるかを知る者は誰も自らの民属が喜びを享受し、その［精神の］力を受け取り、恵みを取り入れることを心から願うのは当然である。私がその民属にかんして何を望むか、いかなるルーツを起源として私の眼が生まれたか、そのことを私は何度も語ってきた。どこで私が自分に向き合おうとも、私はその民属において活動する。このことなくしては、私がここで語ったどのことばにも後悔の二文字が刻まれるほかないであろう。

【注】

（一）ヨハネの福音書20-25

（二）コリント人の手紙第一13-12

（三）グルントヴィによる原注「民数記24-16、詩編19-2、イザヤ書44-25および47-10」。なおここでは著者による聖書の参照箇所も示されていたが、現状でのデンマーク語訳書でも確認できないものが含まれており、それらは省略した。

（四）グルントヴィによる原注「忠誠と友愛、愚かさ、野生のようなこと。ここからの必要な発展は、名詞の末尾を考察する母語の学芸に属する。とりわけ、〈-skab〉〈-maal〉〈-dom〉は注意に価する。」

（五）マタイの福音書17-13

（六）旧約聖書詩編16-6

第二章　経験と健全な人間知性への学問的慣習の関係

第一節　時代と哲学諸学派との一般的な関係

［健全な人間知性とその否定］

一七世紀の終わりから一八世紀のはじめに、そしてまた長い時代の経過の後に、思考の技法（論理学）以上のものであるはずの実在哲学について語られはじめ、経験と健全な人間知性が唯一の知恵の諸源泉で、そこから独自の学芸を取り出すことができるし、取り出すべきだと主張した多くの人々がいたことはすでに周知のことである。この主張はドイツにおいてはたしかに、しばらくヴォルフの推論口調に結びついていたが(1)、フランスやイギリスでは、とくにニュートンやロックが基準を与えたことばで続けられた(2)。つまり、その基準では、ヴォルフ派の推論の糸は、それが実在哲学を生むやいなや必ず断ち切られねばならないというものだった。その結果、およそアーヘン講和以来(3)、万事を経験と人間の知性に依存させ、その知性と一致しないと思われるすべての事象を捨てていくことが、ドイツにおいてさえ一般的になったのだ。

こうしておよそ一人間世代(4)ほどの時間、それはすべての人間の思い込みにより測定され支配される時間であるように思えるのだが、それほどの時間が経過した。しかしながら、今周知のようにカントが登場したのであり、次の人間世代では、経験と健全な人間知性、つまり常識は諸々の哲学的学校ではほとんど通用しないか、まったく通用しないかであった。そうした学校では、諸カテゴリーや純粋自我（精神的エゴイズム）、知的直観が哲学的硬貨に刻まれ(5)、あるいはむしろ学問的銀行券に印刷された。その成り行きは発行者の個人的信用すなわち彼の銀行通貨にたいする盲目的な信仰とともに価値が上がり下がりして受け取られる(6)。知性が演じた完全な失態を簡潔にして要をえたスイス人［歴史家］(7)がみごとに描いたように、上がり下がりして受け取られる。たしかに哲学がこれまでけっして正しく成長できなかった西欧においても北欧においても、口によって経験と健全な人間知性にかかわった多くの人々からなる党派が維持された。だがそれは、その力と知恵の全体が一つの事柄を否定することで存立する反対派にすぎなかった。つまり、その事柄があまりに簡単で無意味な無駄口なので、私が「否」をいうはるか前に子どもでも「否」といい、吃音さえしながら、世間の知恵全体に「否」ということができるような代物だったからである。［とはいえ、］よく考えると「否」はお喋りではなく、文字どおり真理であることがわかる。すなわち、啓蒙や哲学的精神、理性的であることや自己思惟と呼ばれるものが、哲学の諸学派の外部ではたんに否定派として一般には表現されることがわかるだろう。つまり、超自然的啓示の必然性、その現実性および可能性の否定、天国と地獄の否定、そしてしばしば神の否定、精神と身体の相互作用の否定、人間の堕落と歴史の証言の否定。それゆえ、おおよそ啓蒙的、哲学的、自己思索的といった表現の類義語である、偏見からの自由の表現も用いられる。

これにたいして、啓蒙された［独立的な］自己思索家たちに、人間とは何か、人間はどこから来たのか、人間はどこに行こうとしているのか、人間の不思議な諸条件をどのように理解すべきかが問われた。すなわち、人間がそこに立つところの内的および外的な争闘、願望と能力の不均衡、議論の余地のない自己自身からの飛躍が問われ、さらに人間の見えざるものとの共同の絆への決定的な傾向や欲求についての歴史的言説、すなわち見えざるものの地上における啓示と、それを証明するように見える不思議な諸事件についての歴史物語が問われた。いずれにしても、［啓蒙的自己思想家たちに］問われたのは啓示にたいする信仰が超自然的諸力、ちなみにそうした諸力は［世界の］内側からは到来しないのだが、そうした超自然諸力を与えたことを証明する歴史的言説だったのである。

［現代への問いと課題］

このようにして、そこでどんな答えがえられるかを問うなら、歴史にかんするかぎり、歴史が信用できないということは周知のことであった。諸々の深い憧憬について語られたことはたんなる夢想であった。たしかに詩情には高い飛翔が見られるが、それは想像力の仕業に過ぎなかった。人間には、諸能力と弱さ、徳と背徳、知恵と無能とが同居していた。まさしく、［自己思索家にとって］なぜ人間は人間だったのか、どこから来たのか、どこへ行くべきかを概念把握しようとすることは、人間の頭を不可能性と絶縁させ、有用な仕事や義務の履行、共同人たちの啓蒙に用いられるべき有益な時間を無駄にしようとする虚しいふるまいであった。ちなみに［そのさい］我々が無から来て、無になりゆくことはまったく明らかであった。すなわち、もし我々がこの大地の終焉を迎えているのなら、月に昇って行ったであろうことはまったく明らかであった。

　いったいどんな人間が、次のように自己自身に問いかけることもなく、じっと注意を凝らして先のような答えを聞き、平静かつ真剣にそのような応答を考察したのだろうか。すなわち、それが答えであるのか、君は今君自身においてより賢くなったのか、君は今静かに君の仕事に邁進するのか、それとも死に邁進するのか、君は今君の職業（天職）が何であると知るのか、生と死は何であるのか、偏見からのこの自由はこの上なく恐ろしい空無ではないのか。祖先たちが信じてきて、人間にたいして人間の条件と目標を啓蒙することができたもののすべての否定、それは空無であり、どんな保障も啓蒙もまったくなく、精神的な闇のなかで食ったり飲んだり、行動したり破壊したりすることへの動物的で卑劣な満足ではないのかと問いかけることもなく。

　［だが］このようなことが啓蒙と呼ばれ、現代理性の仕事として、人間の眼がそれによって開かれ、その眼が神のようになる神秘の働きとして賞賛されるにちがいない（一）。その啓蒙を君もまた促進するだろう。［時代の啓蒙の］すべてはそのことで始まった、つまり民衆のもとに光と平和を送る信仰を取り除くことで始まって、その結果、君自身が闇に座っている場をできるかぎり明るくするよう民衆を導いたのである。

　たしかに世人も気づいているように、私はここで記憶から、つまり先の時代の思い出から書いている。なぜなら、私は十年前、つまりいっそうの精励が求められる壮年世代への移行にあたって、同時代に流行する知恵についての思想にはまり込み、私自身の最内奥の使命を民衆の教師と見なし、私の活動を教育者とし、説教師と見なした(8)。これらの孤独な考察からの直接的な帰結が何であるかは、宗教と典礼についての私の論文で公表されているし(9)、ごく最近のものはこの雑誌『デーンの防塁』で見ることができる。

しかし、それらの全体がここで何をもたらすか、そのことがどのように、経験と健全な人間知性についての学術論文に帰結するのかと問われるなら、私の答えは、私が哲学的作家として賞賛を獲得するために諸論文を書くか、それともできるかぎり若者たちを覚醒させ、健全な人間知性を考察して用いることに駆り立てるために論文を書くのか、それらのどちらを考えるのかにかかっている。私の経験にしたがって、健全な人間知性が時代の啓蒙にたいしてどう判断しなければならないかを知らせるのは皮相なことだろうか。啓蒙の実行を試みていないあらゆる人々を刺激し、せきたてるのは皮相なことだろうか。健全な人間知性が、私においてそうであったように、あらゆる人々を同じ言語に導かないかどうかに注意を払い、健全な人間知性が各人の耳を真理にたいして開くようせきたてないのかどうか、真理の声がおそらくどんなに心地悪く人それぞれに聞こえるか、それらの周囲の多くの人々に心地悪く聞こえるかにかかわらず、真理に耳を開くかどうかを知らせるのは皮相なことであろうか。

たしかに、他の多くの人々とともに私自身が犯した誤りにたいして、とくに若者たちに警告するのは皮相なことではない。時代の啓蒙における愚かさと思い違いを啓蒙することよって、「いったい時代の啓蒙が」経験と人間知性の過失を撃つといった誤りに警告することを皮相なことというだろうか。健全な人間知性はまさにその愚かさにたいする処方箋であり、その時代に用いられることによって、愚かさを防がねばならなかったのだ。そのような警告が厳しい仕方で求められること、このことは当代の哲学諸学派を訪問することではっきりと見て取れる。加えて、その訪問は、世人が「普遍的啓蒙」に虚しさを発見するときに抗いがたいほどにそこへと駆り立てられるものである。というのも、少なくとも無の構成としてまったくの自己矛盾であった諸々の純粋な否定体系の全体が見られるからである。

だがしかし、私が経験によって知るこの試みについていっそう詳しく語る前に、我々は時代と哲学諸学派との一般的な関係にふれることが適切であろう。たしかに世人は、紙幣が重い硬貨にまさるように、安易さと扱いやすさにおいてはるかにまさるキリスト教の代用物を哲学に見出したと主張した時代には、そうだ諸々の読書界のいたるところで、本来の哲学者たちと読書教養層全体とのあいだで、この上なく生きいきとした相互作用があってしかるべきだと考えるだろう。というのも哲学者たちは今や「キリストの」使徒たちの代わりをしようというのだから、彼らの最高の努力は普遍妥当的で、普遍的に把握可能な啓蒙を伝達することでなければならなかった。彼らの著作はすべての啓蒙された人々の礼拝用の書物であり、すべての読書教養層の勤勉な探求や一般人への口頭講義による伝達の対象にならなければならなかった。手短に言えば、哲学研究は、それを信じねばならないなら、普遍的救済問題として扱われねばならなかった。というのは聖書を読み、聖書を研究することはこのように扱われた。こうして啓蒙やその確信とともに真剣さがやや損なわれるという言説に誰も与する者はなかった。むしろ世人は、あらゆる無知を一掃し、できるならすべての人々を等しく賢者にしようと主張したのである。

しかしながら、少なくとも我が国にあっては、百人の読書教養層のなかで、啓蒙を経た他の諸国民すべてについて語り合わない者は一人としていない。啓蒙を経た他の諸国民は有名な哲学者の諸著作を読んでおり、ましてや理解していた。あるいは他の諸国民が知ったのはまさしく、それらの著作からやりくり算段で諸々の国家官吏を教育形成する靴型を切り出すことであった。率直にいえばそれは無に等しかった。それらの［哲学の］優れた師たちがたんに妬みの気持ちで反対してたたかったものが何かを知るだけでなく、むしろ中心問題なのだが、彼ら自身が彼らの意図において導いたものが何かを知ることに該当する場合にも、それは無に等しかったのである。

［健全な人間知性の高度化］

カントが聖書のことば(11)を改良することによってまったく素晴らしい道徳原理の定式化をえたこと(10)、しかしながらその原理には隙があり、「君の使命を果たし（それがどのようであるかを君は知らねばならない）、動物たちの類比にしたがえ」という原理とたしかに交換されるであろうこと、このことを世人はきっと時至れば聞くことになろう。カントは神の現存在の古い証明すべてを反証し、新しい証明を行ったが、そのことで我々の主は統治性を失った。［そのさい主は］道徳法則の守護者としてある種の憲法上の玉座を保持したのだが、生において極悪の犯罪を罰する法的権利はなく、人間的自由への最低限の介入も認められていない。フィヒテは真の啓示が、人間理性が概念把握できるようなもの以外は含まないことを証明していた(11)。したがって、啓示は我々の時代のように必ずしも存在するためにことばを要しないたいへん感覚的な時代には余計で不必要だった。そうだ、人々はたしかに時の経つにつれそのようなことを聞くにいたったのだ。しかし、どのように秀逸な人々がそうした不適切な証明を成し遂げていたのか。どのように秀逸な人々が我々の主をそのような洗濯ばさみで留めることができたのか。すなわち、いったいなぜ彼らは、主をその程度に掌中にし、彼ら自身の頭にしたがって世界を再改造する課題を主に託することなく、むしろそのことを自ら行ったのか。そうだ、このことが基本的にどのように彼らの知恵に連関しているのか。これらのことを世人は彼らの推論からえたのである。

こうして、すべての同時代人は、およそ一九世紀はじめの普遍的哲学的知識がどのようであるか、私が思うに今までとまったく異なるのだが、［ともあれ］そのことを知る。一九世紀初頭以来、新規の哲学者の諸々の見解についての講話が大学のおかげではるかに長くなり、おそらくはたいそう明快になったことを私は疑わない。しかしながら、今や考えることができる。高齢者も若者も含めて百人の読書教養層のなかで［私］一人以上の者が風刺へと誘われはしないだろうか。つまり、同時代の哲学諸体系にたいして歴史と呼ぶ以上のものを知り、哲学的根本命題にしたがった万物の有機的編成についての流布した哲学的思考様式の講話を聞くたびに、風刺へと誘われはしないだろうか。祭壇の起源が知られていない神性によるのかどうか〔三〕、世人が普及努力をするほどに期待するのは哲学なのか、あるいは真理がそこで粉砕され、それゆえ、［タコツボのように］寛容の諸々の穴があるように多くの真の哲学がありえ、どの哲学者も自己自身にとってはよいもの、カントはカント自身にとってよいもの、学校保有者はそれ自身にとってよいもので、人々は時代の偉大な思索者たちを、万物を正しく思考するために、したがってもちろん思索者たちについて正しく思考するために知ろうとはまったくしないのである。

だが、健全な人間的知性のもち主がそのような賢い人々と交流するなら、通常は彼にとって、困惑状態が生まれる。そこで我々は、たいそう回りくどく語れるのが彼らの責めではない哲学諸学派に向き合おう。まず第一に我々がそこで遭遇するのは、大きなドイツ語の亀の子文字で、「俗っぽい人々は遠くに離れなさい」(procul abeste profani!) と注意深く書かれた扉である(12)。それはデンマーク語では、聖地なので靴を脱ぎなさいという意味に等しい〔四〕。つまり世人は経験や健全な人間知性とその母語を脱ぎ捨て、たとえそれがドイツ語でも母語 [デンマーク語] を脱ぎ捨て、動物から人間に、そして悪魔の仲間にさえ変態するように四つん這いで入りなさいという意味である。その聖地に入るにはたしかに厳しい条件がある。しかし、喉が渇いても、一杯の水ももらえないのは何としたことか。いずれにせよ、窮しても何の［援助の］約束もなされないのは何たることか。

［誤解された哲学者たち］

しかし、話はまったく生真面目にできている。というのも、それらの事柄は冗談の対象ではない。人々がそのような場合に笑うか泣くかする必要があることを除けば、乾いており生真面目である。つまり、世界を啓蒙するであろう偉大な哲学者たちは、まずもって彼らを理解するために「我々が」学習しなければならないような言語で語ったこと、彼らの誰もが、独自の哲学と独自の口調を保持したことは議論の余地がない。彼らはしばしば共通のテクニカル・タームを違った意味で用い、彼らのもっとも熱烈な帰依者たち、もっとも勤勉な帰依者たちのほとんどすべてが、彼らを常に誤解したこと、このことに哲学者たちが不平をいうのも否定できない。彼らはすべて、正しく彼らの学説を判断する一般的人間知性と経験をもちあわせていない。そうだ、相互性の法廷で応答することもまったくないだろうということは議論の余地がない。今問われるのは、あらゆる読書教養層が、本来的に哲学者たちの考えていることを理解するのが可能かどうか、そして、読書教養層が最終的に「哲学者たちに」駆り立てられたかぎりで、獲得できたものを理解するのが可能かどうかだ。前者の問題はたんに「否」と答えれば十分である。しかし、後者の獲得の問題においては、我々はすべてが整理できるまでしばらく保留しなければならない。

主要な思想家たち、すなわちカント、フィヒテ、シェリングはじっさいに、彼らに聞きしたがう人々とは最高度に不一致状態にあったのだろうか、それとも彼ら自身にそう見られただけなのだろうか。両方のケースで、彼らの論争を識別せねばならない者のなかで誰が正しいのか、あるいは哲学者たち自身には隠されていた一致を誰が洞察するのか、発見しなければならないだろう。[不可能であろうが、] その者は明らかに、彼ら以上の偉大な哲学者でなければならないだろう(13)。世人はこの上なく正確にいうことができるが、彼ら哲学者は自分たちの弟子に向けて書いていたのではなく、自分たちの師に向けて執筆していたのである。[識別者の] 誰があえて自分がそのようでないと考えたであろうか。哲学者たちの一人のことばを盲目的に信じる不合理を果敢に回避でき、そのもとにいなかったとは誰もいわないのである。その識別者のことばもまた、それら哲学者たちの韻を踏むのであるが、識別者は必ず、稚拙であるなら哲学者たちから離れ出ているし、彼が哲学者たちのもとに参集したときほど賢くはないであろう。

こうした状況のなかで我々は、読書教養層の大多数が厳密な意味での偉大な哲学者たちを独自思想家とするのはまったく理に叶い、部分的にはまったく賢明である。だが、どのように健全な人間知性は、彼ら教養層が彼らの知らない偉大な哲学についてくどくど語るのを認めることができるのだろうか。どのようにその健全な知性は、人間の諸条件や哲学者たちのまったく正しい関係にかんする彼ら教養層の無知を、啓蒙と呼ぶことができるのであろうか。そのことはあまりに不可解なので、健全な人間知性は読書教養層にそう呼ぶことをけっして認めなかったと遺憾ながら主張できる。だがその場合、致命的な欠陥ある知性、それが健全と呼ばれた [知性の] 一つのあり方とされた。それは、知性が専門用語にしたがって、教養層が彼らの行動を経験と呼んだし、彼らが相互に伝え合う規則と呼び、神にとっても人間にとっても基準と呼んだのと同様である。こうしたことが大多数の読書教養層の哲学だったのである。

どんな理性的人間にもまさしく必要なことだが、真の学芸について議論にできる以前に、そうだ、何がしかについて議論にできる以前に、我々が今、経験と健全な人間の知性が権利侵害状態にあるにちがいないと主張する場合、我々の語ることがいったい何であるのかを少し詳しく考察することは、たしかに道から外れておらず、むしろ筋が通っている。ゆえに我々は、時代のかなり高貴な思索者の大多数を、すべての健全な思索に与する諸表現への攻撃に誘導したものが何であったのかを追究するし、さらにまたこの健全な思索の基礎が、歴史こそが人間の学芸の唯一の正当な起源であるという否定できない主張とどのように連関するのかについても追究する(14)。

第二節　健全な人間知性とはいったい何か、経験とは何か

［知性とは何か］

健全な人間知性とはいったい何か、経験とは何か。これらの問いに答えるために、我々はまず知性とは何かを問わなければならない。というのも、少なくともこの観点において［一八世紀という］哲学の世紀はその知性に困惑しており、それがどのようであり何であるか、その世紀自身のなかで一致を見ることがまったくできずにおり、矛盾状態にある。一方で、ある者は知性を実践理性の援助者

とし、他の者はそれを理性の学校教師とした。第三の者は叡智の名のもとに神に仕立てた。このように、知性のやり取りがここでなされたが、知性がどう成長するのか誰も知らなかったのである。

今、この問いに答えるために、我々はただちに経験に向かわねばならない。というのは、経験は明らかに、何らかのものを確証することのできる唯一のものだからであり、経験を伴うことなくして、ことばについてのあらゆる論議は空虚な言語談義となる。今経験だけが問題であるなら、そのことばは一つのことを意味し、他のことばは他のものを意味し、第三のものは……と無限に続く。我々はそのことばが民衆の口元で何を意味するか問おう。その意味が価値をもてるかどうかを探求しよう。つまり、保持されて人間の諸条件についての言説を混乱させないかどうかを探求しよう。

今たしかに、民衆が知性によって、整然と思考する能力、明快に概念把握する能力を理解し、同様に民衆が口にする理性は、それがどのような立場や身分の者にあっても、むし思考能力の全体を意味する。それゆえ世人は未熟な子ども、あるいは狂乱した者の理性を否認することはないが、知性を否認する。一方［子どもの場合］は整然と思考できないが、他方［の狂乱の場合］は整然とした思考を逸脱している。前者は未熟であるが、後者は錯乱である。健全な人間知性は民衆の口元では明快で健全な諸々の概念把握のための能力、つまり正しく真である概念把握のための能力を意味し、それはあらゆる人間に備わっており[15]、ある境界年齢になるとやってくるので、錯乱ということはありえない。今明らかに、我々はこの語用にしたがうことができるし、したがうべきである。なぜなら、今あることばの意味を自分自身の頭で考えて変更することはまさしく愚かなことで、我が国のいわゆる諸々の哲学的書物の言語の混乱を招く[五]。それら哲学的書物は、理解できるように翻訳されねばならないのであり、そのことを哲学者たち自身が、それらの書物が大衆化されるべきだと語ることで認めていたのだが、しかし、謙虚にも好んでその仕事を彼らの弟子たちに託していた。弟子たちは哲学者たちが説明したが、哲学者たち自身にはできなかったために、つまり自分たちの見解を一般にわかりやすいことばで表現するために、哲学者のたちの師であったにちがいない。したがって、我々が語ろうとしていることが、民衆が健全な人間知性という表現に結びつけるものとは異なる概念だったとすれば、我々は別の概念を用いなければならなかったろう。しかし、周知のように今、まさに我々が語る知性は民衆の健全な知性と同じものである。なぜなら、哲学者たちは彼らの諸体系の最良の側面である「理解の困難さという」自家撞着によって、彼らがもはや我関せず焉とした健全な人間知性を認め、市井の民衆が日常的使用に必要とした価値あるものとしたからである。世人にはその知性の上に立ち、さらに進むことに逡巡はなかったし、その知性から離れ、したがって錯乱することもなかった。すなわち、前述のことにしたがえば、健全な人間知性が真の学問的慣習のために必要条件であるだけでなく、そのような学問的慣習を生むことのできる唯一のものであることは明らかである。この観点で、この上ない突出した才能をもつ人間たちのあいだにありうる唯一の相違は、ある人の知性が他の人の知性よりも偉大で、より光り輝き、より浸透的で、より包括的であるということだけである。

［普通の人間知性にたいする哲学者の態度］

とはいえそのことはまた、ことば上の争いになるだけだとおそらくいわれるだろう。なぜなら、この意味での健全な人間知性を無視する、そのような愚かな哲学者たちはいないだろうからである。もし彼らに判断の正しさが欠如しているなら、疑いなく彼らはほとんど、普通の人間知性（sensus commnis）を信じていなかったからであろう(16)。これにたいして今正当に、幾つかの異議申し立てができようが、そのことは求められていない。哲学者たちはつねに万人がかなり高度に保持するのと同じ［健全な］知性を信頼するだけだと世人は積極的に認めうるだろう。だが、哲学者たちは彼らが普通の知性を、普遍的で共通に妥当する真理をとらえるには不確実であり、そうしたものを不当に判断すると宣言したことはまさしくたしかである。そこには酷いものがある。すなわち、哲学者たちは真理には諸側面があり、そのことから普通の人間知性が真理をとらえることができないというだけなら、彼らはたんに古くて議論の余地のない真理を繰り返したにすぎないだろう。しかし、彼らはいまや、普通の人間知性がとらえることのできなかった真理の考察が理性的確実性をもたらすことのできる唯一のものであると主張した。ここから次のことが帰結するのだ。つまり、普通の人間知性をもつだけの者はすべて、精神的真理にかんしては理性的確実性をまったくもちえないだろうし、まったくの確実性をもつべきでないということが。というのも非理性的な確実性を哲学者たちはもちろん愚かなことと判断するにちがいないからである(17)。

だが、世人が普遍的啓蒙にかんする言説のもとで、どのように可視的な仕方で怠惰や無知一般に働きかけるかをまさに明快に洞察することはたいへん重要であるので、明快さは省かれるべきでない。哲学者たちが経験と歴史に支えられていた信仰を偏見と呼び、理性的な人間たちに、それに基づく構築を禁じたことはたしかである。［それゆえ］世人はすべての精神的な事柄においてすべての権威を拒否したのだが、その主張を証明するわけではない。すなわち普通の人間知性にとって通常真理であるべきものが何かを証明するわけではない。世人は思想とことばの両方において普通の人間知性を超えて上昇したのであり、したがって、普通の人間知性を保有するだけの人々は精神的な諸々の真理にまったく無関心であるか、それらの人々が哲学者たちのことばで哲学者を信じるであろう。それらの人々は神的な力によって彼らの誠実さの城塞をすえられないにもかかわらず、そうするであろう。そのことが生んだのは、それらの人々が非難していた当の盲目的な権威［的宗教］信仰ではないが、しかし健全な人間知性が厳しく非難するひとつの迷信である。というのも、理性的確信に必要とされるのは、世人が十分に受け入れる適切な証明であり、理性的確実性に必要とされるのは証明の信憑性において不可謬の証拠だからである。それらがなければ、その思想は推測であり、信念は妄想である。

　とはいえ、［問題は］このことに尽きるわけではない。哲学者たちは普通の人間知性にたいして自分たちの命題を、当の知性が自己自身に暴力を振るうよう要求せずには証明できないであろうし、哲学者たちは、自分たちが非難したその人間知性とはまったく違った仕方で粗野かつ非理性的に権威信仰を要求することなくして、普通の人間知性に喝采を贈れないだろう。哲学者たちはこうした際立って危険な要求をせずには、当の知性に喝采を贈れないだろうと私はいいたい。こうして、哲学者たちは彼らが普通の人間知性にたいして証明できないようなことを、他の人々にも自分自身にたいしても証明できるかといえば、それは不可能である。このことは、我々が証明するとは何かを真剣に反省すればただちに鮮明になるであろう。

〔証明とは何か〕

〔ところで、〕証明することとは明らかに、精神的意味では感覚的知性において示し、説明し、出して見せることと同じである。というのも、証明されているといわれるものは、正しいデンマーク語でいわれるように、自らの知性よってそれを受け取ることができ、感じることができることといわれねばならない。何がしかを真と証明することは矛盾のないことを示すことであり、それ自身と矛盾することなしには否定できないものを示すことである。何がしかを虚偽と証明することは、矛盾のない真理が虚偽でありえないなら、虚偽が真ではありえないと示すことである。正しく証明されていると呼ばれるべきものは2＋2＝4のように、そうだ、一者は一者であり、自我は自我であるように明快にされていなければならない。というのは同一性原則すなわち同一律と呼ばれるものが明らかに、我々における真理原則だからであり、矛盾原則すなわち矛盾律と呼ばれるものは本来的には根本命題ではないからである。しかし、真理の継起の命題、大きな根本命題の推論の環、それは、然りは然り、否は否、然りは否ではありえず、否は然りではありえないというようにして完全に表現されて聞ける（六）。したがって、相互に対立している然りと否は一者をなしえない。この真理の原則にたいする不動の基礎は容易にわかるように、命題を生み、再びその命題において矛盾がない自己意識である。というのも、ある人が私は現実・活動的に向在しないというなら、彼はまさにそのことで自己における現実・活動的向存在を実証し、確認したであろうし、自分を嘘つきと呼んだだろうからである。なぜなら、彼はそのことで、自己における現実的自我が現実・活動的でないと宣言するのだから。したがって、明らかに自己意識に割り当てられるものが、しかしまた、ただそれだけが証明されている。この意識において自己、つまり魂がその座を占め、それゆえ自己意識は錯乱することがなければ退却できず、その知性から歩んで行く。その自己意識において、理解され、概念把握できるはずのものはすべて理解され、概念把握される。自己意識を欠いたものはたんに演繹されるか、推測されるだけである。

［経験とは何か］

ここで私は思うのだが、健全な人間知性にとって、同時代の暗黒の学芸を越えて明瞭な光が立ち昇っている。ゆえにどちらかといえば、依然として多くの書物によって十分に証明され、あるいは論駁されているものはたいへん僅かであること、むしろ、矛盾と想像力と推測によって肥え太っているにすぎないことがわかる。しかし、証明の光がこの面からも真の学問的慣習に正しく当たりうるには、我々はなお、経験とはいったい何かを考察しなければならないのである。

経験とは世人が知性を用いるさい、歳月とともに集成するものであり、まだ経験されていないものは正しく熟知されていないと人々はいう。こうしてそうした人々のいうことはまったく疑いなく正しい。

なぜといって、我々が経験とは何かをこの上なくはっきりと表現できるのは、次のようにいうことによってである。すなわち、それは一定の印象のわかりやすい把握であるということによって。そのことは知るべきものを感受しなければならないといわれるのと同一である。というのは、正しく知られていないものは、正しく経験されていないことはまったくたしかだからであり、逆に、人が何も底の底まで経験できなかったなら、そのことで何かを知り尽くしているわけではないからである。

このことからの帰結は、次の点になる。すなわち、［まず］我々は十分に経験していなければ、何も概念把握しないこと、［次に］その経験が人間にとって真の学芸への唯一の道であるということ、［さらに］学問的慣習とは健全な人間知性の精神的使用に他ならないこと、あるいはそうした努力のなかに示される人間の性格を示すためにそのことばが用いられるなら、学問的慣習とはそうした精神的経験の声であることだ。

このことにたいして、何か正当に異議申し立てができるとすれば、永遠であらねばならないような真理原則は何らかの経験ではありえないということであるにちがいない。だが厳密に受け取るなら、その原則は一つの経験、しかも永遠の経験であると答えねばならない。しかしここで我々は、この場からたんに重箱の隅をつつくようなあら捜しをこととする探求に入り込む必要はない。なぜなら、世人はもちろん、真理原則を永遠の経験と呼ぶことにおいて経験ということばを通常よりもいっそう卓越した仕方で受け取らねばならなかったし、それゆえそのことばは、神のもとでの自己意識である永遠の自己観照ということばと類義的になっただろう。だがこれにたいして、ここでの本題は時間的人間にかかわるにすぎない。経験という径路によって人間が真理の永遠の原則になること、このことは否定できない。というのは、人間の自己意識は矛盾のない人間的根本経験であって、それを通じて人間が真理原則にいたる、その知性において神の永遠の自己意識の像すなわちシンボルであり、永遠の真理のシンボルである人間として、真理原則にいたるのである。

今ここでは一つの問題に帰っているだけなのだが、それに答えることはまたこの上なく困難である。それは何を真理において答えることができ、何が答えられねばならないか疑わしいからではなく、むしろどのように答えられるべきかについての洞察が容易でないからである。したがってどのように学芸が経験に由来するかにとりかかるさい、証明可能なものを越えて論じることはできず、また必要なものを度外視して論じることもできない。しかしながら、私は試みなければならないし、試みようと思う。あえて私が希望するのは、その展開のなかで小さな失敗があってもうまくいくことである。その結果は全体において明らかになり、可視化されるだろうが。

〔精神的経験とそのことばの意義〕

〔こうして〕すべての理性的確実性と確信が可能であるのは真理原則の経験への適用によってのみ

であること、真の学芸を唯一生むことのできる歴史を通じて植えつけられるものは人類の経験であること、そうしたことを我々は否定できない仕方で見てきた。他のことは本来的に証明されるべきことではない。だが、精神的経験の現実・活動性を証明し、その信頼性の諸条件およびその信頼性の度合いを規定することは、人類の経験と個々人の経験との事実上の確実な結びつきを明快に示すことで妥当な説得力を有するのである[18]。

このことの困難さは、我々が自己意識を通じて真理原則にいたることを考慮すれば、疑いなくただちに洞察されるだろう。というのも、この自己意識は当初は我々の身体的向存在について我々に確証するだけだということ、その自己意識はまた、しだいに精神的になるにすぎず、日常の終焉においてはじめて完全に明快な概念把握にいたるということ、これらのことに矛盾はない。だがそれらのことは学芸の道を遠大にし、困難にすることに加担すると同時に、学芸の道を見つけ、それにしたがって歩むという以上に、その道を限定して記述することをいっそう困難にする。

おそらく迷い道に慣れ容易に判断ができるようにすることが、ここでは最も確実な道案内であろう。というのも、世人が迷い道を避けて正しい道にいたれるとするなら、すべての歩みにおいて最良の道案内ができるし、それ以上の確実性をえることができるだろうからである。しかし、「迷い道は避けられないので」世人は学芸の高貴な道において揺るぎない諸標識に言及できるし、またすべきである。ゆえにその「標識ある」高貴な道は眼を見開けば、過つことはありえないのである。

まず第一に、我々に学芸として与えられたもののすべてが、そうだ、どんな概念把握も経験に依存すること、したがってそこでの相違がたんに混乱した経験か、明瞭な経験か、中断した経験か、完全な経験かに存することは議論の余地がない。というのも、そのことにしたがって諸概念は鮮明になるか不分明になるか、一面的になるか普遍的になるか、確固としたものになるか動揺したものになるか、確実なものになるか疑わしいものになるか、真になるか偽になるかだろうからである。

次に我々は、ここでの主題が、精神的な事柄をどの程度、そしてどの範囲で確実に我々が経験できるかになることを容易に洞察する。いまや身体的にも精神的にも、虚偽と真理のような知性における対立は、それが際立った仕方で主張されてきたにもかかわらずまったくないということ、このことを我々は簡単に洞察する。というのは、真理と虚偽とはまったくお互いどうしで排除し否定しあうのではない。それらは親密な相互作用において結合されており、そのことが共通の現実と共通の起源の両方を前提するのである。このことについては、真剣に人間の諸条件を考察し、熟慮してきた者には疑うことができない。というのは、人間は身体的なものと精神的なものとからなり、それらがともに一者をなし、自己意識において溶け合っているのだが、その自己意識がめざすのは、たんに我々の身体的向存在でも、たんに我々の精神的向存在でもなく、それら両者の交わりである人間的向存在つまり、理性的人格だからである。こうしたことには議論の余地がない。この素晴らしき交わりについて我々はまた、日々話したり聞いたりするときに確信をえる。というのは、そこでまさに我々は我々の融合的意識にきっちり対応する経験をえる。すなわち、我々は聴覚を通じて音という身体的なものを経験するだけでなく、ことばという精神的なものをも経験する。というのは、そのことばはまさに経験の圏域へと歩み出て諸々の精神的向存在者にたいして開かれる精神的なものに他ならないからである。

　だが、このことはここでは余談にすぎない。というのは、その「精神の」ことばは容易にわかるように、あまりに重要で素晴らしいものであるがゆえに、独自論文によって挑戦すべきテーマだからであり、それもたしかに、我々が「そのことばを」虚しく費やすにまかせるものではなく、むしろそのことばのなかに我々を見つけるためのものだからである。ここではそのことばにふれるだけである。その理由は、そのことばがそれ自身で感覚諸世界に啓示される精神と肉体との深い結合についての否定できない証言であり、あらゆる観念論に対抗する不動の壁、つまり身体的なものの理性的現実・活動性を否定するものすべてに対抗する不動の壁だからである。たんに詩人あるいは個別者であるだけでなく、知性と諸感覚を使用する人間の全体である我々は、現実に精神的な事柄を経験できるし経験するのだが、まさしくつねに身体との結びつきにおいて経験することはたしかなのだ。真の精神的学芸の統合が我々に可能であるかどうか、それはたしかに、その学芸がそのような融合的経験を通じて統合できるかどうかにかかっている。というのも、純粋に精神的な経験は、地上の人間としての人間、精神と身体との交わりの生ける表現としての人間には、すなわち生ける魂としての人間には不可能であるように思えるからである。

　今また、このことが外見上そう見えるだけでなく、じっさいにそうであるということは、我々が人間の経験の圏域を考察すれば簡単に洞察できる。その経験の圏域はたしかに人間自身に制約されている。したがって自己意識が人間の最初にして最後の経験だということが洞察される。自己意識が今や融合的であるのなら、人間的経験もまた必然的に融合的であり、人間は、それ以外のものになることはできないし、自己自身から出発することがなければ、そのさいには狂気を経験するにすぎない。

［概念把握の条件］

こうして我々もまた経験の道で、塵において(19)永遠なるもの、すなわち神の直接的認識あるいは直観にかんする学問を与えられないが、しかし人間は自己自身を知り、そこから神に帰依し、自己において一つの像つまりシンボルを認識すること以外には、自らを駆り立てることができないという洞察にいたった。だがそのシンボルは必然的に、人間においてじっさいに描かれたものとしての現実・活動的な根本実在を、すなわち時間的に塵において啓示される永遠の向存在を前提とするのである。

しかしながら、すべてこうしたことがたしかであると同時に、ここから時間的人間にとって神の概念把握の不可能性が証明できる。その不可能性とは像的、シンボル的認識を越えたものにいたることの不可能性、あるいは日常の終焉以前に完全な認識に到達することの不可能性であり、さらにそこから派生して、真の人間的学芸が歴史的でなければならない必然性である。したがってここには歴史的経験の現実的可能性、および歴史的経験の確実性についての重要問題がある。すなわち、その歴史的経験は経験そのものを通じてのみ十分満足なものとして保持されるという問題である。しかしながら、何らかの外的経験は内的経験なくしてはなされず、内的経験は外的経験との結びつきがなければ証明されないかのように、我々が内的経験と外的経験とを区別しなければならないこともまたたしかである。しかしその理由は、［両者に］真の現実的相違があり、そして我々が我々の超感覚的向存在のたしかな内的経験をもち、精神的に自覚的であり、我々が魂をもつことを証明でき、真理と虚偽の永遠の不一致を証明でき、真理原則を理解でき、したがって我々がその原則を我々自身および人間全体にたいして適用できるときにこそ、真の学問的慣習の場が生まれることにある。

さらに、過去の諸世代が年代記によって我々の経験の現実的対象でありうること、歴史的知識情報を与える外的経験の対象であるだけでなく、歴史的学芸を与える内的経験にとっても対象でありうること、その学芸は知識情報に依存しなければならないが、その情報から遅れて、少しずつばらばらに展開されること、こうしたことはたしかである(20)。

［確信と確実性］

最後に、表象と感情、知性の一致はそれだけが確信を与えることのできる完全な内的経験に属し、同時に、唯一確実性を与えることのできる完全な外的経験に属する。つまりそれら［表象、感情、知性］に対応する諸感覚、すなわち視覚による観取、聴覚による聴取、手による感触のあいだの一致は完全な内外の経験のものであることはたしかであるが、そのことからの帰結であるが、我々がたんに想像力あるいは諸感情において経験したものは、それがしばしば十分確実でありうるとしてもまだ確信ではないし、明瞭で否定できない概念を与えるものではない。したがって我々が経験したものが外的経験によってその概念の不可謬性を確証できなければ、それだけにいっそう普遍妥当する真理と見なすことはできないのである。

容易にわかることだが、私がここで確信と確実性とを正しく区別し、〔自己意識にとって〕否定不可能なこと、議論の余地がないことを「確信的」あるいは「たしか」と呼び、〔外的事実における〕不可謬性を「確実的」と呼ぶが、この重要な相違の両方はよりいっそう詳しい解明を必要とするであろうこと、このさい大きな普遍妥当的経験としての歴史について語ることの多くから、十分な説明が必要であろうこと、このこともまた注記したい。〔とはいえ〕ここで中断せざるをえないので、私は、我々がこの歩みの目的地に到達したこと、〔まだ〕説明の余地があるとしても、ここはその場ではもはやなかったことを示すために幾らかのことばを申し添えねばならない。

〔結論〕

この論考で私が示そうとしたのは、すべての人間的知識情報と学芸とが経験に基礎をおくこと、諸々の完全な経験だけがたしかで明快な諸概念を与えること、諸概念の確信と明快さは、普通の人間知性がそれらの概念をとらえることができるときに熟知されることである。そうしたことを私は証明したと考える。この証明したという感情は、私が人間の諸条件にかんする歴史の啓蒙を語ることへとさらに進んでいく以前に、二つの側面から必然的であった。すなわち一方の側面は、経験を超出した人間的諸概念および普通の人間知性にとらえられない諸々の証明について語ることの愚かさが正しく可視化されねばならないがためである。もう一方の側面は、私が語る歴史的考察が経験に他ならないと誰もが正しく考えられるがため、あるいは普通の人間知性がとらえることのできない諸々の確信を創出しえんがためである。私はこのことを必要とする者に、近代の哲学者たちがいっそう高度な知恵として喧伝したものが、ある部分誤っており、ある部分不完全で、それゆえ不確かで曖昧な内的経験に他ならないことを明快に洞察するよう手助けしたい。なぜなら、それらの不確かで曖昧な内的経験とは、哲学者たちが自らの主張を議論の余地のない仕方で証明し、それらの証明を普通に受け入れられるものとして表現できないからである。

　さらに私が必要のある者に示すのは、あらゆる真の学芸の源泉として歴史を指摘する場合に私が提示することは何も新規のものではなく、むしろ、私が再生させ、その広がり全体において妥当させる健全な反省と同様に古い立場であるにすぎない。すなわちその立場とは、［第一に］あらゆる真の学芸の源泉としての経験の立場であり、［第二に］すべての我々の概念把握が目的とする普通の人間知性の立場、および［第三に］唯一誤ることのできない基準としての矛盾原則の立場である。

　最後に私が必要のある者に示すのは、高貴な思索者たちに経験や普通の人間知性を恐れさせたものが一方で、これらの事柄がいったい何であったかの概念把握における不鮮明さであったこと、他方でそのことの帰結であるが、確信が不可能なところでは、確実性は不十分だということである。ちなみに、確実性が不十分というのは、内的に明瞭に経験できないようなものについての不可謬の外的経験の実証が不十分であり、概念把握できないような真理の信頼価値が認められないことである。それゆえ、個々人の不確実で不完全な内的諸経験への避難がなされた。世人は、自己自身と他の人々に、それらの内的経験がより高次の本性に由来することを想像させ、まさに彼ら高貴な思索者たちの経験との闘争、彼らの経験の普通の人間知性にたいする軽蔑がより高い知恵の証明であったということを想像させることによって、経験の現場と健全な人間知性の法廷から逃避するよう努めたのである(21)。

こうしたこと［の証明］に成功したとすれば、私は満足であり、読者が満足していないこと、読者が人類の経験と個人の経験とのあいだの関係を問い、それら両方の経験が融合するあり方を問い、それらの経験の完全性、つまり確実性と確信のそれぞれの階梯を問い、そしてその他の多くのことを問うことを積極的と見る。というのもある部分で、読者の注意を多くの諸問題に向けて覚醒させること、依然として答えが出るのを待っている諸問題に向けて覚醒させること、学問的慣習が依然として幼年期にあり、文字通り産着に包まれていること、学問的慣習が自分を成人したと喧伝するなら、まったく腕白で己惚れていて笑うべき子どもであることを正しく明らかにすること、このことがこれらの諸論考での私の第一の意図だからである。だが他方で、次の諸論考で展開し解明することは、全面的な仕方での人類の経験と個々人の経験との関係でもある(22)。私はそのことを、神が望むなら私の経験が歩む範囲で意図している。それゆえ、私の学芸において諸々の欠陥を隠そうとする意図は私にはなく、それらを指摘するつもりである。それは他の人々がそれらを補正できるがためであり、それができない人々が彼らの知恵の目標の制約に気づかねばならないがためである。私はこれまでの学芸がまれなものであり不十分であったこと、それはまだ一般大衆には近づきがたく、真剣に確信について問う最も賢い人々には満足がいかないという真理を隠さない。こうした真理を、逆に全力で啓蒙するよう努力するつもりである。

というのも、こうしたことは真の学問的慣習が促進される場合には必要であり、真の学問的慣習を促進しようとしない者にはたんに悲しいことにすぎないからである。なぜなら、その学問的慣習を促進しようとする者は、いかなる道で真理に遭遇しようとも真理を愛するにちがいないし、真理を歴史全体において、および自己自身の最内奥において見出すだろう。人間の諸条件はたいへん喜ばしいものである[23]。すなわち、人間は太陽が光輝き、暖めることが確実になるよう、その太陽を自ら手にする必要がないし、同様に、真理すなわち精神的太陽を、それによって啓蒙がなされ、灼熱に輝かせるために概念把握する必要はない。その真理を概念把握するにあたって必要なのは、真理に与する心を準備することだけである。というのもその光は世界にやってきたのだから[七]。なぜなら、世界はそれ自身から光を放つことはなく、世界がそれ自身において光に到達できないからである。その証明を信じようとする者は真理の力をその者の最内奥において経験するのであり、そのことによってはじめて真理の声を理解することが事実上確実になる、つまり時代を通じた真理の軌道を知り、それにしたがうことが確実になる。

いつものように結論はここでも次のようになる。世人がキリストを信じようとするなら、真の学芸なしには済まされず、必ずそれを展開しなければならない(24)。そのことを欲しないなら闇へと歩み行くだろうし、真理の影を盗むことができたとしても、もちろんそのことによって真理の力あるいは救いを獲得することはないだろう。したがって、根本において無であるだろう。

【注】

（一）旧約聖書創世記 3-5
（二）マタイの福音書 7-12
（三）使徒の働き 17-23
（四）出エジプト記 3-5
（五）創世記 11-1〜9
（六）マタイの福音書 5-37
（七）ヨハネの福音書 12-46

第三章　真理、偉大、美

はじめに――真理、偉大、美への問い

　我々がこれら〔真理、偉大、美〕の三つのことばで人間の地上の生において向存在するものすべてを、惹きつけられるものすべてを、本質実在によって保持され、概念把握されるものすべてを名指したことを誰もが感じているであろう。何がしか歴史にかかわることを熟知していて、これらの〔三つの〕観念がどんなに違っていても、これらのことばによって自己形成がなされ、惹きつけられたものが表現され、それらを所持することで賞賛されたことを知らない者がいるだろうか。そうだ偉大で美しいと見なされたものを直観し崇拝することで、勇気づけられ、高揚をさえ感じたことを知らない者がいるだろうか。仮に真理を愛していなかったとしても、その占有は真だと願い、間違いがないし永続的に真だと願ったにちがいないのである。

　だが思うに、偉大や美、真理とはいったい何か、それらはどこにあり、どのようにえられ、保持できるのかを問うなら、我々は人類全体を徹底把握し、その響きを徹底的に聞くよう問うていよう。

つまり我々は全時代の賢人たちが刻み込んだ問い、そうだ彼ら自身でさえ思想としてとらえるにはけっしていたらなかったが、彼らの全生涯を通じて解こうと努力した問いを発していよう。これらの問いが虚しいものなら、無制約の真理、偉大、美がないとするなら、万事が恣意的な説明、恣意的なつながりに言及するものであるなら、太陽の下にあるすべてのものだけでなく、考えられるものすべてが虚しく、すべてのものは誰も演じることのない空疎な戯曲であり[二]、いかなる身体もそれに価しない影であり、すべてのものが不可能であるだろう。

　だが、このことを考察し、語るにあたって、人類の子孫があらゆることばを用いて証明し、肯定することを、それと気づかずに否定するなら、そして彼らの［否定の］ことばに賢人たちでさえ聞きしたがい、精神科病棟内だけの慰めが高らかに主張されるなら、それら［真理、偉大、美］がまったく不可能であり、無関心や昏睡状態にすぎないことと我々は見て取り、語っているであろう。ちなみに、精神科病棟での慰めは万事が基本的に狂気であり、自己矛盾していることである。真理そのものには標識や特徴がなく、偉大は目標ではなく、美には根拠がないといったことである[1]。真理への愛の火花を内心で感じない者がいようか。過去の偉大を見ることで光り輝かない者がいるだろうか。名づけることができなかったものへの愛によって内的に動かされない者がいようか。自分自身と折り合いをつけるために我々の時代の学芸に反省的に論及するさい、恐れず、青ざめず、いらだたない者、そうした者が誰かいようか。制約と変転のなかで生成消滅するものにおいて、不変なものや無制約なもの、永遠なものそのものはありえず、そうしたものの像や影があるにすぎないのだから、確固としたものや無制約のもの、永遠のものが我々の想像力を越えた場にあり、したがって基本的にはどこにもないとすることが、混沌に満足し、とりわけ万事に不信を抱くにすぎない知恵の唸り、氷のように冷たく慰めのない知恵の唸りであることを知らない者がいるだろうか。

祖先の確固とした素朴な聖書信仰は消失し、カントとヘルダーは「彼ら相互の」あらゆる不一致にもかかわらず、矛盾律、矛盾原則に挑戦し、そのことを自己自身を傷つけること、独断論の大樹と呼ばれはしたが、他ならない知恵と真理の大樹を切り倒すことを理性の功績とすることで一致していた(2)。その時代からであるが、様々な名称と形態のもとで、知恵と真理の教卓椅子を獲得していたのが自己矛盾であることを知らない者がいようか。真理への愛が、つまり生きいきとした深く力強い愛が、死せる者たちの眼を覚まさせることもできず、空虚で底なしの深淵を隠蔽する迷忘を除去することもできないのなら、先の自己矛盾は死せる者たちを催眠術によって鎮めるにちがいなかろう。その催眠術において、死せる者たちは光について夢見るが、他方で漆黒のエジプト的なまったき闇が手によって感触できるように死せる者たちを取り囲んで満たすのである。

私は誰がそのことを知らないのかは問わない。なぜなら誰もがほとんど、そのことが妥当だと知ろうとしないことを、私はよく見知っているからである。だが、「誰も」そのことを知らない場合は、すべての学芸が忘却されているにちがいないし、確信しようとせずに、証明されていることに聞きしたがう場合は、文字通り知性から離れて行くにちがいないことは議論の余地がないからである。

そのことについても私は語るまい。なぜなら私は、そのことについて何か生きた仕方で、内的なものを理にかなう仕方で確信したいと望むからである。というのも、氷が燃え上がらないように、死せる者は何も聞かないからであるが、私が聞く耳をもたない者に語りかけ、氷に私の心の炎を浴びせかけたのは、私が無理なことを望むかぎりでのみ、すなわち不可能なことを人間たちのために可能にする者（二）、すなわち死せる者たちを覚醒させる者［つまり神］への希望を保持するかぎりでのみのことだからである。そのかぎりでのみ私は語り、ことばの保持者として、ことばのあり方と働きを管理・規定する真理そのものを［神に］手渡したのである（三）。

第一節　真理について

［虚偽をめぐって］

真理の言説がどのように複雑化されるか、諸々の詭弁によって真の学芸が誕生にさいしてどのように窒息させられるかを知りたい場合、世人はカントの有名な著書を読むであろう。それはすでに上梓されたもののなかで疑いなく最も容赦ない、純粋理性についての批判である。その本や同時代の他の哲学者の著書が普及した、大いなる諸々の誤謬の論駁を知ろうとするなら、世人は私がある部分では以前主張したが（四）、ある部分ではここでいっそうはっきりと言明する諸矛盾の反駁を吟味検討すべきである。というのも、分別のない誤謬のすべては死せるもの、力のないものと見なされるだろうからであり、真理にたいする異論は、それが発せられる場合、時宜をえて応答すべきだからである。

［さて、］意識が自己を表現することは否定の余地がない。だが、この否定不可性のなかに、我々は永遠で無制約の真理を見出す。というのも、この永遠真理は否定不可能な肯定であり、それはまた、その真理が表現するものを否定できないから、つまり自己自身を肯定し、その自己意識を表現する永遠の存在、すなわち生きており自己意識的で三位一体の神という前提を否定できないからである。永遠真理の存在について、あるいは永遠真理が何であるかにかかわり、そこにいかなる疑問もありえない。というのも、永遠真理は永遠の生の否定できない総括概念であり、ここでの疑問は、何がしかの時間的真理があるのかどうか、虚偽が向在するのかどうかについてでなければならないからである。ここには、時間や空間、虚偽について世人が詭弁を弄する余地がある。というのもそれらをめぐっていえば、虚偽は真理の、すなわち真理における性質ではありえないこと、虚偽もまた向在するなら、端的に時間と空間もまた向在することは議論の余地がないからである。なぜといって真理は必然的に、真理の否定に囚われた自己矛盾である虚偽を制限し、無化しなければならないからである。永遠真理を否定するならば、いかなる人間も自己に嘘つきの烙印を押さずに嘘つきとしてふるまえる。あえて自己矛盾を抱え込むとしても、それができる。だが意志によってそうできる者がいるだろうか。というのも、その人が生まれ、死ぬことが、その人の意志によって生起するだけだというなら、その人にたいして何も［説得的に］証明していないからである。［なるほど、］世人が経験を無視しようとすれば、時間的性格と虚偽の向存在をともに否定できる。しかし、世人が時間的性格を承認

するなら、永遠から時間的なものを解放するよう強いられ、死を承認するなら、虚偽の向存在を認めるよう強いられる。というのも死は自己意識の否定であり、したがって、死はその根拠を虚偽の内にもたねばならないからである。なぜなら永遠真理においては虚偽も死も存在しないが、これに反して生からの離別としての死は必然的に、生がそこにある真理の否定として、虚偽の帰結だからである。

今我々は、世人が否定できないものを承認し、まさにそのことで否定できないものを確証しないが、同時に疑いえない経験にも矛盾しないことを前提しよう。そうすれば、我々は永遠の生ける真理が存在すること、したがって、永遠真理の語り部が向在すること、くわえて、時間的向存在があり、それが虚偽と死においても向在することを前提するであろう。

〔真理と虚偽との闘争関係〕

さて、そこで我々が真理を見出せるかどうか、時間と空間においてその真理を虚偽から区別できるかという問題が出てくる。ここでまずなにより肝心なのは、我々が正しくとらえ、議論の余地のない確信を我々に深く刻み込めること、時間において真理と虚偽とが非和解的なだけではなく、まさしく永遠においても真理と虚偽とのあいだに固定された深淵が口を開けていることである。その区別がたんに時間的すぎないという妄想は、昨今の時代では、たいへん大きな声で唱えられ、饒舌な言論をえているのだから、我々はその妄想にたいして、耳を閉ざすのではなく、先鋭に耳を澄ますことで武装しなければならないだろう(3)。そうすれば真理の声が存分な力によって我々のうちに染み入り、響くことができるのである。

永遠真理が向在することはまったく議論の余地なくたしかである。というのも真理は端的にそれ自身に向けての永遠の存在肯定であるのだから。その生と真理とが永遠でないとするなら、生が永遠真理でなければならないだろう。しかし、生は真理の永遠性の否定なのだから、生はまさしくそれ自身に虚偽のスタンプを押し、真理の永遠性をその否定によって承認する。今、真理の永遠性が否定できないように、真理はまさしくその永遠性において虚偽を語ることができない、つまり真理の永遠性を否定し、それ自身が虚偽にならないかぎり虚偽を語ることはできない。だがそのことはまた不可能である。なぜなら、虚偽がそのことで真理にならねばならないだろうし、虚偽が当の虚偽の否定においてのみ存立するものになるだけだからである。

これにたいして、時間において真理は虚偽を耐えて受け入れ、その虚偽と争うことを受け入れ耐える。というのも、その虚偽は時間的生を否定せず、虚偽の生が時間的であることにおいて存立するからである。そのことを時間は諺として表現しなければならない。すなわち、真理とは何であるかは時間が示すだろうとする諺にはっきりと表現されるように。したがって、時間的な闘争は真理と虚偽のあいだにありえるが、真理はそのことによって否定されることがない。すなわち、あらゆる「精神」力が真理に帰属するのは明らかではあるが、真理は虚偽にたいして闘争する余地を認めようとする[4]。その精神力がたんに虚偽の許容によって誤用されうるだけであることは、我々にはたしかに十分概念把握されない。なぜなら、我々が永遠真理と一体でないかぎり、我々を概念把握する永遠真理を、我々は概念把握することはできないからである。しかしながら、我々はその真理が闘争を許容できることだけは概念把握できる。というのも、真理はまさに真理によって促進される時間的作品、時間的仕事を保持しさえするからであり、この部分において事柄の看取、ヴィジョンが問われる。というのも、人間が闘争のもとで時間において自己を発達させる被造物であり、我々自身がそうした作品であることは否定できないからである。

ところで、いったいどのようにして人間がこの闘争と関係するのかは、たいへん複雑な問い、つまりまさに本来的な「闘争のさいの」ことばの謎でありうるし、じっさいにそうである。しかし我々はまだその問いにはふれない。むしろここで問題なのは、いつ真理がその時間的課題を遂行し、そのことによって必然的に虚偽から力を奪い取るのか、すなわち虚偽を動員するあらゆる可能性を奪い取るのかについてである。その時には、有限な虚偽の意志が後方に残るだけである。なぜといって、有限な「虚偽の」意志というのは、それがそれ自身を憎み殺すような愛のように自己矛盾だからである。「これにたいして」その虚偽が真理に併合されるような場合、それは世人がその虚偽を保つために手にする曖昧な逃げ口上なのである。

この逃げ口上について我々は今、きわめてはっきりと否定的に応答しなければならない。というのも、世人がどうあがいてみても、一定条件なしに、真理が虚偽を憎むことを止めるか、あるいは虚偽が真理を憎むことを止めるはずだとは考えられない。これらの両方の場合真理が虚偽になり、虚偽が真理になるだろうが、しかしこれら両ケースが万一あったとすれば、その真理は時間を通じて自己否定されたことになろう。だが、そのことは不可能だと我々は知っているのである。

いったい、次のことは認められねばならないだろう。すなわち、真理と虚偽のあいだの憎悪の関係は永遠であること、虚偽の無限性すなわち虚偽の永遠の死は、まさしく真理の永遠の生と同様に否定できないことは認められねばならないだろう。したがって我々は、世界にあるもののすべてが真理と虚偽との結びつきの上におかれていること、その敵対性を覆い隠すよう努めていることを知る。それが虚偽の働きであり所産である。これにたいして、永遠の敵対性を啓示し、闘争において非和解的なものを区別する努力はすべて真理の働きであり所産である。このようにして、虚偽の働きでさえ、真理の手で統治される、すなわち虚偽の意志によって妨げられるはずのものを促進し、虚偽の意志によって促進されるはずのものを妨げるように、真理の手で統治されるのだ。

したがって概念把握において、虚偽を真理から区別することに問題がないことを我々は知るのだが、これにたいして経験においては、その区別はしばしばまったくの困難を伴い、その区別は、我々が我々自身の内に虚偽を愛する部分を見出さないなら、奇妙な仕方で我々に生じるにちがいない。しかし、我々が虚偽を愛する部分を見出すなら、我々が虚偽を愛するのが奇妙であるにすぎない。というのも、我々が虚偽を愛するかぎり、虚偽が我々と結びつくことは何ら不思議ではなく、むしろまったく自然である。我々はこの観点においてキリスト教が人間にかかわって、虚偽が地歩をえること（テサロニケ人への手紙第二、2の9－12）および、罪の贖いとしての死について我々に教えること（ローマ人への手紙、6の23）を知っている。死が我々を支配する権力をもつかぎり、死が我々を解体するかぎり、そのかぎりで我々は虚偽を愛したであろう。というのも、死は真理においてあるものを支配する力がないからであるが、我々が真理を愛するかぎり、我々はその力のなかにいる。こうしたことは少なくとも否定できない仕方で証明されるのである。

〔因果原則と愛の力〕

ここで我々は通例因果原則[5]と呼ばれる原則を思い起こす。なぜならその原則は結果から原因を推論することを教えるからである。我々が今、私が私自身を意識しており、そこから私は私であることに他ならならず、私でないことではないということが結果するという自己意識の一般的表現において矛盾原則すなわち否定不可能原則[6]を見出したように、そのように私は因果原則を、私は私自身を見出したので、私自身を意識するようになったという我々の自己意識の特殊な表現のなかに見つけ出すだろう。というのも、このことによって我々は、我々自身を永遠には意識しないからである。だが今、永遠の自己意識は否定できないし、さらに意識は無意識の原因ではありえず、もしくは真理は虚偽の原因ではありえないので、我々の意識は永遠の意識によって引き起こされること、したがって永遠の自己意識に依存することは明らかになるだろう。というのも永遠なものから派生するものはすべて、その永遠なものに依存するからである。

ところで厳密にいえば、先の〔因果〕原則は先行する真理の展開にすぎない。というのは、永遠真理は必然的にその原因として永遠の存在を前提とし、それゆえ因果原則は、それが永遠真理においてあるのだから永遠に真である。したがって、何がしかの自己意識が、私は私に由来するというように表現されるとすれば、それは虚偽であり、自己矛盾であろう。というのもそれは、「私は非存在を意識するが、しかし私は非存在の意識に由来する存在であり、原因なき結果に由来する」と語るようなものだろうからである。

その結果から我々は原因を推論せざるをえないのであるが、しかしその結果がその原因について何を我々に教えうるのかが問われる。ここで我々は一体性原則(7)に突き当たる。一体性原則もまた永遠真理においてあり、存在と意識との一体性、原因と結果との一体性として自己意識の必然的表現のなかに刻印される。したがって、その結果は原因の像、シンボルである。

しかしながら、我々には、ここで第三のものが、存在と意識、原因と結果とを結びつけ一体化する環すなわち原因の働きが考えられねばならないことは簡単にわかるだろう。その働きを我々は「精神的な」力と呼ぶだろう。この力が各々単独で考えられねばならないものを一体化するのだから、それは必然的に愛の力である。というのは、我々は伝播して一体化するものを愛と呼ぶだろうからである。ここに我々は永遠の支柱を保持するのであり、その支柱に否定不可能原則や因果原則、一体性原則が不動の仕方で依拠するのである。

しかし、我々が今世界に原因と結果の一体性原則を適用するなら、我々には時間性が考察されねばならないことが簡単にわかるだろう。それゆえ、我々は結合する環のない無制約の一体性があると主張することはできない。すなわちその力において、意識においてさえ、あらゆる場合に時間によって制約された一体性、すなわち前進する同等性があるにすぎないのだ。ここからの帰結であるが、すべての結果は直近の原因のシンボル、すなわちその力あるいは働きのシンボルであり、根本原因との一体性においてのみ存在する。だから問題は、その結果が根本原因を描き、根本原因と連携するかぎりで、力において結果が同伴することなのである。まさに自己意識が見出されるところで、そこでのみあらゆる観点で真理との連携が可能である。そしてそのことは、人間が真理を愛する度合いに応じてであることが明らかである。というのも愛の精神のみが、単独であるもの、自己意識をもつもの、たんにそうしたものを一体化できるにすぎないからである。

〔真理のシンボルとしての人間〕

ところで、〔精神的〕力を再生するものは力を抜きにして考察されるなら、死んでいる。したがって、たんに影にすぎないのであるが、〔これにたいして〕それ自身で力をもつもの、それは生きており、したがって〔精神的〕力の像すなわちシンボルである。しかし、力がそれ自身を意識しているところにだけ、真理のシンボルはあり、人間のみが神のシンボルにおいて創造されている（五）。

今我々が、真理は時間的に何であるかを問うなら、我々はたしかに、そのことが被造物の時間的条件であり、それは人間においてのみ直観されると答えなければならないだろう。人間において、再生された存在を表現する永遠真理のシンボルが直観される。というのも人間は、諸感覚を通じて魂において再生される身体によって表示されるからである。真理の眼において自然な人間はただちに人間のシンボルなのだが、しかし、人間が独自のそれ自身になるべきかどうか、それが問題であり、真理が人間にその眼を借りるかどうか、人間の発達が愛において終結するにいたるまで、人間がその眼をもって考察しようとするかどうか、それが問題である。そのことでそのシンボルは、真理と融合し、自身の独自な解明の眼によって身体的に、以前には精神において見られたにすぎないものを見る、すなわち面と向かってそのシンボルが何を意味したかを見るのである（六）。

ここで我々は、真理が人間にその眼を借りたのか、その場合、どのようにその眼が用いられたのかという大きな問題のもとにあるだろう。そのことは、真理がその精神を人間に与えたのか、人間が真理において自らを発達させたのかという問題と同様のものだろう。というのも精神が永遠の言語すなわち神のことばで、精神のシンボルである感覚的想像力にたいして答えるからである。我々には、これらの問題が歴史的に答えられねばならないこと、後者の問いが良心の問題であること、すなわち真理と、人間的意志あるいは同じことだが人間的な心との関係の問題であることが容易にわかるだろう。いかなる自己意識的被造物にたいしても、真理に付きしたがえといわれねばならない。だが、その人間が真理の精神を受け入れるなら、その命令は啓示的真理でなければならないだろう。それは真理への愛それ自身に制約された人類の偉大な道徳原理であるだろう。精神の力によって一体性が働くはずであり、一体性原理から、永遠真理との一体性への努力としてのすべてのよい行為の教説、および神における救い、つまり神の永遠の生の教説が出て来るのである。

第二節　偉大について

【真理とことば】

偉大や卑小はともに相対概念だといわれる。つまり、比較を前提とし、たんに相互関係を示す概念である。世間的にはそれが妥当であり、まったく正しい。だが、そこから偉大が永遠で独立的な概念ではないと結論するなら大間違いだろう。というのも、卑小は、それが偉大からの縮減であって、偉大を前提するにすぎないが、偉大は永遠の概念における存在の働きの結果を、すなわちその働きの結果の直観を前提するにすぎないからである。なぜなら、永遠の働きが真理において直観されるとき、偉大の概念が生まれるからである。永遠の力が真理において表現されるとき、その力は偉大を万能と表現し、神が我というとき、永遠はその偉大を響かせる。真の偉大が神のことばであること、真理を啓示する力であることは否定できないのである。今、真理と偉大とが基本的に一つであることは疑いえない。偉大はまさに力において啓示された真理であり、「聖書という」書物にたいして何がしかを知る者には、そこでロゴスがどのように聞かれるかが容易にわかる。しかし、そこでとくに問題なのは、時間的な偉大を永遠の偉大から導き出し、「現実」世界において正しく区別することである。

ところで、万能のことばが最高級に偉大なものであること、そのことについて我々には何がしかのイメージがあり、そのことについて、『モーゼ第一書』［つまり「創世記」］についての解釈から見ることのできるきわめて不信仰な時代においてさえ、すなわちモーゼ的宇宙起源論にかんして著しく背伸びした諸解釈さえ見られるきわめて不信仰な時代においてさえ、けっして疑われることはなかった[8]。そのことばにおける真理は看過されたが、しかし万能のことばは侵害されはしなかった。とはいえ、秀逸な人々の眼が見なかったものを、我々はここで見るであろう。すなわち、「神の」ことばにおいて、永遠なるものから時間的なものへの唯一可能な移行があること、そのことばにおいて、そのことばのもとでのみ、創造が可能であることを見るだろう。すべての被造物はそのことばによる真理の働きの結果であり、我々はそこにおいてまた偉大と卑小とのあいだの真の相違があることを見るだろう。なぜなら、時間の内にあるものすべては、それが多かれ少なかれ万能のことばを明瞭に生きいきと再生するなら、明らかにより偉大であるか卑小であるかのどちらかだからである。どこまで我々がこの相違を正しく説明することができるか、そのことが問題であるにすぎない。そのことは、どこまで我々が因果の基本原則を適用できるかということと同様であることはすぐにわかる。というのも、その原則にしたがってそうした［偉大と卑小の］関係が規定されねばならないことは明らかだからである。

　この点にかかわり我々が最初にコメントしたときに、何を最も重視して理解していたかといえば、真理それ自体は内的なものであること、すなわち自己意識そのものであること、真理はその表現においてはことばだということである。上記において我々は、その自己意識を問題とする場合、継続的な繰り返しや不必要な詳細抜きにして、この［偉大と卑小の］相違を表現できない。しかし我々は神と世界、永遠と時間とを混同しないために、思考において自己意識を保持しなければならない。というのも、分節的なものとしてのことばのなかに時間が隠されており、ことばの力においてのみ感覚的世界は真理と結びついているからである。

　真理にとって世界はことばの作用なくしては向在しないのであり、我々はことばとの関係のなかに見られないもの、ことばの力のなかに見られないものを真に偉大と呼ぶことはできない。今、反省してみれば、我々はまた、ことば遣いがこのことの確認であることがわかるはずである。というのも、我々が何がしかのものを偉大と呼ぶ場合、我々はそのものをまさしく［精神的］力と尊敬とに帰するし、その力に欠けるなら、我々はそのものを傲慢や気取りと呼び、尊敬の［気持ちが］欠如する場合、我々はそのものを［純粋に物理的］強制力と呼ぶからである。

〔偉大を見る眼〕

　ちなみに、我々はしばしば間違いを犯すこと、偉大なものを卑小と呼んだり、その逆にしたりすること、こうしたことは偉大がどこにあるかについての［見解の］不一致ではなく、むしろ多くの理由づけができさえする不当な評価に由来する。というのも、我々には尊敬によって眼がくもり盲目になることがありうるし、真の力を見る眼に欠けることがありうるし、驚いたり、比較を忘れたりすることがありうる。要するに我々は様々なあり様に盲目であり、眼がくもるからである。

さて、ここでの問題はすべて見る眼にかかわるので、見る眼は我々の知るように、たいへん多様であることを前提とするなら、個別的に偉大とは何かについての衆目の一致は期待できない。だがしかし、すべての人間たちの眼のなかで偉大であるべきものと卑小であるべきものにたいして、多くの不動の諸規定がありうることは妨げられない。というのも、真理のことばへの関係は、一つの過つことのない尺度を断念する、すなわち適用し妥当であることを熟知するのが義務であるような代物を否定の余地なく断念するからである。［だが］その不一致は一瞥によって見ることができるほど大きくない。というのも、多くの人々が基本的には卑小にすぎないものを偉大と言明するが、彼ら自身が小人であるがゆえに、ほとんどいつも［偉大という］名称が取り違えられるだけだからである。じっさいに偉大なものは、それが現前する場合にはまれに卑小と呼ばれるが、その巧みな理由づけといえば、偉大なものが現前するとき、それを知覚する必要があるのだが、当のことを知覚する眼がない場合でも、［小人としての］自分なりの眼をもつことであろう。［いずれにしても、］世人は比べれば小さく、卑小となるものを、望むと望まざるとにかかわらず、偉大と見なす必要があるのである。

［感覚世界における偉大なシンボル］

ところで、感覚的世界にかんして、しばしば我々はたんに広がりの観点から、その世界は大きいとたしかにいうだろう。しかし、我々にごくわずかでも異議が呈されるなら、我々はたしかに表現を変える。すなわち、感覚的世界が眼に見え、見られた世界として表象されるかぎりで大きいにすぎないことを認めざるをえない。というのも、そこで感覚世界は、その力において、すなわち眼として意識に到来した光において見られるからである。しかし、もちろん感覚的に大きいだけのものは偉大の影であり、じっさいに偉大なものは、感覚的世界が「神の」ことばの働きとして見られ、そのことばの力を啓示するとき、すなわち別の伝統的ないい方では神の万能の証明と見られるときはじめて偉大のシンボルとなる場合である。

さて、我々が瞬間を考察するなら、我々は真として向在する諸事象が偉大であること、この観点で人間もまた被造物の王者であることを見出すだろう。というのも、それ自体において感覚的なものはなるほど偉大ではないが、しかし、感覚的なものが何を意味するかを見ることのできる眼との結びつきにおいてのみ偉大であり、この結びつきは、意識において身体によって感覚的世界が併合されている人間のもとにある場にだけ見られる。あるいは身体において感覚世界が意識にもたらされるところに見られる。このことが今、我々をまずなにより物いわぬ事物から区別することばであり、聞き取れる仕方で示されるように、ことばは人間にあって偉大なものであることは簡単にわかる。というのも、ことばは真の偉大そのものを描くのであり、同様にことばは人間を真理のシンボル、すなわち自己意識にするものを表現するからである。したがって、「ことばを」語る人間は真理の眼において、人間の完全な時間的シンボルとして、すなわちことばが部分的にその力を刻印したことによって再生されるシンボルとして、世界で最も偉大な者である。しかし、人間を真の偉大において見ることができるのかどうか、このことは人間が自身を真理の眼で真理のシンボルと見なしうるかどうかによるのである。

ここで我々はまた、人間がその鼻に生の息吹をえたかどうかという歴史的問題を表明している（七）。そのことによって人間は永遠真理を、それ自体においてシンボル的に考察できるし、我々が世界において、つまり書物がそれについて語ることを知る世界において、永遠真理をシンボル的に考察できる。そのことの仮定は経験を無視しなければ否定できない、つまり歴史的なものであるとともに、我々が日常的になしうるものとしての経験を無視しなければ、否定できない。そうだ、その［シンボル的］経験は私の読者各々がするようなものであり、そこで読者は、私が人間と世界とをそのように見なしたことがわかるし、私がそう経験できなかったとするなら、［そう見なさずに］きっとあるがままにしておいただろうことがわかるのである。

［ヴィジョンとことばの意義］

さて我々は、観取すなわちヴィジョンとことばとにおいて真の偉大を探求するであろうこと、関連していえば、我々が我々を理解する者とともにほとんど進歩していないとしても、そうするであろうことをよく知っている。というのも、時間的諸事物が永遠の諸事物のシンボルとして考察されるなら、それらが尊重されることはたしかに否定されないし、そのような考察を表現することでことばがまさしくその力を示すことはすでに、ことばが感覚的であるとしても、超感覚的なものを表現することの結果である。だが、超感覚的なものは超感覚的な力を前提とし、そのかぎりでその力が用いる手段がことばなのである。

だが、このことも曖昧で疑わしいと見られるとすれば、次のことは歴史的に証明できるに違いない。すなわち、少なくともこれまでに精神的観取、精神的ヴィジョンの表現としてのことばが世界においても最も偉大なものであったことは証明できるにちがいない。というのもそのことばは、それがもたらした諸々の働きによって確認されなければならないからである。今歴史にあまりに無知で、そうしたことの否定が虚しいことを知らない者がいるであろうか。歴史はすべての識者に、世界の万事にかんして最も偉大な働きを保持していたのが宗教であること、ちなみにそれが何と呼ばれようとも、宗教であることを知らしめなかったであろうか。したがって、因果原則により最も偉大でさえあるものが宗教であることは議論の余地がない。そのことで歴史は、精神的ヴィジョンを表現することばによらずしては、すなわち感覚的なものと超感覚的なものとのあいだの結びつき、時間的なものを永遠なもののシンボルに変えた結びつきについての言明によらずしては働かなかったのだ。そうだ、世人が古代からの伝説すべてをあえて否定することで慰められるにちがいないとしても、そのことはだが、預言者や使徒たちのことばが諸々の働きを担ってきたことをあえて否定するものではない。偉大におけるそうした働きの類は、［今日では］虚しい仕方で探求されるのだが、どのように風向きが変わろうとも、シンボルのことばすなわちシンボル言語がこれまでのところ地上で最も偉大なものであったという知見を避けることはできない。そうだ、キリストが［預言者や使徒たちよりも］はるかに偉大だったと異議が唱えられても、聖書が何を語っているかを世人は知るだろう。すなわち、そのことばは肉となってひとり子［キリストの］の栄光とともに（八）、そのことばの力をほとんど貶めず、むしろキリストのことばが呼び覚ましたすべての驚きによって、その［ことばの］力をはっきりと示すのである。

したがって、［古い諺にいわれる］人間を手よりも高次のものと見ることができず、［諺にいわれる］歯の先よりも長いものと見ることのできない多くの小心者の些細な眼にはまったく非合理であったことが何かといえば、それは、些細な眼があざ笑う不可解で概念把握できないことばがまず何よりも諸民属に力強い印象を与え、最も理性的でわかりやすいことばではたどり着けない諸事象に働きかけること、そのことを我々は、今まったく理にかなうと見るにちがいない。というのも、実用的な歴史記述家は小さな原因の大きな結果について好きなだけたくさん話すにちがいないからである。だから我々は彼らにたいして、永遠の因果原則を放棄する努力に譲歩することはできない。その原則はすべて結果がひとつの原因をもつことを命ずるだけでなく、その力が結果をもたらした一つの原因をもつことも命じる。我々の時代のたくさんの小さな原因がそれらの好む夢を、それら諸原因よりも身の丈の高い何らかの結果によって証明することは上手くいかないのである。

［偉大のとらえがたさ］

まさしく我々に概念把握できないという限定がなければ、我々に偉大と思えるものがないことはいっそう明らかである。というのも、我々が我々の手のなかに維持できるものを感覚的に偉大と呼ぶことがないのと同様に、何がしかの表象やことばは、我々にそれらが概念把握できるかぎりでは偉大とは思われないからである。我々が我々自身を偉大と見る場合には、そのことは我々が我々自身を概念把握していないことからくる。したがって、世人は万事を概念把握していると想像しつつ、自己自身についてごく僅かなことも概念把握していないとする瞬間に、自己自身のとらえがたい偉大さについて驚きの状態に陥っていることは不思議ではない。我々が驚きに言及してそのことによって、思い出したのは次のことである。すなわち我々は、恐れを抱かずに、同時に我々が現実の偉大に遭遇するような場合、我々が偉大とみなすものが我々に働きかけること、このことが簡単に生じるのはまさしく自然発生的結果の表現である。だが、我々が概念把握するものには、我々は驚かされない。ここに我々はまた、偉大なことばを導くであろうものそれ自体が、我々には概念把握できないものを必然的に担保することを知るだろう。

　したがって、我々がまったくもって賢くなったとするなら、たとえば、我々が、神が世界を創造したことばを概念把握するほどに賢くなったとするなら、その「神の」ことばはもはや世界において最も偉大なものではないと我々はいうにちがいないし、世界を改造することで、そのことばを無なるものとしての簡単に証明するにちがいないであろう。しかし、その「改造の」ことばが我々から発せられて、恥じ入ることもせず、鼻高々になるには、我々はその「神の」ことばの上に我々を置くまで待たねばならないだろう。

　ところでたしかに、民衆がそのことばを越えて自分たちをもち上げ、永遠真理を反駁する例があったし、そのかぎりで世界に虚偽もまたあった。私が主張するのは依然としてそのように虚偽があり、そのことを世人は真理のためにではないとしても自分自身のために率直に認める。というのも、虚偽の存在を否定する者は同時に、私のことばを虚偽と言明しなければならないだろうし、そのことによってその者は、自分が否定するであろうことを確認したにすぎず、私のことばではなく彼自身のことばを虚偽として確認したにすぎないからなのである。

今、世界に虚偽があるなら、それはたしかに真理そのものの運命でも部分でもないが、その事態がどのようであれ世界の一面ではあり、当分のあいだは真理をコントロールしているように見える。それはいかにも偉大な事柄である。というのも、虚偽がはじめて口をえて歩みだすなら、我々は大口（偉大なことば）をたたくことが虚偽の喜びであることを疑いえないからである。虚偽が最初は世界の一面となるとして、それはいわば全体的に水膨れして太っちょになるまで自己を仕上げるよう努めるにちがいない。すなわち、悪魔に小さな指をやるなら、悪魔は手の全体を受け取るという真の諺のように努めるにちがいない。換言すれば、［虚偽は］真理を犠牲にして肥え太るのであり、虚偽の玉座で支配することは必然的に虚偽の野望であるにちがいない。虚偽が人間に足場をえるなら、たんに人間の盲目状態がそこからの必然的帰結であるだけでなく、その足場そのものがひとつの征服状態であり、そのことで虚偽は人間が足場であったかぎり世界の主人となっており、人間にその偉大なことば（大口）を与えて語らせるかぎり、虚偽はそのことばの一部を獲得していたのである。

［偉大と力］

さて、我々には、人類の子孫がしばしば、偉大には見えるが無なるものによって欺かれるにちがいないことは簡単にわかるのだ。我々はまた、時間的偉大がしばしば虚偽と結びついて見られねばならないことも洞察できる。というのも、人類の子孫がその口元で虚言を弄し、そのことで虚偽の力を自分たちの手にするのは、いずれもそうした場合であるから。我々は気づくだろうが、［精神的］力をそれ自体においてもつものは虚偽ではない。というのもそれ自体において虚偽は全く力のないものだからである。虚偽と結びついているものはその力ではなく、その力の従者たち、すなわち神が命じるさいその責務に対処して、真理が一時その力を与えた者たちである。［精神的］力が我々の驚きにたいして啓示されるところではどこでも、偉大が見られることを我々は否定しないであろう。というのも、偉大は少なくとも我々の眼の前にあるからであり、虚偽の烙印とともにじっさいにそこに見られさえするからである。しかし、我々がこのことを見る場合、我々はその偉大に頭を垂れてはならないだろう。なぜなら、それは虚偽の手中にあるように見えるから、あるいはそれが虚偽を真理にできるように見えるからである。だがそのことは基本的には一つのことからはじまる。というのも真理は、その力のごくわずかな粒にでも欠けようものなら、真理ではなく虚偽であったろうからである。

間違いなく因果原則において我々は、すべての力が永遠真理に帰属するための、神が万能であるための砦を保持している。そのことから真理を力とせよ、真理をそれに関与する者に帰せというメッセージが必然的に出てくる。その力に付きしたがうこと、そのことを我々は必然的な仕方で知っており、それを歴史のなかに見、そのかぎり真理の知識を歴史に認める。そのことは、その［力の］響きがすべてを明らかにする場合、啓示的と見なされるだろう。たんにその意志のみが妥当であるし、我々はみな感じているのだが、その意志は我々自身のものである。我々に真理を行おうとする意志があるなら、そのことは我々自身への恵みである。というのも、我々はその力を永遠に保持する、つまり我々は生きるだろうからである。もし我々がその意志をもとうとしないなら、それは我々自身の損失である。というのも、そこで我々にその力が永遠に欠落するから、すなわち我々が死んでいて、我々が失われているだろうからである。真理は虚偽的意志が無限に粉砕されることには関心がない。虚偽的意志はそれ自身を防ぐことができない。というのも、虚偽的意志はそれ自身を否定できないからであり、もしその意志が悪しき意志を良きものにするなら、自己内で虚偽的意志であることを認めねばならないだろうからである。我々がここで驚きとともに、近年意志の自由および悪しき意志の改良についてきわめて多様な仕方で語りあったことを想起することは、たしかにできない相談ではない。しかも、そのことできわめてはっきりと自己矛盾していると気づかれないことではあるが。とはいえ、ここで我々がコメントしたいのはたんに、カントがその矛盾を知っていながら、それを軽視してお喋りしたことだけである(9)。［とはいえ、ここでは］我々は偉大についての議論を、我々の偉大への道徳的関係のことばで締め括りたい。

〔偉大と道徳〕

この関係は、すでに我々が見てきたように、まったくはっきりしている。というのは、我々はその真理を否定もしないし、偶像化もせず、自分のものとして獲得すべきだからである。しかしこのメッセージが実行に移される段階で、それがもつ大きな困難に遭遇せざるをえないことは、歴史が我々に教えている。だから我々は偉大にたいする正しい関係を自らに保持している著名人の名を簡単にあげないだろう。その人が今その正しい関係のなかにいようがいまいが簡単に名をあげないだろう。たしかに我々は一人の名をあげられるだろうが、その人はこの時代においてまさしく著名にすぎるがゆえに、本来的に著名な人々には属さない。たんに私だけの責任ということではないが、私は真に偉大という評価に値する唯一の人として、私にとって周知のイエスの名をあげる。なぜなら、彼は弟子たちに、驚くほど偉大なことばを語ったからである。すなわち、諸々の精神があなた方に従順であることをあなた方は喜んではなりません、あなた方の名が〔現実の〕生という書物に記されていることを喜びなさいと語ったからである（九）（10）。〔ここでは〕誤りがきわめてはっきりとした眼の前の多くの事例について語ること、そして誤りの危険性が小さいかぎりでの諸事例について語ることは控え、誤りが明らかに意志においてある諸事例、すなわち〔第一に〕虚偽のもとで偉大と見るものに首を垂れるか、〔第二に〕真理のもとでの偉大なものを軽蔑するか、それらのいずれかである諸事例にだけコメントしよう。

第一のものは我々の知るところでは、異教時代に、とくに自然の諸力が偶像化された時代に広く散見された事例である。しかし簡単に見過ごされることは、同様のことが［現代においても］起こること、すなわちある者が、皇帝であれ詩人であれ、哲学者であれ何であれ、崇拝され持ち上げられるたびに起こることである。その者の偉大な諸力を前にすると、彼がその力で真理を否定するにもかかわらず、先の［首を垂れる誤りの］事例が起こるのである。

第二の事例はたしかに、ストア派に最も顕著なことであった(11)。だから彼らは自分自身にたいする驚きの感情によって、それ以上に驚かされるものを何も見つけなかった。しかしそうした場合、彼らの仲間が死に絶えているということではまったくない。というのも我々は、［一方で］ストア派の認める神と人間との永遠の関係にたいする驚嘆に陥ることがけっしてない人々を、他方で人間知性にたいする驚嘆により眩暈を起こし当惑する人々を見つけるために、我々の時代の書物をあれこれ探す必要はないだろうからである。なるほど今ではこのことは簡単に明らかになる。というのも、彼ら［ストア派］は先の［神と人間との永遠の］関係を自分たちが概念把握すると想像するが、これにたいして［時間の内にある］自分たち自身は概念把握できないと見なすのだから、概念把握すると信じるものに驚かされることはありえないからである。それゆえに、このことはとくに妥当な見方である。というのも、時間的なものが概念把握されることのまったくない関係は、それが永遠の環といわれようとも、たしかに概念把握されると想像されるはずはないからである。それゆえ、そのことは明らかであり、啓示的である。というのも、人間が神にかかわるのは、被造物が創造者にかかわるのと同様であり、それ自体においては無なるものが、それ自体において全なるものに関係するのと同様である。今、無なるものがそれ自体において何がしかであろうと望むなら、その関係を人間の長所として考量することは、たしかに子どもにもできるわけではない。むしろ、最大の驚きに属することとして周知できるのである。

ここで我々は、腫れ物にふれるようにしてきた。というのも、その腫れ物は真理における偉大なものを、無関心によるか、空虚や表面的な驚嘆によるかのどちらかでやり過ごしたい我々の欲求のなかにあるからである。なぜといって、我々は我々の眼で自身が何がしかの偉大なものでありたいと欲し、我々自身にたいして我々があたかも我々自身に由来し、我々が「真理なくして」我々自身であるかのように叫ぶからである。これにたいして、真理の偉大は我々に真理を行えとするメッセージによって強力に働きかける。そのメッセージはきわめて深い謙虚さによって自己否定を命ずるのであり、無条件の服従を要求するのである。

第三節　美について

〔美の真理を求めて〕

美は、疑いなく世人が最も好むものであるが、ほとんど理解されておらず、世間でこの上なく頻繁に語られるが、きわめてひどい仕方で扱われている。美の歩みにたいして偉大はその王冠を授けねばならないし、美の輝きにたいして真理はその王位を譲らねばならないといわれる。というのも美はその光沢において完璧そのものであり、その微笑みにおいて愛の万能を示すからである。たしかに今このようなことを聞くのは、その言説がギリシアの大理石の支柱、あるいはゴシックの大理石のプレート、侍女すべてを連れたキュテレアないしマドンナの理想にすら及ぶ場合には(12)、恐ろしいほど間違っている。だが世間にはそれらの［正しい］賛美の言説がまったく欠落しているのだから、それら賛美の言説は真理の口において正しい対象を見つけ出す場合、正当な権利をもつことができる。

しかしながら、そうした状況が生じるはずだとすれば、永遠美がなければならないだろう。というのも、その［永遠美という］ことばはもはや時間的なものに首を垂れることはないのであり、真理にはなおさらそうしたことがないからである。だが、我々が真の美によって何が理解されるかを考察するなら、そこに疑いなく一筋の光が立ち昇ってくる。芸術・技芸が十分に正しく創造しなかったとしても、おそらくその芸術・技芸を創造した光が立ち昇ってくることはたしかである。それは完璧な一体性における生の暖かさと輝きであり、疑いのない美の理想である。その場合、その理想は永遠の愛において探求されねばならないことにいかなる疑いもない。というのも、永遠の生の万能の暖かさは無比の輝きのなかであらゆる完璧さを伴って住まうからである。

だがしかし、このことについて我々は声高に語ることはできない。というのも、真理そのものがこの永遠美をあらゆる輝きのなかで表現することばを見つけ出していないからである。むしろその美は、我々の知るように太古にはアフロディテやキプロスの人々のもとに崇拝され、それ以後はミューズたち(13)やカリスたち、そしてあらゆる種類の数えきれない人々の名のもとで崇拝されたものとは別物である。真理が約束するのはその美ではない。すなわち世人が美は世界を喜ばせるということができても、その美ではない。我々が美について世間と対話する場合、ともかく真理と絶縁しないとすれば、なるほど、［そのような美との］何がしかの一致を考えることはないのである。

しかしながら、たとえ多量の虚偽の上に構築されていても、何がしかの真なるものはつねに世間全体がいうことの根本に横たわっている。真理の砂粒が一粒であっても、我々がそれをむげに否定しないかぎり、世界は真理が認めるすべての偉大と同様にすべての美の保持を約束されよう。おそらく我々はその美に強いられるだろう。すなわち、少なくとも美それ自身のために、永遠不朽の美を真理におけることばの力によって存続させるよう強いられるであろう。

ところで我々は、時間的なものについての正しいメッセージを聞こうとするならいつでも、この［永遠美という］ことばに我々の眼を向けなければならないだろう。というのも、この創造することばにおいて必ず、まさしく真理としての時間美のすべての原因を探らねばならないだろうからである。ことばの威力が永遠の精神力を表現するように、そこでの神性は永遠の愛を表現しなければならない。その威力が偉大を創造するように、その神性は美を創造する。そこには、神性が暖かさとともに作用するのであるから、その作用がはじまるところに生もまた湧き出るという［偉大との］相違があるにすぎない。それゆえ、生［の営為］があるか、あるように思える場を抜きにした自然美についての言説はけっして我々のものではない。すなわち、偉大は光を端緒とするが、神性は太陽と月とを端緒とし、偉大は尊敬を端緒とするが、美は輝きを端緒とするといった［生の営為抜きの］言説は我々のものではない。光において我々はことばを威力や英知、神性として混然一体にとらえるのであるが、これらは人間にいたる途で分離される。だが、それらは人間において惹きつけ集合させるために分離されるにすぎない。というのも、人間は最も真であり偉大な創造者の像でありシンボルであるとともに、最も美しい創造者のシンボルであることは否定できないからである。

真理の眼をした自然な人間は、その最内奥の暖かさと顔の輝きによって［神の］愛のシンボルである。しかしここで我々はまた大きな問題に突き当たるだろう。つまり、［第一に］人間がそんな風な自己考察を学んでいるのかどうか、［第二に］この考察が深められているのかどうかという問題である。第一の考察はほぼ答えられているに等しい。というのも、威力や英知、神性としての被造物［である人間］が永遠の似姿において向上を競い合うのと同時に、真理はたしかに、万事を展開する時代を通じてその精神を否定しないだろうし、真理が明示されてはっきり見られる真理の殿堂、および舌としてのことばを否定しないだろうからである。

［美の一体性と虚偽］

第二の問題もまたここで良心の琴線を掻き鳴らし、最内奥で動かすにちがいない。なぜなら、この問題は愛の精神にふれるからであり、我々にとっては、神が我々を我々の生まれる以前に愛しているにもかかわらず、我々が必ずしも神を愛さないことは罪に他ならないからである(十)。

だがそのことは、我々が良心に到達するために美から飛翔しなければならないかのように見るべきではない。飛翔は我々を易々と墜落させるので、その反対のもののように思えるのだ(14)。そうした見方をしないために、我々は美と徳とがはるか以前の時代にギリシアにおいて、その輝きの相違にもかかわらず根本的な一体性が主張された概念であること、そのことについてカント以来ごく頻繁に論じられたことを思い起すだろう(15)。

たしかに、美についての言説が最良に当てはまるのは、我々が美を一体性という永遠の根本原則に帰する場合である(16)。そこに美の居場所があることはいうまでもない。というのも我々は、なんら一体性を見つけないなら、美もまた見出さないだろうからである。我々は、美しいと見るものを自然に一体化したいと望み、あるいは意図的でないとしても、そのものを我々と結びつけたいと望むだろう。そのさい我々が愛するものとの結びつきを願うことはたしかである。我々がそうしたものを愛するかぎり、同時に愛がたしかに一体化の生ける表現であるかぎり、そう願う。それゆえ我々がさらにここに見るのは、我々が美と見ないものを愛することができないことであり、何ものかを愛さないかぎり、それを美しいとは見ないということである。

ところで愛と意志とは、我が国の母語におけるように、それゆえ我が国の心におけるように一つのものとして現れる。意志だけが一定方向における愛であり、まったく愛に依存している。こうしたことから簡単にわかることであるが、何を美しいと見るか、どの程度美しいと見るかは良心の問題であり、さらにどこにあっても真理を美しいと見ることは我々にとって議論の余地のない義務である。

なぜといってそのことは、我々が心いっぱい真理を愛するならば、自ずと帰結するからである。真理の確実なアドヴァイスは「私を信じよ」である。真理の主人のメッセージは「私に聞きしたがえ」である。すべてを一体化し解明する真理の父の声は、「私のなかで君を成長させなさい」なのである。

そのかぎりできっと、世人はおおよそ彼らの議論に世間の賞賛を見つけ出せよう。というのも、その賞賛もまた、その徳と真理とを美しいと見るだろうからであるが、それは、徳と真理が世間の状況に好ましい仕方で合致させられ、世間がまずもって自分たち自身を愛することに役立つかぎりのことであり、さらに自余の美辞に、たとえば感動的な演劇にたいしての涙ながら讃嘆、貧者にたいする新年の贈り物の数シリング、その他の人々にたいする冷菜といった美辞に満足するかぎりでのことである。

だがしかし、このようにして真理は尽くされないのであり、その結果はつねに、多くの人々が背を向け、けっして美的側面から真理を知るようにならないことであった。そのことはおよそ有益ではなく、たんに虚しく、真理の鋭利な力を削ぎ落すための働きかけにすぎない。したがって、真理を世間の眼で見た美しさにし、哀願的なものにするために、真理の雷鳴を制限する。というのも、「本来の」真理はいわばどんな極小部分も欠くことはできないからであり、その法則において、わずかな部分もそれ自身が虚偽にならなければ消去されないからである（十一）。他の仕方で見れば、飾り立てられ真理として崇拝されるものは虚偽である。まさしく哀願に価し非利己的なものとして自然な仕方で崇拝されるもの、しごく安っぽいバーゲンで決済するもの、生と救済とを無意味なものとして約束し、自身がもっているもの、つまり無限の虚空と無限に持続する時間を、古いデンマーク語でいえば地獄と永遠の禍とを与えるのは虚偽なのである。

〔永遠美と時間美〕

おわかりのように、そのようなことは私の眼には、そして望むらくはより多くの人々の眼にはまったく美しいものではない。しかし、そうしたことを聞くに堪えないとする人は、真の美にも辿り着かない。というのも、そのことばが十分に偉大であることは否定できないからである。同時代において真の美はまさに予感され、嗅ぎつけられた偉大に他ならない。我々が偉大について聞いたことによれば、信仰とともに受け取られ、愛する心に溶け込むもの、我々を真の永遠美に関係させるであろうものは、概念把握できないが真理のことばである。こうして黄金は岩盤のなかにあり、手の指で取り出されるのではなく、生半可な働き手に与えられるのでもない。だから、永遠美はむしろ地上に響いた偉大なことばのこだまを蓄える心のなかに依然として隠されている。その〔永遠美を包む〕岩盤は破砕されねばならず、そのことを自ら実行する者は達人芸を披露するのであり、歴史的芸術家として公認されるはずである。だが、自分が実行するのは何でもないと思う者、その者は無意味なことを行っており、たんにその岩盤を掃いて集め、土くれを黄金と見なすにすぎないのである。

ここで我々は本物の時間美の区別標識をえているだろう。それはけっして過つことができないが、我々が容易に表層の輝きに失望させられること、美がそのように表層であるとすれば、少なくとも本物の美に跪かないことで痛みを覚えること、そうしたことは、そのゆえに真であり、まさに悲しいことである。というのも、それは世界における虚偽の支配と、我々の心における虚偽の影響力の帰結だからである。我々が修道士やツヴィングリ派、敬虔主義派(17)としてその［時間］美を否定しても、あるいはその美の賛辞を拒否しても、そこで我々を益するものはごくわずかでしかない。というのも、美の軽蔑が恐ろしい仕方でしっぺ返しを受けること、否定された事象がむしろ単独で存続することは、些細なことは日常経験によって、偉大なことは年代記によって教えられるからである。

我々が世界には何も美しいものがないと見るのが現実だとすれば、それは恐ろしい欠乏の証明、すなわち愛の欠乏の証明である。精神を惹きつけることは、愛がなければすべて不可能である。すなわち、我々が美の輝きをもたないとしても何がしかのものを愛すること、我々が我々自身にたいする不自然な愛に支配されること、その愛がどんなあり様であれ表現されること、このことなくしては精神を惹きつけることは不可能である。［もっとも、］我々は憎しみをもって、その最低レヴェルのあり様を怠惰や大酒飲み、淫乱のように評定するだろうし、最高レヴェルでは、貪欲や傲慢とコメントするだろうが。

これに反して我々が美にたいする感覚をもつとすれば、心のなかでその感覚に拍手喝采はするが、端的にそれを否認するにすぎない。なぜなら、我々は我々の愛が快楽であることを感じるが、しかしそこで、我々の心を最良の側面から見て麻痺させるか、［感情の］波々が轟音を立てて吠えるさいに断ち切られるか、あるいはすべてが最良に成功するさいは、一掃すべき不純さを保護するように働くのは人為的で冒涜的な非情である[18]。他面で、唯一適切なアドヴァイスはその心を清らかにすることであり、こうしてその心の感情から真理は帰結しうる。それゆえ、我々は美しいものを美しいと見るのだが、それは同時に真理の眼においても美しいのである。

〔女性美、精神美、歴史的芸術作品〕

〔ところで、〕自然におけると同様に人間において、とりわけ女性において美があり、その高みに達していること、そのようなことを否定することにどんなメリットがあろうか。すなわち、そのような者が、すべての時間美が展開されるより高度の美を示さないかぎり、〔その者が〕そうした美への心眼をもっていると誰が我々に想像させようか。我々が美しい女性を母の優しさとともに見て、その母の胎内から生まれたすばらしい男子を見つめ、その子に彼女が父親の特徴を知るとすれば、最高美だけでなく、自然から歴史への美の移行を見、そのことで永遠美の最も純粋な感覚的シンボルを見るであろう。ここに最高の自然的偉大（男性）は、最高の自然美（女性）と、これら両者を統一する歴史美（子ども）とのなかに溶け込んでいるのである[19]。

さて、この男子において、真理の精神に魅せられ、時間的な諸々のシンボルのもとでいたるところに永遠真理をえるような一人の預言者を考えてみよう。彼が女性の耳に自らのヴィジョンを語るのを聞いてみよう。女性の心が内面の愛によって精神のことばに燃え、その歌がしごく心を打つ調べとして迸り出ることを考えてみよう。そうするなら、我々は時間のなかに見出されうる永遠の偉大や美についてのこの上ない真のシンボルをえるだろう。ことばの力を表現する愛の歌は、地上において最も輝かしいもの、すなわち精神美なのだ。我々は、その精神美を完璧に見ようとするなら、その女性の歌が輝きのなかで男性的人物に具体化され、その人物のしらべを響かせる光線が女性と大地とを解明する、そうしたことをイメージするだろう。というのも、このイメージにおいて時間と永遠とが歴史的に融合しており、万物が愛において統一されている、つまり万物が真理と美において、それ自身がもつ永遠の生を放射するところの愛において統一されているからである。

ここで我々にはっきりわかることだが、美は、歴史が取り組む偉大な芸術作品、どこまで到達したかに取り組む偉大な芸術作品である。歴史が理にかなった仕方で十分に芸術作品そのものであるかどうか、そのことを我々は美から学ばねばならないだろうし、我々もまたその歴史に仕えている。永遠の生のなかにけっして組み込みえない虚偽は、必然的に真理と美との偉大なる結婚を妨げようとするにちがいないし、必然的に輝かしい錯覚にだけでなく、虚偽が人間においてことばのかまどから盗み出した本物の輝きと響きによってさえ誘惑するにちがいない。我々は虚偽を告発せねばならず、真理の所有物を勇敢に返還請求せねばならない。本物の美は真理にくみして闘争しさえする。というのも、本物の美が攻撃されるなら、それはルクレティアのように死ぬからであり(20)、快楽がたんに虚しく激励しようとする死せる栄光は、その粗野を知るにふさわしい。我々が愛をこめて真理の旗印を掲げるやいなや、我々のもとに栄光が飛来する。だがそれは生きいきと輝き、虚偽の弊害や背徳の恥辱とは比べるべくもないのである。

概括

［精神力をめぐって］

ここで述べられ、強く主張される人間と歴史についての諸々の考察にはまったく多くのものがあり、またあまりにも重要であるから、簡単にはとらえられない。過去の時代から我々に聞こえてくるもののすべては、忘却されるにはあまりに偉大で美しいと見なされたものについての物語である。こうしてその歴史は鏡となって、そこに我々は人間の子孫が［精神的］力によって探求し、愛によって保存したものを見る。各民属の歴史は、それが長いものであれ短いものであれ、たしかなものであれ疑わしいものであれ、彼らの眼のなかで偉大で美しかったものは何か、時間的なものが彼らにとって意味したものは何か、そして彼らの営為のなかに保持した喜びと力とは何かにかかわる誠実な証言なのだが、そうしたことを感じない者がいるだろうか。このように歴史においてことばと事実とは結合され、ことばが第一のものであり最終目的でもある、すなわち事実の前提とされ、事実に刻印され、そこからも湧き出て、そのことばが保持した［精神的］力はと何か、どんな仕事をしたのか、どんな結果をえたのかを我々に物語る。こうしたことを感じない者がいるだろうか。

とはいえ、ここで我々はことばとその不思議ですばらしい旅を、すなわち人間を、そして歴史のなかでのようにきわめて偉大なことばを導いたものを考察することで自己を深めるつもりはない。むしろ、我々はたんにそうした考察で「人間と歴史の」向存在[21]を照らす光が立ち昇るかどうかを見るために、きっちりと眼を凝らすであろう。

〔真理、偉大、美の概括〕

感覚的、時間的真理は向在する。というのも、我々は時間と空間のなかで意識しており、身体を変化しうる一定の延長と連関、形姿をもつものとして意識しているからである。このこと［の意識］は、すべての経験の真理がそこに基づく基礎経験である。我々がその経験を否定しようとすれば、そのことであらゆる経験の可能性と歴史を否定し、しかも我々が自己を欺き、そのことによって諸々の虚偽にいたることは否定できないであろう。なぜなら、我々自身のことばは矛盾した仕方で時間と空間における向存在を告知することで、我々を混乱させるだろうからである。

道徳的真理、あるいは良心の真理は向在する。というのも、我々は下位のものとして自己を意識するが、永遠の我々が自己を意識するのではないという仕方で、まさしくその永遠真理において自己を意識するからである。しかし、我々が意識的に良心の拒否を望むなら、我々は、自分たち自身を永遠真理として押し出すことで永遠真理への依存を否定することができるのであるが。

歴史が物語るように、詩的あるいは像的、シンボル的真理は向在する。というのも、人間は自己においてすべての時間的なものを永遠真理のシンボルとして意識するようになるからである。そのようにして、自己自身を力と愛において考察して自己自身を感じるのであるが、そこのとは、根底に真理がなかったなら不可能であろう。というのも、無は［精神］力をもたないからである。

　理性は表現されて響く内的なことば、すなわち自我であり、したがって［統合的］紐帯であり、我々がそのさい自我ということによって、時間においても永遠においてもすべての他のものから区別されるものの全体を保持する、換言すれば理性が包括しないものに対立する我々の全人格を意味する。その理性、すなわち空虚なことばに惑わされないようにいえば、人格性、自我性は感覚的、時間的に真理である。というのも、時間と空間において我々は我々の身体によってすべて他のものから区別されるのだが、しかし、その理性は永遠真理［そのもの］を保持しない。というのも、理性はたんに一つの永遠の自我性だからである。すなわちそれが包摂しないもののすべてを排除する質の永遠真理、そのことで包摂しないものを虚偽とする質の永遠真理にすぎないからである。

　したがって、自我性は、それが永遠真理［そのもの］に拘束され、良心に蔽われるかぎりで道徳的真理をもつにすぎない。だが、その真理からいったん離脱すれば、自我性は独立性を詐取しており、永遠真理に反してとらえられる肉の感性に他ならない。これにたいして、もし自我性が良心において生じるなら、そのときには詩的真理をもつ。というのも、そこでその真理は愛において生じる永遠真理を造形するからである。

　知性[22]は、経験の目標である。知性は、経験がたんに身体の現実性と事物の身体的現実にかかわるかぎり感性的である。だが知性は良心にかんするかぎり道徳的であり、時間と永遠とのシンボル的関係をとらえうるかぎりで詩的である。

人間には感覚的偉大がある。というのも人間において時間と空間の表象のための能力があるからである。それは感覚的なものをすべてカヴァーする能力であり、この力が万物を感覚できる人間の身体に啓示されている。

いかなる人間にあっても見出されるべき道徳的偉大がある。それは、人間が真理のために、自らの外見上の自立性を否定し、感性を越えて自己自身を永遠真理にまで高めることのうちに存する。どんな人間にも見出されるはずで、その人間が真理のために自らの自立性を否定することで存立し、そのことで感覚を越えて自己自身を永遠真理にまで高めるのは道徳的偉大である。

歴史が語るのは、詩的偉大が向在することである。その偉大は全人類に与えられており、道徳的偉大を保持するかぎりで、どんな人間にも帰属する。詩的偉大は、人間が永遠のことばのシンボルであり従者であって、自己のうちにシンボル的に神を見る力、自身を世界における神の子と見る力を備えている。

想像力は自らに表象をたてる能力である。想像力はそれが諸感覚に属する諸事物を表象するかぎり感覚的である。だが想像力はすべての時間的なものを永遠真理に依存するものとして表象するかぎり、すなわち被造物として表象するかぎり道徳的である。想像力は時間的なものをシンボル的なものとして表象し、すなわち永遠なものの再生として表象するかぎり詩的である。

人間には感覚美がある。というのも、輝きにおいて自己を喜ぶ感覚的偉大があって、人間は自らの身体を美しいと見、それを自己と一体化し、自らの自己意識のなかに組み入れる。

どんな人間にも見出されるべき道徳美があり、その美は人間にたいして自立性を否定し、無条件の恭順を要求する永遠真理にたいする愛において存立する。

歴史が物語ることだが、詩的偉大への愛のなかに詩的美が展開される。その美は道徳美を保持する者にあって詩的真理のなかで、すなわち神と人間との永遠の一体化のなかで完成される。

愛は美の感情、感覚的愛の表現である。すなわち、感覚的なものそれ自体への愛は何がしかのものそれ自体としての感覚的なものの考慮を、したがって肉［欲］的感覚を前提とする。感覚的愛は道徳美を軽蔑し、詩的愛から切り離すのであるが、そのことで、感覚美は人間を永遠真理から分離するのである。

私は基本的に異論が申し立てられることを、すなわち個々の表現にたいする異論ではなく、この考察内容［全般］にたいする異論が申し立てられることを見てきたつもりである。［だが］私が銘記しなければならないのは、この考察が覆されるなら、自己自身の意志を保持しようとする者の誰もが、たんにそのことで永遠真理との絆から排除されていること、そして虚偽に服従し、その結果、人間的な眼にとって人間にたいするいかなる救いもないということである。というのも、偽りの意志はけっして善にはならないからである。今人間の意志が［永遠真理から］分離されるべきだとし、したがって人間は、身体における自己の自立化努力という以上に、むしろ自らの身体に自己を支配させるとするなら、たしかに憐れむには価するが、それ自体でどうしようもない被造物である。というのも、人間の［精神］力は人間を離れ、人間の良心は人間を咎め立てするからであり、その［良心の］審判を人間は真理のことばとして愛して自己自身を憎み、行われた事実を変更すべきだろうからである。それは人間の眼にはまったく不可能に映るのだが。

［歴史の意義と次稿への展望］

ところで、人間が通常ではない不思議ですばらしい援助を必要とするのかしないのかを、誰もが良心において判断するだろう。我々はこの立場から、キリスト教について歴史が我々に何を教えるのかを見るため、歴史と向き合うであろう。

歴史が教えるのはまず第一に、あえて結果から原因を推定すること、そうしたことをすべきなのだが、そのさい詩的偉大において歴史は比類ないものである。というのも、［今日］歴史は憎まれ、軽蔑されることばとしてはじまり、その［精神的］力によって世界を征服して、きわめて根深い偏見があったにもかかわらず様々な民属集団によって信じられ、すべての反対者たちに耐えて生き残り、世間の眼には死んだと見えた後に若者の力において立ち上がり、その軌跡が消え去ることなく、すべての人間的関係に影響を与えているからである。今また神と人間についての歴史の諸々の表象が最高度に可能性のあるものであることは知られており、そのことについて容易に確信することができる。

こうしたことの帰結として歴史が最高の詩的美をそれ自身のうちに含まねばならないことを我々は［すでに］見た。歴史［の表象］がまたそこから、他の何がしかの表象にまして多くを生み出したことを、歴史はたしかに教える。しかし、この働きは、人間がどれほど深くその表象を心に浸みこませたかに依存するので、人間は人間についての証言をキリスト教についての証言以上にたくさん耳にするのである。というのも、歴史が人間と溶け合うことによって啓示的に最高美を生み出さねばならないからであり、そのことが起こらなかったなら、あるいは起こらないなら、それは歴史の責任ではなく人間の責任だからである。

そのことは道徳的偉大や美にかんしても同様に当てはまる。キリスト教が、それ自身において同じ〔道徳的偉大や美という〕ことがらを欠いているとすれば、我々はそのすばらしい諸々の成果にもかかわらず、キリスト教を間違ったものと宣言しなければならないだろう。しかし誰にも否定できないことだが、キリスト教は道徳的偉大をそれ自身のうちに保持しているのだから、キリスト教の告白者たちのもとで同様の〔道徳的偉大や美という〕ことがらが生じなかったとしても、そのことは彼らの恥辱であり汚点となったにすぎない。けれども、キリスト教はまさにこの面から、世俗世界において偉大として働いたものすべてよりもはるかに輝いていること、キリスト教が何百万の人々において類まれな自己否定と超感覚的な愛とを導き出したこと、このことを歴史は教えるのであり、そのことは、キリスト教もまた歴史が教える最高真理であることを示している。

だが、この最高真理はすべてを証明する。というのも、歴史が教えるのは、キリスト教が信仰され、それに人々がしたがうかぎり、まったくの真理を展開したからである。歴史は、我々が昨日や今日はじめて概念把握するようになることが何百年前に、そうだ、部分的には何千年前に、聖書にはっきりしたことばで言明されていたことを教える。しかし、何百年間であれ、何千年間であれ、その著作に矛盾する否定不可能な真理を一つも見出すことができなかったし、その著作が非難しなかった一つの道徳的あるいは神学的錯誤を一つも発見できなかった。虚偽と真理とのあいだに絆はないのであるが、そのかぎりたしかにキリスト教は真理でなければならない。だが、いかなる歴史的証明も歴史が継続するかぎり無矛盾でないことは自明であり、そのことが避けられないだけのことである、すなわち、良心と経験とを度外視しないかぎり避けられないだけのことである。

今どのようにキリスト教があらゆる場で威厳を主張するのか、どのように誰しもの誠実な考察を獲得するのか、神が望むなら、我々は前に進もうとするさいに、さらに考察するであろうし、否定不可能な真理であり、疑いのない経験であるものにたいする眼をもって詩情、芸術、学芸の関係を説明するよう努めるであろう[23]。ちなみに、それら［詩情、芸術、学芸］のことばは、歴史において偉大、美、真理とされているものを示すだろう。私があえてこの準備論考によって希望するのは、不幸な偏見を解消すること、たんに一個別者の希望にすぎないが、そうすることである。換言すれば、人間はその諸力のある種の方向において、目標としての真理を欠くことが認められ、人間にとって偉大であり美であるもの、あるいはそう見えるもののために真理を犠牲にすることが許されるという不幸な偏見を解消することである。そうしたことをあえて希望するさい、私は人間を虚しく語ることを意図しないが、しかしいずれにしても真理［の声］が聞かれないのなら、それは真理のせいではないのである。

【注】

（一）伝道の書 1‐2
（二）マタイの福音書 19‐26
（三）ヨハネの福音書 14‐16
（四）（グルントヴィによる原注）：『年代記の応酬』や『小さな告発者たちへの反論』に掲載された諸著作、『デーンの防塁』のなかでの論及。
（五）創世記 1‐26
（六）コリント人への第一の手紙 13‐12
（七）創世記 2‐7
（八）ヨハネの福音書 1‐14
（九）ルカの福音書 10‐20
（十）ヨハネへの第一の手紙 4‐19
（十一）マタイの福音書 5‐18〜19

第四章　啓示、芸術、学芸

〔はじめに――予備的弁解〕

私が執筆にさいして［主張を］宛てる固有の読者ではないが、ときおり『デーンの防塁(1)』をちらりと見てくれる人々がいて、私は彼らにずいぶん前から考慮を払ってきた。アテナの鳥(2)が明るい場所ではいつもはっきりと見ていないのは、子どもでもわかることである。賢ぶった小さな鳥が私の諸々の論考が冗長だとか曖昧な仕方で歌うとかいう批評を聞いても、私はけっして驚かない。というのも、アスムスの閑古鳥は、どの鳥であっても自分の嘴で歌うというからである(3)。私は世人が盲目状態で反省する場合、簡潔にとらえられたことを正しいと見る。それとまさしく同様に私は、世人が眼を見開いて考察した場合、とくにその考察が、信頼を手に入れる以前には誰もにわかに信じようとしないものである場合、詳細に記述することを正しいと見る。曖昧さについていえば私は、「暗がりを得意とする」梟やもぐらが私のもとでは本領を発揮できないことを喜ばねばならない。理解しないことをナンセンスと呼ぶような未熟な読者にたいして私は何をかいわんや、である。これらのことにかかわり、哲学者たちが職業柄、彼らの知恵を示すさいどれだけ単純明快であろうとするかを知る者は、微笑みを浮かべざるをえないであろう。

さらに一言だけ付け加えるが、それはたんに私の人間性を示すだけであり、眼の見えない鶏もまた一粒の麦を見つけるという諺を肯定するために、哲学は息苦しい煙であるという私の哲学についての表現を、［哲学への］著しいお世辞であるが、きわめて適切でもあるとコメントするだけである。というのも、私が基本的に私の哲学的営為によって意図するのは、神学が捕らえ損ねた狐どもをいぶり出すこと、あるいは狐どもがそのように望むなら彼らを墓に正しく葬ることに他ならないのだ(4)。

こうして今や秀逸な人々が、そのことを知らずに私の諸考察にたいへん有益な証言をするなら、私はもちろん私の諸考察の真摯な継続を促されていると感じるにちがいないし、あまりに誇らしいので、それらの考察の諸々の欠点を弁解しないわけにはいかない。だがそのような弁解は私の考えでは、どんな人の口をついて出ても、たしかに表層に浮かぶものではなく精巧で手の込んだものである。その人がその人の概念把握をはるかに越え出ることがらについて語るならそうなる。だが私の場合にあえていえば、その弁解は私が注意深い思慮に基づき人間の精神史についての私の思想を語るためには必要であろう。そうした精神史を私は［大きく］見渡す眼も、［具体的に］通観する眼もたず、むしろたんに驚きによって考察しなければならないからである。

おそらくわかるだろうが、私が部分的にはかなり大胆に、学芸の豊かさやその第一の基礎について、人間の諸条件や使命についてあえて語るなら、人間の生の歴史的表出を記述に移すさいの困難や難解さを口にすることはほとんどないだろう。というのも、そのような私の記述は過去の諸考察が、歴史が地上で説得的には認められない蜃気楼だったという［秀逸な人々の］あいにくの発見についての証言以上に、［率直だが］謙虚でないと見えるだろうからである。

　しかしながら、率直さが私のテクストの特性であり、そのさい私には、その特性を解消したり、薄めたりしようとする算段はない。世間で最も著名な作家になることができるかもしれないが、そうした算段はしない。私にはここで伝えようとする考察に大きな困難や難解さがあったし、ある部分依然としてあることを隠せないのだ。たしかに、その理由が上述の［蜃気楼という］悲しいものであると私は思わない。というのも私は、地上すなわち歴史によってしっかりと自己を保持する点でも、はっきりと時代の偉大な哲学者たちのはるか下方に立っているからである。歴史はたしかに、それが自ら産みつけたものから離れはしない。しかし私があえて希望するのは、私の難解さが諸々の真理の歴史との内的結合の結果であること、私が展開しようと努めた諸々の真理の帰結であること、すなわち学芸の高貴さの系譜であること、長い軌道上の簡潔な歩みにかんする気骨であることである。どこに我々が学芸を見出すべきか、そのことを述べるのは易しかった。というのも、たしかに小指に手全体よりも多くの知性が宿っており、その脳内には脳以外よりも多くのものが宿っていると想像した諸個人がいたとしても、ちなみに諸個人といっても一人でさえ多すぎたのだが、ともかくそうした諸個人がいたと想像しても、その想像は異教徒の迷信の残滓にすぎない。だが世人があえて希望的にいうように、これほど啓蒙の進んだ時代の動物磁気学[5]でさえその迷信の残滓に譲歩する。サガがその文字ツールであるルーン文字を用いて小指をふれるだけで力や強さを保持し(6)、イ-ス夕-の百合の花梗(7)を保持することをはっきりと示すときには、動物磁気学は譲歩するのである。

換言すれば、賢い学者たちは、歴史が彼らを生んだときにその傑作を仕上げたのであり、ゆえに自分たちを、ゼウスが何千年ものあいだ、そうだきっと永遠の昔からの産みの苦しみを頭に浮かべてきて、世に出すために［ゼウス自身の］頭を割って取り出したアテナ(8)だと思っている。そうした学者たちがいることを私はよく知っている。もしこのことが本当だったとするなら、賢くなることが問題でなかっただろうし、小さな精神科病棟で見つけられる［単純な］問題点を知るのに、大がかりな精神科病棟で検査するには及ばないと私は認めなければならない。しかし私は、その作家たちが道化にすらなるあらゆる奇跡が私の眼にはやや疑わしいことを否定しないだろう。歴史は、［一八世紀のように］それを軽蔑することで賢くなった時代の知恵の全体を保持する息子を育てたのであれば、明らかに鳥もち竿をもって走ったのである(9)。

それゆえ私は、小粒だが辛辣な皮肉を弄してきた。それは、周知のようにかつては［非歴史的に発想した］私自身に当てはまることであったとしても、その皮肉を私は親友たちに投げつけることになった。したがってその場合、私は歴史とは異なる場で人間が解明されると見た者への賛歌を叱責するだろう。これにたいして、［私の頭の］ペンを尖らせるナイフは、望むらくはそれが頻繁に研がれることとなのだが、しかし切れ味悪いものになっているので、今私は大雑把に整理することで満足しなければならない。だがそれでも私はなお、そのナイフが賢者の石(10)によってシャープになったなら、よりましになっていると信じる。いわばこのことの機会は簡単に生まれる。というのも、私が気づいているように、その賢者の石はまずは、サガ(11)すなわち歴史物語の口元から好んで流れ出るからである。

〔私の基本主張〕

世人の知る私の［第一の］基本主張は、我々が人間について概念把握するのは、時代とともに展開され、我々において解明されたものの断片に他ならないこと、換言すれば、我々が精神的にも身体的にも我々の祖先から生まれ、生にも学芸にきわめて親密な祖先の活動と経験に感謝しなければならないことである。思うに、そのことを否定するのは危険な主張である。つまり、サガや健全な理性との対決を指向し、自らを慰めることのない者にくみする危険な主張である。だが、このことにたいしてまさしく勇敢で厚顔無恥な者でさえ、私の大胆さははるかに慎ましいものであることを感じたにちがいないであろう。というのも、私はたんにサガにくみする武器運搬人として、サガの手袋［を投げること］で決闘が引き起こされ(12)、サガのアーチ型をした盾の城(13)のなかで安心が感じられ、サガの手にする剣(14)が、衣のように肉を断つことができ、時代という女王と祖国とに向けられて高じる妬みの盾を切り裂くだろうことを疑わないだけだからである。

第二の私の主張は、国や権力、栄誉が真理のものであるにすぎないこと（一）、すなわち世界においてその時間と場をもつものはすべて（二）、永遠真理の万能の力の結果にすぎず、必然的に神のことばによって創造された神の思考を再生しなければならず、その最高段階において、たんに神自身を神の手による作品として、神の光の輝きと神の精神の火花とによって描かねばならないことである（三）。人間とは、神性が何であるかを意味するのだから、私は人間において不思議ですばらしい被造物を見る。その被造物はその内で世界が意味するものを見出すのである。真理に矛盾し、自己自身を偽ることがなければ、誰が私の主張に反対し、私の見解に異を唱えることができるというのだ。

［冗長、曖昧、夢想、詭弁について］

少なくとも私の側のどんな弁解も適切ではなかった。なぜなら私は、熱狂的で不遜にも唯一永遠真理に帰する王座に登ろうとするどんな理性も、生によって裁定するからである。同様に私は、［永遠真理という］偉大なる王が我々の仲間に恵み深くも与えた［理性という］貴族特権の手紙[15]を拒否するつもりはないが、その手紙の謄本が精神の刻印を欠く場合には妥当なものと認めるつもりもない。当該の［真理という］王に忠実であろうとせず、王の敵すなわち王の領土を攻撃した虚偽の諸侯への対抗闘争において、王に従おうとせず、真理の寺院から偶像の家を構築し、要塞から盗賊の城を構築しようとする一部の［理性の］貴族を認めるつもりもない。

世人は私に、世界に虚偽がないことを示せる。そのことが困難にすぎるなら、意志のないところに、すなわち望まないところに、虚偽が生じる可能性があると示すことができる。虚偽の意志が罪ではなく真理にたいする反抗ではないことを示すことができる。しかし、そうしたことすべてが不可能であれば、私の言説を耐え難いほど冗長、不分明、詭弁的、熱狂的等の仕方で、つまり賢人たちの口で何といわれようとも、そうした仕方で叫び立てるが、ゲームの勝利と考えることができないだけである。彼らは［私が用いる］言語だけでなく、ここでの［私の］主要問題や諸々の思考、諸概念を扱う難解さや不都合を理解できないのである。

［第一に］冗長さは、読者が知っていることを長く繰り返し、依存すべきもの、問いや疑いを許さないものを列挙する偽の包括性として言説を傷つける。どんな言語にも、どんな脳にもある不完全性は、私の諸々の言説が真理の眼のための目標を立てることを妨げる城である。だがしかし、私のすべての著述がきっと証明するように、次の三点を世人は否定しようとしている。すなわち、［まず］私にとって最愛のものである簡潔さが誤解と不必要な争論を引き起こす点、［次に］私の時代についての言説が、当の時代のそれ自身への言及ではない点、つまり時代が、私の言説にたいする表層的な証明を見出すには程遠い点、［さらに］私が冗長である場合、私は人間的条件を扱い問うているすべての党派の人々と簡潔に比較している点、これらの三点を世人は否定するようにふるまっている。だから冗長さのために、私の言説が耐え難いということではけっしてありえない。

［第二に］曖昧さ、不分明さについていえば、それは精神的事象の考察においてすべての人間が共有するものであることを私はたしかに知っている。人間の言説はつねに多かれ少なかれ、精神のための、すなわち真理の糸のための人間の蓄えであるが、しかし、私が私の力によってその［曖昧さという］共有物を少なくするようにしていること、このことを世人はきっとわかるにちがいない。私のこ

とばを通じて私を心と脳に採り入れようとしない者、私が考え、判断することを知ろうとしない者、そうした者は私の著作を読まず、考えずに済ますにちがいないと私はあえていいたい。他人の脳以上に私の脳が曖昧で不分明だと正当に主張できる以前に、世人は私のもとで曖昧であるものが他の人々にとって鮮明であること、あるいは私が曖昧であると呼ぶものが逆に鮮明であることを示さなければならない。

［第二に］夢想はおそらく、我々がそのなかに生き、動かされ、身をおくところの神性への信仰すべてを意味するはずである。仮に私が夢想家でないとすれば、私の知性に、今私が時代の流れや諸思想の法則に見出す真理の確実性をとらえる力がない場合でさえ、私は呻き声をあげるだろうが、しかし、神が私に与えた知性によって、何がしかの場で神を視界から見失うなら、私は二重に呻き声をあげるだろう。その足場が地上にすぎないなら(四)、私は神に向かってつま先で立って背伸びするであろう。

これにたいして夢想が、神的なことがらや生についての自分自身ないし他の人の夢想を真理と見なすなら、私はそのことにたいして、自分がたしかに何がしか［夢想から］自由な者であることを知る。というのも、［夢想のような］当てにならない諸表象にとって、我々にかんして何も鮮明ではないからである。そのことは我々が考察するもの、公表するものについて当てはまる。すべての私のことばがこの観点で、きわめて厳格な証明に耐えられると私があえて主張しないとしても、私はあえてそう［主張できる］かどうかを問うだけではない。同時にまた、それが、神の真理のことばとは異なるものの上に、自らの信仰を打ち立てることが愚かであること、あるいは無矛盾に示されないものを確実と主張することが愚かであること、このことが私の歌の［基本］旋律でなかったかどうかを問うであろう。

私が［聖書のなかの］預言者や使徒たちのことばを神のことばとして信じること、このことは本当である。それを誤りと受け取るなら、私は自らの力や自らの生、自らの幸福を失う夢想的な愚か者である。しかし、そのことについて私にはごくわずかな不安しかない。そのことばが神のものでないなら、神はそこにいないということ、そのことを私は明白に理解できる。というのも、神は時間の主人でなければならず、すべての力を自らの手にもたねばならないからである。神がいるなら、その王国と権力をもつことばは神のものでなければならないのだ（五）。今、神は無矛盾である。その聖なる真理のことばを信じず、それを否定し歪める者、その者こそ熱狂家であり夢想家であるのだ。

［最後に］詭弁は私にとってはっきりとした背徳である。詭弁は、じっさいに［論理的に］連関しているものを区別するか、あるいは基本的にそこで何も［論理的に連関し］ないのに、連関の輝きを手っ取り早く呼び出すよう人が卒なく試みることのなかにある。簡単にわかることだが、このことは、世人が哲学的な頭脳と呼ぶ者にだけありうる欠点である。世人は、一方で私に帰属しているものを同時に、私にはそれがまったく欠落しているという言説を詭弁と呼ばないだろう。というのも、連関していると公言されるものは、それが明らかに矛盾を含んでいるかぎり、［むしろ］たわごとと呼ばれる。それは、たとえ私の言説がそうしたものであったとしても、非難を意味するのだ。

私がコメントしようとするのは、自ら明晰判明と表現することによる真理愛好的な努力が詭弁とは一致しないということだけである。というのも、詭弁は真理の犠牲の上に卓越を求める傾向を前提するか、真理を犠牲にして金ぴかに光る傾向があるかのどちらかであり、最終的に私は証明を欠く非難のすべてにかかわって、まさに詭弁以外の何物でもないということを思い起こすだろう。というのも詭弁は、現実・活動的であるところでは、覆いを被っていて、詭弁がなくなる前提として、「その覆いが」見つけ出されねばならないからである。したがって、私が時間と永遠のあいだの連関、人類の成員間の連関にたいする証明と呼ぶもの、さらには、時間におけるあらゆる闘争の基礎としての真実の意志と虚偽のそれとの永続的な敵対にたいする証明と呼ぶものが詭弁であるなら、それが詭弁であるなら、世人はその詭弁を犯罪ととらえ、「精神的な意味で」極刑執行の準備ができていなければならない。というのも、もし真理と虚偽のどちらにもその痛みが支払われないとするなら、真理の首を切ることで虚偽をもまた割の合わないものにし、宿無しにするだろう。なぜなら、虚偽は真理の影を盗むことで養われるにすぎないからである。

〔体系にたいする歴史の道〕

したがって私は、これまで『デーンの防塁』誌で展開しようと努めたことを、否定不可能な真理にとっての主要問題と見なす。真理の名においてお世辞が述べられてはならない。むしろ今、私はどこまで諸々の普遍的真理と人間の歴史的生とを融合したかを示そうとするのだから、ここでは形式において不完全であるだけでなく、内容においてさえ不完全であり、部分的には疑わしいものを提供しなければならない。ここでもその場にふさわしい難しさがあると私には思われる。この「啓示、芸術、学芸という本稿の」考察のタイトルからもその以前の内容からも簡単にわかるように、我々は今岐路にある。我々は基本的信頼とともに、キリスト教の啓示にしたがい、タイトルの諸部分のあいだの連関を展開し、その啓示の信者たちとの関係を展開するよう努めうるのか、したがって神学体系と呼ばれるものに光を投じるよう努めうるのか、それとも、我々はキリスト教を歴史において存立するようにでき、人間の諸々の精神的諸関係や諸表現について見うるのかの岐路にある。ちなみに、後者は体系の諸断片、すなわち歴史体系の材料になるにすぎず、それらを組み立て完成させるのは後継世代の仕事である。

なるほど、踏み固められており、その目標へといっそう容易に導くと思える「神学体系への」道を私が選ばないのは奇妙だと見ることができる。だが、私にとってさらにいっそうの奇妙なのは、私の不首尾を願った人々が、私がその「体系への」道にしたがわなかったことで私を非難したことである。その道が導いたものはどのようなものであれ、まったくの蓋然性にしたがって私をある立場に導くにちがいない。そこで私はいっそう危険な仕方で攻撃されるとしても、勝利をいっそう確実にするだろうというのだ。こうした非難を生むのは、「非難する側の」格別の自制心によるか、それとも世人がじっさいに想像するにちがいないが、私がキリスト教の諸命題をこれまでの諸体系に現れた以上にいっそう明瞭な連関のなかで、これまで以上にいっそう力を込めた下調べによって創出できなかったかのどちらかである。じっさい、世人がきわめて厳密に聖書の考察を跡づけるにもかかわらず、私は学問の道を彷徨する場合でさえ、聖書のことばの同伴を常としないので、私がキリスト教を「学問として」信仰から切り離して考察しても、私のキリスト教の安息の地を見つけられないだろうと世人は想像するのである。

だが、その点での私の能力に価値を認めていただきたい。無力さの感情が私を妨げることができないことはまったくたしかである。なぜなら、そうした感情は、はるかに困難なことである諸々の展開の試みにとって私の妨げとならないからである。仮に私が論敵の立場に身をおいたとすれば、わずかだが野心が根っこにあるという示唆を見つけ出すのがより賢明で、私が神を畏怖するありふれた田舎道を辿るよりもむしろ、「野心から」自分の軌道を開拓して進む選択をしたとするであろう。しかし私は今、そうした言辞を弄さない、まさしく弄してはならない。つまり、いずれにしても私の愚を隠すためだけなら、つまりいつも古い径路を気高く辿ることに見られるものに重きをおく愚を隠し、あるいは子どもっぽい願望と内的な愛による素朴な信仰に重きをおく愚を隠すためだけなら、先の言辞を弄してはならない。

〔連関することば〕

まさしく何度も、我々の時代の諸々の書物や論文であれこれのキリスト教の教理について、その教理が聖書的でないこと、あるいはそれが理性の無矛盾の確信に反していることを読むたびに、私の心臓は激しく鼓動し、頬が紅潮した。まったく簡単なことを明快かつ気軽に証明するために私はしばしばペンを握ってきた。つまりたいへん恐ろしいことであるが人々が嘘を語っているか、あるいは彼らもまた、自分たちが語っていることさえ知らず、ものを見ることができずに、彼らが知恵の面で愚か者であることを証明するために、しばしば私はペンを握ってきた。

　しかし、私がつねにかなり明快と見たのは、学芸によって十字架のことばを賞揚しようとすることは有用でない点である（六）。そのことばはつねに世俗の知恵にとって愚かであり、愚かにもなる。とくに近代においては確実に、学芸のことばによって十字架のことばは虚しくなる。すなわち、後者のことばから重みが奪い去されるのであり、そのことに恐れを抱かねばならない。［むしろ］論理的帰結、あるいははるかに深いデンマークのことばをもちいて連関がまったく栄えあることば［として重要］である。まさにその［学芸の］場では必ず、このことを否定するのは愚か者だけである。しかし、そのことはすべての精神的連関を、精神と身体とのあいだの不思議な連関を伴っている。すなわち、その心において融合するものだけが正しく連関するのであり、その脳における集成はたんにルーズな結びつきであり、連関すべきものの表象にすぎない。まさしく、精神と身体との生ける結びつきとしての人間という不変な表象に心が拘束されずに、［つまり愛による］心のつながりが壊れたときに人間が死ぬことを我々が知るように、学識の全体が信仰によって心のなかで神のことばに、つまりいかなる断片からも受け取ることのできない不可分の神のことばに融合することがなければ、キリスト教もまた死ぬ。なぜなら、神のことばは唯一の生きたルーン文字（16）でそこに記されるにすぎず、神の指で刻まれ、精神によって誘導されているからである[七]。そのことは、まさに書かれて著作としてあるものすべてが真であり、神によって結び合わされ、分離されてはならないこと[八]を［きわめて優れた］天使の知性により、その脳で証明できたとしても、まったく効果に乏しい。すなわちそのことは、まったくもって［人間の］寝かしつけに役立つにすぎず、知識によって生ける信仰の欠落を隠蔽する効果は乏しい。

ここで我々はまた歴史の確実な証言の前に立っている。というのも、二〇〇年前［のルターの時代］に戻るなら、我々はいたるところで内的連関に、たんに信仰者の教理的諸命題相互のあいだの連関だけでなく、それらと世人が考えたことすべてのこととのあいだの連関を追跡する。その時代の人々が思考の円環を結ぶことを理解しなかったにもかかわらず追跡する。その連関は心においてあった。［神の］ことばによって諸思想が導かれたのだが、そのことばは真理において一つであったものを統合したのである。

その百年後［の啓蒙の時代］に諸々の書物に当たってみると、我々は同水準の著作の知識を見るし、いっそうの賢慮さえ見出すだろう。だがしかし、内的連関はたいてい失われているか、たえず失われていくのを見るだろう。その知識は大雑把な連関を、ヴォルフ的方法の時代から諸体系において人為的に創出して、［連関の］解体をはっきりと予言した[17]。それは今では卑近になっており、より正確には、敬虔主義[18]が証明するようにすでに始まっている。だから世人はいうことができるのだが、頭が試みたのは、肉体全体を除去することによって死から自己を救うことにすぎなかった。その解体が今では久しく前から単独歩行をしているが、しかしキリスト教が快楽主義やカトリック主義者の諸々の方法論のように、すなわち死骸のようにならなかったことを我々は知っている。このことは明らかに、聖者たちの足が朽ち果てる事態はけっして見られないことにのみよるのである[九]。

　キリスト教の肌着すなわち諸々の儀式は分離され、折にふれ拒否できたであろう。しかし、その祭服つまり体系は分離されなかった。祭服すなわち体系は、しばしばいわれるように、一つに編み上げられていた[十]。それが［一つに編み上げられずに］次善の策がとられたなら、獲得したものは大きくない。というのも、この場合十字架のもとでのように、次善の策をとったのはローマの兵士たちであった。祭服は彼らにとってまったく大きく緩やかであった。祭服はたしかにある仕方で染め上げられたが、しかし、衣服になるまで［適切に］切り取られなかったし、基本色は明らかにならなかった。しかしそれゆえ、祭服は十字架のもとにあった。そのさい祭服は盗人によって見つけられた。その盗人は、その祭服が頭を覆い、妖怪を演じるには素晴らしいものだと見たのである。

［神学体系をめぐって］

　このことが理解されれば、キリスト者なら私が神学体系に類似するものを緊急課題としない理由、その正当な理由がきっとわかるだろう[19]。真の体系、真の教会の建物は聖書である。というのも、聖書はことばとして肉体に啓示されており[十一]、聖書はキリストの精神的身体であり、それを世人は殺して埋葬できると想像するにすぎない。生けるものとして誰もがその体系を信じ、この教会に通い、この身体の手足となる。その人が、その人のみがキリスト者であり、聖なる人々の信団に受け入れられている。聖書の教えが何であるか、このことを思慮ある読者はみな理解できる。すべての人々が同じようにその教えに結集するわけではないが、我が国の聖職者たちはその教えのためにいるのだし、それら聖職者たちがなすべきことを行うなら、［聖書について］聞こうとし、機会があれば読もうとする人々にもキリスト教の知識が欠落しているわけではない。いったいどのように、その知識が不思議ですばらしい啓示と連関するのか、いわれるように誰もが自分自身の心で学ばねばならないし、そのさいに聖なる真剣さで自らの救いを準備する。すなわち、各人は世俗の知恵のすべてをえたとしても、けっしてキリスト教の知見を学んではいないのである。

このことによって私は、教程本も公的告知も無用だというつもりはない。というのも、前者は児童の学びに必要だからであり、世人が聖書を自分自身の頭で解釈することを考えたとき、これとは反対に、聖書をそのことばに基づいて受け取る共同の絆が必要であり、信仰諸箇条を周知させることによって、聖書のことばがまさに鮮明に知らされていなければならないからである。

［とはいえ］私は教え、すなわち教理体系が表層的だと思うこともない。というのも、教えの建物はまさしく一つの学校であり、今や幾らかの聖職者たちが学校に受け入れられる必要がありうるだけでなく、つねに聖職者であるべき彼らは、つねに学校に通う必要がある。しかし私にとってまったく議論の余地のないことであるが、聖職者たちが気持ちを込めて学ばねばならないものは、文字通り語られるように教会の手織りである。つまり、シンプルで丈夫で暖かい普段着を織ることである。とい

うのも、キリスト的な人々はそれゆえに彼らの日曜の祭服を着て教会に通い、自ら繕う、すなわち普段着で破れているものを一緒に織り合わせるからである。仮に物乞いの人がそこに来たなら、彼は、彼自身が感じているにちがいないように自分が貧乏で裸であることを自覚できるだけでなく、自分自身のために普段着の服装を織ることもまたできるはずである。そのことによって彼は、恥じることなく、新しい人生を歩むことができるのである（十二）。

換言すれば、私は生けることばを低俗と呼んで聞く耳をもたない人々を知っている。そのことばを彼らが自分で地に貶めたのである。というのも、彼らは地上におけるすべてのものを越え出た自らの聖書を信じ愛するからであるが、そのことはたしかに、聖職者にも、自分自身の福利を望む者にも必要である。しかし、どんな人間も生けることばを将来の聖職者に学ばせることができない。諸々の大学で、口承により聖職者を育成する試みがなされるなら、生けることばはそのことにより、つまり口において生まれるだろう。だが、自分の聖書を知り、自分の諸々の教えを集めて、それらをすべての生の周知の諸々の地位や栄枯盛衰との関係で理解すること、このことは口とペンによって可能だろう、すなわち教会の将来の奉仕者にとって近年とはまったく違った仕方で学ぶことができるだろう（20）。

［聖書の意義］

そのことがまた知られるかぎり、聖書を攻撃するような人々に、理性によって応答できるものが自ずと出てくる。しかし、そのことはごくわずかな人々によって把握されているにすぎず、しかも箇単に誤用されることに注意しなければならない。それゆえ、いつか詭弁を弄する異教徒のために、あるいは、そうした異教徒に対抗して説教が求められる場合、万事につけ説教してはならいのが副次的な主題、つまりラテン語的な主題だけである。

　偶然的な仕方でとくに教会の庭[21]での奇をてらったドイツの幽霊との争いは例外として、ここでなぜ私が、誰が霧のなかを話しながら歩み、高く昇ったのかについて今展開されていることにそう多く関与しなかったのかのいっそう深い理由を見る。それはマルティン・ルターと彼の本物の子孫だったか、それとも理性の思い上がった自然な子どもたちだったかにかんすることである。つまり、若い連中は、理性は教会の壁に額をぶつけるほど走ったのだから暴走したのだという理解に徐々に必ずいたるにちがいないし、そのさい彼らは理性が拵えた聡明さのたんこぶに恥入るだけなのかどうか、そのことは私が良心においてかかわることではない。彼らは遺憾ながら、彼らの強さと理性からキリストを信仰し、キリストにいたりうると思っているのだ。〔当然にも〕心（ハート）が肝心なはずで、聖書が〔壁との〕衝突に抵抗できる唯一の教理体系であることを忘れることができると彼らが思っているのかどうかは、私のかかわるところではない。

　しかしこの聖書の意義は、聖書がそれ自身の二本の足で、しっかりとした見えざる基礎の上に立つことが認められる場合にだけ、それが人間という作品の上にねじ込まれない場合、あるいは頭で保持されるべきでない場合にだけのことである。そのことばは、いかなる人間も塵においては保持できないように語らねばならないのであり[22]、称揚できないものを、世人はそのままにしておくべきであるが、しかしそれゆえに、そのものが廃物だと考える必要はない。聖書がすべての精神的真理を内容として保持するなら、我々は彼岸においてはじめて、その底の深みによって聖書を理解することを学ぶことはたしかである。世人が体系において聖書を空無なものにできると思い込むのはいっそう狂気の沙汰である。世人が歴史を彼らの時代のために書いたし、そのことで歴史全体を空無にしたと思い込み、次の［彼岸における］日々もまた空無にしたと思ったとしても狂気の沙汰である。というのも聖書の教理体系は、それが最良である場合には明らかに、どこまで人間的知性が聖書に到達したかについての歴史的評価に他ならないからである。教理体系の固定は、それが最良であったとすれば精神発達の停止を、すなわち死のある種の布告としての眠りを意味する。

今このことをたんに信仰告白の条件と混同してはならない。というのも、教理体系は著作の設定、つまり教えられるべきものの設定でなければならない。でなければ世人はたんに曖昧なものが意味するにちがいないものについての自分自身の意見を教えるだけだからである。そうした場合、問題はおよそキリスト教の教理体系でもキリスト教［そのもの］でもありえない。そのさい問題は、聖書が我々が信じるべきものを啓示しておらず、したがって建徳にふさわしくないか、それとも信条についての議論のすべてが聖書への依拠を望まず、むしろたんに聖書を曲げ、聖書から転落することに由来するのか、したがって多かれ少なかれ不信仰の度合いに由来するのかのどちらかである。今、前者が虚偽であるなら、後者が真理でなければならないことは明かであり、世人は、狂った男の仕事でなければ、聖書が語ったことを知ることなく聖書にしたがって信ずべきことについて争論しないことは明かである。そのことについて教会史は疑いを容れない。だがしかし、聖書が望むことを我々が信じねばならないのはじっさいまったく明らかであり、誰もがこのことを、聖書をきわめて真剣に読むことで確信できる。こうしたことがないなら、他のことはすべて虚しい。というのも今、愚か者であろうと望まない人々すべてにとって［聖書を］読むことが必要になっているのだから、我々が聖書を真剣に精励努力して読まなければ、はっきりいって我々の敬虔さやキリスト教を弄ぶだけなのである。

［体系的建物をめぐって］

ところで、たんに正しい信条が教理体系から区別され、およそルターの教理問答[23]がバレの教程[24]から区別されるなら、世人は私の考えていることがわかるし、真の学問的慣習のためにさえ、聖書哲学的教理体系に類似したものの立ち上げ、すなわち聖書的学芸の理論書執筆［の事例］をたくさん見て躊躇することをきっと認めるにちがいない。というのも［教程は］、眼の見えない状態ではけっして明快な仕方でも繊細な仕方でも書かれないので、見開いた眼で書かれるとするなら、まさしくそれが成功すればするほど、それだけにいっそう誤用に晒されたスケッチだということがわかるからである。なぜなら、訂正し書き直すよりも存在しないものと考えるほうがはるかに簡単なのだから、何らかの特性のあるスケッチはつねに停滞を呼び覚まし、しばらくは偶像になるであろうが、後にそれは傷物と同じように、偶像として取り壊され、廃棄されるであろう。

それゆえ、私の思うに、何がしかの［特定の］学問において、とくに神学において十全な体系の外観をもったものを提供することは、学問的慣習［全体］において同時代の読書教養層のものであり、それ以上に開かれた眼差しを信じる者の愛の規則でも、真の賢慮の規則でもあるはずがなかった。むしろ示唆や断片を与えること、つまり恥ずかしさを感じることなく、示唆や諸断片が用いられる以前にそれらを考量し、それらを反省し、統合することで満足するように与えることが愛の規則であり、真の賢慮の規則だったのだ。そのことによって私は、十全な体系の類似物が我々の自由裁量によって学芸のために必要でありうることを否定しないであろう。むしろ、体系を与えることはたしかに、まさしく時代とともに進歩を担う人々に委ねられるべきであり、その場合に体系は有用に機能し、偶像化されず、投げ捨てられない。学芸は自由裁量によって用いられて成長するのだから、正され、改良されるのである。

たしかに私はあえて、哲学体系に類似したものの立ち上げが、とくに聖書の理論的考察も加えての立ち上げが、自らの時代により鮮明な視野と何がしかの影響を果敢に探し求める者にとって義務となる諸状況がありうるとは主張しないだろう。しかし、ある部分でそうした事例は一度しか起こりえないこと、ある部分で、その事例そのものが［体系的］建物の大まかな概要の創出と固有の基盤設定とを越え出るとすれば、けっして義務でも権利でもありえないだろう。明らかに屋根から柱間までの全体の建物を意図することは真理にたいする二重の犯罪であろう。なぜなら［体系家ではなく］歴史がその権利を主張するからであり、より解明された眼はまさしく、まったく多くのことが体系的建物をすっかり完成させるためにどれほど欠けているか、その体系に依拠する前に、嵐のなかで試されるのに必要な木材のどれほど多くが必要であるかを見なければならなかったからである。けっして、そこにある月桂冠にたいして、すなわち、この〔歴史の〕面からもとくに今年は[25]、マルティン・ルターの墓の上に浮かぶ月桂冠にたいして沈黙すべきではない。その月桂冠は彼が〔教理体系の〕建物の上に設置したものとはまったく違った仕方で高く、いっそう華やかなものである。ちなみに後者の〔教理体系の〕建物は今では廃墟となっているか、時代の嵐によって酷い仕方で扱われて衰滅していて、ルターが諸々の境界の上に建てることを余儀なくされた個々の衛兵所を利用する人々にとっての虚飾として立っているのである[26]。

いったい誰がルターを熟知しているというのか。誰が彼の『奴隷意志論』(*de servo arbitrio*)を読み、考察したというのか[27]。ルターがメランヒトンの『ロキ』とはまったく別の建物を設置する目的をもった人間だったことを誰が認めないというのか[28]。つまりルターは、我々が個々に見るように概してアリストテレスに挑戦したこと、彼は一五一七年以前でさえヴィッテンベルク大学でアリストテレスに挑戦した人間だったことを誰が認めないというのか。メランヒトンの無味乾燥さや弱点、動揺を誰が知らないというのか。マルティン・ルターがヴィッテンベルク大学でフィリップ派、つまり信仰と理性のあいだの軽薄な手綱さばきから生まれたにちがいないものを知ったとすれば[29]、彼の頬を血がしばしば赤く染めたにちがいない。そのさい誰がドイツ人の自然な〔体系〕構築欲求に馴染んでいるというのか。ルターは、読書教養層が諸々の著作を啓発のために使うことに満足しようとしないのを知ったので、ペンをとって彼らに、衝撃に耐えうるような支柱となる建物を与えたことに誰が驚いてはならないというのか。それは、教養層がどのように向きを変えても、彼らを聖書という基礎の上に立たせることで満足させたのである。

［歴史的視点から］

しかし、誰が歴史をもまた熟知するというのか。何がたんに死者たちのなかに眠っているだけのルターとの親密な対話によって、ルターが彼の理解をもとに建てねばならなかった家のスケッチを引き受けられるというのか。誰がそうしたことを熟知するのか。我々がルターを賞賛し、彼の墓に感謝を捧げねばならないことを誰が洞察しないというのか。なぜなら、ルターは教会の墓地に礼拝堂を建ててはおらず、むしろ精神の寺院、すなわち偉大なるソロモンの寺院(30)を彼の祖国に移すことにもてる力のすべてを用い、生まれ変わったネヘミアのように、異教徒やサマリア人から祖国を守ったからである(31)。

我々には、好ましい記憶のなかでの信仰の闘争を高らかに賛美する必要はないのだろうか。その闘士［ルター］は多勢の敵にもかかわらず、高笑いして嵐に備えたのだ。そうだその闘士は、友たちが［寺院の］聖域以上に前庭を監視することを知ったにもかかわらず、勇敢なあまり寺院の見えざる護衛に確信をもった。彼は地上の城塁建設を非難し、教会に鐘を吊るすことで満足した。その鐘をダヴィデ王の墓で、タルシシュ(32)からきた銀によって鋳造したのである。どのような鐘の鳴り響きに彼が気づいたかといえば、それはキリスト者たちにともに力強く響くものであったし、いつもクリスマスの朝に天使を呼び迎えるものであり、敵の恐れと民衆の歓喜を誘うものであった。民衆は輝きに満ちた聖なる賛美歌から、教皇の権力とトルク人たち(33)の残忍から解き放たれる仕方で、彼らに救い主が生まれたことを感じたのである。

だがここで、私がいつものようにルターおよび他の偉大なキリスト教聖職者の記憶に囚われるのだが、そのさい、私が私個人としては同じ教会の代理牧師であり、説教師の椅子を乞い求めていることに世人が気づくことをあえて妨げない。それでも私は、私が他者の眼において何であり、私が「ルターや聖職者について」記憶すると約束したものが何であるかを私が忘れていると「世人に」思わせるような機会を与えてはならない(34)。したがって、過去はたんに私が眼のあざをつくるのに役立つような握りこぶしにすぎないと思う人々にかかわって、私はそれらの人々が著しい間違いを犯していることを銘記しなければならない。私はここで、無視したままに放置できないことに簡単であるが、巧くふれる機会をえているにすぎないことを思い起こさねばならない。それはキリスト的啓示とそれに対応する学芸の関係、すなわち、キリスト教と厳密な意味での神学との関係である。

〔哲学と啓示、理性と良心との関係〕

周知のことであるが、何百年を通じて宗教と神学、哲学のあいだの関係が、聖書が神的啓示であるという前提のもとで論争されてきた。この前提は今、すべてのキリスト者のものであり、同様に私のものでもある。私はその前提で確信することをいわねばならないだろう。それはキリスト教がその本来の使命を果たすために、つまり信仰によって立ち直り、転落した人類を救済するために哲学を必要としないこと、あるいは［そのために］キリスト教が哲学と闘争的な一撃を交換しうるにすぎないこと、そして神学に哲学を仕えさせようとすることで、［神学の］王位が傭兵によって包囲されたすべての君主と同じ危険を冒す、つまり少しずつ権力を奪われ、バクダットのカリフ[35]のように、せいぜい名前を保持するにすぎないという危険を冒すといわねばならないだろう。

ここから次のことが帰結する。すなわち、それにもかかわらず神学自身が本物の哲学を仕えさせようとしなければならないのなら、哲学を用いて偽の放浪者にたいして神学の諸々の外的境界を守り、どんな厳しい攻撃にも備えるために、つねに別のいっそう大きな精神力を用いなければならないだろう。というのも、生死にかかわり、［哲学という］傭兵団にその背後を支える闘士がいないとなればただちに、傭兵団は敵に寝返るだろう。とくに彼らがある仕方で敵に関係している場合にはそうなるだろう。我々はこの関係を今解決しようと努力するだろう。その関係において我々は学芸の起源やその他の条件をいっそう詳しく跡づけるつもりである。

以前、我々は学芸のすべてが経験に由来するとコメントしたが、しかし、この真理がどれほどひどく誤解され、誤用されたかに言及し忘れたわけではない。その場合世人は感覚的諸事物の相互関係についての知識を学芸と呼んだのだが、身体が魂に関係づけられると同様に、その知識が学芸に関係づけられることを考慮外においた。世人は、身体において魂が失われているときにだけ学芸と見なしえたのである。したがって、我々はそのさいに感覚的経験よりも高次の経験がなければならないこと、後者の歴史によってすべての真の学芸の源泉が派生したことに言及した。だがそれは、我々がそこに立ち入って働かず、たんに指摘しただけの不分明な領域であったことを隠しもしなかった。後に不分明なものについて、それが部分的に解明されたかどうかは、時代が教えてくれるだろう。しかし私は、以前の考察のもとで［学芸の］光の照射の諸限界を見たと思うが、この考察では、何を私の眼に入れられるのかに言及し、それがなければ、その［照射による］ヴィジョンが私を失望させるのかどうかに言及したい。

私の思うに、理性とは人間的個体性、あるいは何がしかの確信を含む意識性を意味し、我々自身についての我々の表象にかかわる他のものすべてを斥けるのだが、そのことを我々は自我ということばで表現する。無益な議論やごまかしを避けるために、私は理性が私にとっては遊戯であってはならず、高地ドイツ語の自我性[36]によって置き換えられなければならないと宣言する。しかし、私がこれらの考察のもとで理性ということばによって意味するものをはっきりと言明するなら、この意味で私もまたこの伝統的なことばを用いることは許される。それ以上に、そのことは、ルターが理性を呪い破門するときにも[37]、後に世人が理性を一般基準にするときにも同様に主観的評定であることが知られるべきである。

今、人間における理性がたんに、それが建てられるべき身体をもつにすぎないこと、我々が感覚的にはまさにすべて他のものから区別されたものとして、我々自身を考察しうるにすぎないことは前提である。これにたいして、我々が精神的には大きな人間身体における諸々の四肢にすぎないこと、そしてすべての人間自らが精神的に離別を欲してならないこと、すなわち、すべての人間が虚偽と死の腕に身を委ねないとすれば精神的に離別できないこと、しかし、人間は自身の感覚的輪郭を［神の］似姿と見なすべきこと（十三）、人間は自己自身を見ずにたんに永遠真理において、神のなかに唯一の自立的存在者を見、人間の解明を求めるべきこと、こうしたことも我々は証明されたこととして前提する。その反証が試みられるまで前提する。

　ところで、我々に固有な［宗教的］良心だけでなく、まさしく人間の眼がどのように自己自身を見ることへと開かれたかについての過去の日々に由来する神話から偉大な神話（十四）にいたるまでのあらゆる神話が、分別の年齢になる人間のどんな子孫も、自己を理性的な仕方であらゆる面で個人と見なす特徴があることを証言する。その人間がたんにその移り変わる意志にしたがって、多かれ少なかれ神や他の人間たちと結びつき、神と他の人間たちにたいして当の人間がいずれの場合にも義務を負うことを証言する。ゆえに我々は、我々が人間にたいして熟知するすべてのこととともに、この［義務を負う］ことからも、不幸な罪によって人間の本源的な関係から、そして可能なかぎり人間の諸々の限界から逸脱していると結論しなければならないだろう。

　しかしながら今、［人間という］被造物がたんに道徳的で自身の意志においてのみあり、［精神］力と知性において非現実的あるということ、このことは結果的に問題である。なぜなら、当の被造物がそれ以上であるには、力において優越する創造者でなければならないだろうが、それは自己矛盾だからである。仮に今人間がたんに感覚的に人格、つまり他のものすべてに対立して自己を把握し、そう設定する者であるにすぎないとするなら、人間はまたその人格性を自己にあって最高のものと設定することで、感覚的慣習に制約されねばならないだろう。感覚の範囲を越えて、けっして人格的あるいは理性的に何がしかを学び知ることはできないだろう。理性のなかに把握能力として知性があり、理性が永遠真理から区別されるとただちに、あるいは同じことだが人間が自己を頭でセットし、その人間が完璧な人間だと想像するときには、彼の知性はすべて感覚的にならねばならない。というのは、我々は、ある事物を理性的に把握し、その事物の我々との関係、つまり諸事物が我々にたいしてもつ関係を分離したものとして、たんに［外的な］感覚的関係として把握し、そこにおいてのみ我々は諸事物を理に適う仕方でとらえうるにすぎないからである。

［自然と歴史］

ところで、反省によって我々は、諸事物にはある種の観点で二種類［の時間的様態］があることがわかる。すなわち、それらは一定の空間を占めるかぎりでいわば持続的であるか、一定の時間を占めるかぎりで暫定的であるか、これらの両方の混合であるかのいずれかであることがわかる。これらの分類は、一方のものがここではつねに他方においても当てはまるのだから、厳密なものとはとうていいえない。だが、この分類はある意味で我々にとって必要である。なぜなら、我々自身が最高度にその混合を表現しており、したがって諸事物を、それらにおいて優勢であるものに基づいて区別しなければならないからである。ここに我々はまさしく周知の分類を、すなわち自然と歴史という分類を保持する。その分類が根拠づけられるのは、一方の部分が存立にアクセントをおくのにたいし、他方の部分が変転にアクセントを有することによってであり、前者が顕示に、後者が生起にアクセントを有することによってである。前者が「どこに」つまり「そこ」に対応すべきであるのにたいして、後者は「いつ」つまり「そのとき」に対応するはずである。知性は一方のものが「どこに」「何によって」存立するかをとらえねばならず、他方のものが「どのように」「なぜ」消滅するかをとらえねばならない。

さて、簡単にわかることだが、我々がコメントしなければならないような歴史的なもののすべてが、形姿や舞台を、それゆえ自然を前提とする。それは、すべての自然的なものが、我々の眼の前で変化を被るとしても、生産や創造の結果であり、したがって何がしかの歴史からの帰結であるのと同様である。我々には空間が前提でなければならないと思われるが、その空間から過去の時間を起源的なものとして推論せざるをえない。その起源的なものにおいて、すべての自然的なものは創造され、挿入されたからである。たしかに多くの人々はこのことをあえて詭弁と呼ぶであろうが、しかし、その主張は彼ら自身を利するとしても真理のためではなかったのだ。というのも、いかなる事物も時間の到来以前には創造されなかったこと、すべての事物がその時間を保持しなければならないこと、これらはともに議論の余地なく正しいからである。この分析にさいしてたいへん重要なのは、「事物が」正しい終結、つまり目標とともにはじまることである。でなければ人は捻じれを解きほぐすのではなく、どんなピンを使ってもほどくことのできない結び目、まさにそのつながりをバラバラにし、それゆえ世界の絆を粉砕する剣による裁断以外にない強固な結び目がつくられさえするからである(38)。

したがって世界は歴史的であり、どんな学芸が生まれるとしても、世界は歴史的にとらえられねばならない。だが、世界をそれ自体で歴史的にとらえるさいに求められることだが、大地が確固としてすえられ、天幕が張り広げられるのだから、［人間理性が］ともに立ち合い、相談があったにちがいない。だが、私が判断できるかぎりでは、そのことに人間理性は関与していない。なぜといって人間理性はそうした場合には、他のものについて語らず、自分自身の立脚点によりよく配慮していただろうからである。その理性にごく最近、世界を創造したという外見がいかにして与えられたかを知る者は、その［虚偽の］愚弄を不当と見ないだろう。［だがしかし、］健全な知性を用いようとする者は誰も認めねばならないのだが、その理性はけっして自身の自助によっては世界とともに前進しえない。理性が概念把握されない仕方で、まったく別の［神的］理性によって創造されねばならなかったことを把握する以外には前進できない。なぜなら今、人間理性そのものが世界のなかにあるので、その理性が真理にしたがおうとするなら、基本的に自らを越えた者と喧嘩することで愚かにふるまっていること、同様に自らの創造者とどこで手を切るかを語ることで恥ずべきふるまいにいたっていることを思い知らねばならない。

［人間理性の困惑］

［しかしながら、］どこまで人間理性は自己自身の主人あったのか、［今］主人であるのかは歴史的

問題である。しかし、その理性は自らの知性を最善の仕方で用いることでその洞察にいらねばならないのだが、その理性は基本的には何も知らず、自己自身を否定せざるをえないのであり、自分自身の手で最高に巧くやったとしても、無限なものへと進む目標や算段はまったく不可能である。そうしたことを我々は見てきた。だがその人間理性は我々の時代の最も偉大な哲学者たち、彼らが基本的にこの「理性の不可能の」点ではかなり一致していることを知らないのだが、そうした哲学者たちをひどく誤解して読んでいたにちがいない。

とはいえ、歴史とともにその人間理性は自然とはかなり違った仕方で困惑状態に陥っている。それはとくに、その「理性の」死によって歩むには過酷という理由だけではない[39]。同時に学芸について語るとすれば、理性もまた看過されてはならないからだ。それでも、世人が自分のために自己自身を保存しようとすれば、「学芸によって」自らにメリットを導くのはたいへん難しいのである。こうしてここで我々が、「学芸にかかわって」自然史ということばを、語源学的な仕方で受け取れば、かなりの程度歩める。なぜなら、継続的にある種の秩序において繰り返し起こる上下動が、一定の仕方で恒常的なもの、すなわち自然の秩序と見なされ、それが知性に確実な利益をもたらすからである。しかし、「自然史から」飛躍して歩み、考量がなされないことはすべて、自惚れた理性には忌まわしい行為である。なぜならその理性は悪しき常識に歩調を合わせることができないからである。その場合理性は、すべての痛風の疑いのきわめて濃い人々ように「おっかなびっくり」座らねばならないし、理性が恐れを抱く現実に対抗する、ありうるすべての異論を思い描いて苛まれる悲痛な逃げ場を保つにすぎないのである。

このことが誇張表現だとは誰も考えないだろう。というのも、それは我々の時代に起こった恐ろしい出来事の愚かな影にすぎないからである。なぜなら、［人間］理性は歴史にたいする恐怖によって純粋に知性を離れ、狂気となった暴君よろしく理性の援助者である諸感覚すべてを反逆者と宣言し、自分だけ何がしかを保持し、自分自身の財産の上にあぐらをかくために、自らを蜘蛛の巣へと造り込むからである。だがしかし、我々は、そのことが議論の余地なく帰せられる者、その者は滑稽な英雄詩においては高潔で、彼の敵には悪罵を浴びせかけるのだが、その者を伝説（サガ）にしようとするつもりはない(40)。ここで我々は本来的に、他ならない敵意を発見するにすぎないだろう。なぜなら、周知のようにその理性は伝説の抹殺者といわれることで、あるいは歴史を虚偽にしたという世評によって栄誉をえたからである。

我々はまた、［人間理性には］敵意があることも簡単に見て取るにちがいない。というのも、その理性は自分自身の足で立つためのことばをもつであろうが、しかし、歴史はあらゆる瞬間にその理性の足に打撃を加えることでその算段をもつれさせるからである。その［理性の］敵意は［歴史を］屈服させるのが難しい。人間理性は、その発現のすべてにおいて自由であると主張する。だが歴史は理性が時と場所に制約されること、理性が到来したとしても、何か別のものの働きの結果でなければならず、それゆえに理性は自動的には働けないことを証言する。理性は、それが自らの正義や権利と呼ぶものに立脚するかぎり、歴史について聡明にならねばならないが、そのことがまったくできない。

というのも理性は歴史を感覚的に受け取ろうとし、そのことによって理性はきわめて大きく不合理の諸事態に巻き込まれるだけでなく、自己自身を欺き、歴史を概念把握できないものと呼ばざるをえないと感じる。そのさい理性は再び、諸々の点で自己自身を偽るのである。理性は、相互に継起する諸世代のあいだの超感覚的連関を認めることができない。そのことで理性は、それがまったくとらえないものを認めることができないし、理性の自立性を否定するものも認めることができない。理性は、それがいかなる人間にもそれ自身から到来すると主張しなければならないが、そのことを知らず、ゆえに自己矛盾に陥るのである。

したがって人間理性は、どのようにひっくり返して見ても、話が理性の由来や超感覚的事象一般に及ぶやいなや自己矛盾や自己否定に陥るにちがいない。我々が理解できるのは、自己矛盾によって世人は聡明にならないことであり、自己否定によって聡明になるかどうかには、まさしく疑問符が付くだけなのである。

なるほど、ごく最近では中間の道を行くことに努力が払われた。より正確にいえば、一時に前進し、後退するよう努力した。人間理性はそうした仕方で、それが一方の手に渡したものを他方の手に取り返せると思われた。しかし、もしそうしたことが起こったなら、それはたしかに神技であるが、それにもかかわらず、そこでえたもののすべては、一息に二度自己矛盾することであり、ここでは二つの否定を確かめるために、あえて困難に飛び込もうとするようなものである。

「いずれにしても」人間理性は、その自立性を断念するなら信仰の翼のもとにセットされる。だがしかしその理解から出発しない場合、理性は何が信頼に価するかを吟味検証する。そうした吟味検証はたしかにたいへん困難であるが、そのことが正しい側面すなわち道徳的な面から、正しい場所すなわち心においてなされるなら、それ自体において困難というわけではない。肝心の問題はまさしく、［一方で］理性が道徳的に自己自身を否定すること、つまり懺悔することであり、［他方で］真理が啓示されていることであるにすぎない。というのも、これらの事柄が正しいなら、良心とともに声をあげる啓示は心に良心とともに平穏と調和をもたらし、議論の余地ない証言を与えている。たしかに心の衝動において懺悔を助言する啓示もまた学芸を孵化するかどうかは疑わしいように思える。だがいずれにせよ、その真理を道徳的に出して見せる啓示のみが信仰にとって理に適う対象となりうるにすぎず、そのことで超感覚的なものをとらえるように知性を展開できるにすぎないことは、疑いなく証明されているのである。

［歴史と啓示］

ここで我々は何らかの啓示が与えられるかどうかにかかわる歴史的問いの傍らに立っている。それは周知のように、以前の時代に多くの人々がすばやく否定し去った問いである。より深く熟慮する人々の大多数は、かなり困難だと言明していた。だがしかし我々は、その［啓示という］ことばが何を意味するのかを我々に明らかにすると同時に、次のことを簡潔に洞察するだろう。すなわち、この問いに時を待たず、与えられると肯定的に応じねばならないこと、たんにすべての啓示が虚偽なのかどうか、そうでないなら、真の啓示がどのようなものかが問題であるにすぎないことを洞察するだろう。我々はたしかに、啓示が単純に何か神秘的な事柄の告知を意味し（十五）、その神秘はついでながら、語られてはいるがまさしく滑稽とされていることを知っている。まさにフィヒテが彼の『あらゆる啓示の批判(41)』のなかで真の啓示の特徴の一つとしたことは、告知すべき知らせはないこと、すなわち啓示が無だとしたことを我々は知っている。我々に簡単にわかるのは、己惚れた理性がそうした啓示を吹き飛ばすにちがいないし、当惑した理性は啓示には役に立たないにちがいないということである。だが我々は別種類［の啓示］もまたあることを知っている。というのも、聖書と並んで［イスラムの聖典］コーランがあり、多様な神話があって、それらはすべて、理性にとって神秘であるような事柄が、人間のヴィジョンの圏域を司るある種の構造を啓示しているからである。それらは時間的なものと永遠のもの、地上的なものと天上的なもの、人間的なものと神的なもののあいだに生起すべき確信的な関係を告知するであろう。明らかなのは、ある場合にはそれらの啓示から我々は学芸を学び取らねばならないこと、ある場合には学ぶことを断念しなければならないことである。たしかなことは、我々があらねばならないとする神性が存在するなら、神はある種の自然な仕方か、あるいは超自然的な仕方で自身を啓示したにちがいないことである。

［想像力の意義］

眼には見えないが、啓示が自然な仕方生じたことはたしかに理に適ってさえいる。換言すれば、創造者が人間に一つの能力を備えさせたこと、つまり人間の通常の働きのもとでの隠れた関係を啓示した一つの能力を備えさせたことは理に適ってさえいる。この能力が理性ではありえなかったことを我々は見てきた。なぜなら理性は本来的に集成取りまとめの能力にすぎないからである。理性は通常の働きにあっては、たんにまったく冷静に自然に入手したものを受け入れるであろうが、その固有の働きに集中することで関係の全体を撹乱して、真の啓示全体と対立するにいたった。人間の感情もその［隠れた関係が啓示される］能力ではありえない。というのも、感情はその本性によって感覚的だからであり、精神的なものはまず第一に、何がしかの感覚的なもののなかに啓示されねばならならず、感覚的なものが心に印象を与えうる以前に啓示されねばならないだろう。今残っているのは想像力だけである。より高度な光のなかでの人間と世界の自然なヴィジョン、すべての啓示がそのヴィジョンからシンボル言語において生じることが、我々が想像力と呼ぶものに伴っていたことについて疑いをもたれたことがあったろうか。

　以前我々は、想像力が諸々の表象を保持する人間の能力、それ自身や他の事物の［精神的な］像、シンボルを受け取る人間の能力であること、したがって想像力は内なる眼であり、それは外側の眼と同様に、色においてまったく多彩でありうると同様に、強さや活気の点でも、確実さや鮮明さの点でもまったく多様でありうることをコメントした。感覚的な眼は諸事物をそれ自体で何がしかのものと見なし、諸事物の影をとらえる。だが、諸事物を何か超感覚的なもののシンボルと見なしうることが人間の動物にたいする長所である点は議論の余地がない。なぜなら、我々は現実に起こったことにたいする証明を手にしているからである。というのも、我々は感覚的諸事物のシンボル的評価を言明するからであり、見えざるもののシンボル言語による伝説があるからである。ここで観取すなわちヴィジョンが必然的に伝説化されねばならないだろうことは概念把握できる。この言明は我々が今自然的、すなわち運命的啓示と呼ばねばならないことであり、それは感覚のヴェールに隠されたものを、ヴェールを剥いで示すことに帰するのである。

このいわゆる啓示がたんに粗野な喜劇であり、たんに神秘や詩情を生むだけの空想の産物、まさに真理と対立する虚構にすぎなかったことについて多くが語られてきた。この仕方で世間に広まった諸々の表象がいかに不合理で、しばしば相互に矛盾し合うかをも考慮してみると、そのような諸々の啓示に信をおくことが独自の検討課題であることは否定できない。だがそれゆえに、少なくともたしかなことだが、我々はここでだけ、より高次のものの諸表象が我々に訪れる唯一の道に立っている。［なるほど］創造者すなわち永遠真理は人間の能力を、すなわち通常の働きにあって虚偽を生み出す能力を廃棄できなかった。想像力が感覚的表象に制限されるべきだといわれるとしても、想像力が人間の罪によって無秩序と騒乱をもたらすこともまた同様にたしかであろう。しかし、想像力はより高次のものへの便宜であったのだから、それが感覚的表象に制限されてはならないこともたしかである。そのことからすでに明らかであるのは、制限によって便宜であったものがいっそう矮小化されることの不適切さである。世界の像的、シンボル的関係がまさしく真であることを我々が考慮すれば、問題はまさに鮮明になる。というのも創造者は、彼の仕事を真理の光において観想する能力を与えはするが、当の能力がその目的で用いられる必要がないとするのは大いなる自己矛盾だからである。

したがって、先の諸々のヴィジョンが混乱し自己矛盾を呈するなら、それらのヴィジョンが高次にすぎるからではない。というのも、背伸びをして鼻を空中に差し込むことで、換言すれば自らに課された目標を越え、自らの定められた限界を越えようとすることでわずかばかりでも高くなることは困難ではないからである。むしろその混乱は、観取点の歪み、ヴィジョンの曖昧化に由来する。その原因は簡単にわかる。というのも、理性はその諸制限を打ち破り、人間の必然的立場を混乱させ、共通の中点としての自己のまわりに諸力を取りまとめるよう試み、そのことで「世界における」配置全体をひっくり返すにちがいないからである。その人間は自己のうちに神像を見ず、自分自身が裸であることを知ったが、より高次の者の声を聞き、木々の背後に隠れ、葉のすき間から覗き見することで、恥じらいの眼を鎮めた。もはや自然な仕方で高く、明快に見ることはなかったのである（十六）。たんにこの面から、人間の栄誉が保たれているわけではない。どのように身をよじっても人間は罪人である。まさに人間の栄誉が最良の仕方で保たれると考えたときに、人間は恥を晒した。というのも、人間が何しかの栄誉を自分だけで保持するだろうとするのは、人間にとってまさしく罪であり恥だからである。なぜなら、その栄誉は必然的に唯一の主にのみ属するからであり、それゆえ主は、「我、他のものに我が栄誉を、すなわち諸々の偶像に我が価値を与えようとするつもりはない」ということが必要なのである（十七）(42)。

ところで、我々はコメントしておかねばならないだろうが、賢者ナータンの時代からすべての啓示が基本的には一つに帰することについて囁かれ、新たに大声で語られてきた(43)。そのことが人類の祖先に由来する罪を彼らの子孫において取り除けるとしても、とくにナータンや、すべての啓示に、こんにちはやおやすみなさいといってまったく関心をもたない人々においては取り除けるとしても、そのことはここで［の我々の問題と］際立った相違があろう。というのも、そうした［賢者ナータンの］場合、我々は、諸々のヴィジョンあいだで、すべてが間違っているか、それが不可能なら、すべてが正しいかといった取捨選択の難を省くことができるだろうからである。

［良心とは何か］

我々はどんな精神にも信をおけるわけではない。むしろ諸々の精神が神に由来するかどうかを吟味しなければならないことはまったくたしかなのだ(十八)。そのことは我々が以前コメントしたように、それ自体においては難しくはない。なぜなら、理性が慎ましく、謙虚に歩むその正しい地位に、まさしく良心［という地位に］に後戻りし、誠実に心における思考の取りまとめ役としての職責を全うするやいなや、その真理は証明されるにちがいない。にもかかわらず今、我々の信仰を実現することが困難な状態にあるなら、それは、我々が我々自身を実現することがわずかな喜びでしかないことの証明にすぎない。それゆえじっさい、世人がはじめて耳の丈をも越える泥のなかに座るなら、少なからず聞く困難があるのは必ずしも驚きではないだろうし、浮かび上がるまでの苦難に消耗すること、光に与する態度をとることに躊躇することも驚きではないであろう。まさしく真の啓示が我々には嫌なものであるにちがいないことは必然的帰結である。なぜなら、真の啓示は我々の恥を明らかにするからである。理性がすべてのヴィジョンを否定するほど仮借のないものではなかった古代の異教徒たちは、彼らの心の欲望と一致したものを選び、彼らの罪を隠した。すなわち、その罪を、簡単に和解が可能であるか、できるかぎり忘却の淵に沈めて抱えねばならない不幸な運命としてイメージした。なるほど、我々がイメージしうるのは、人間が罪に落ちる以前には忘却困難な真の諸ヴィジョンを保持していたとしても、それらのヴィジョンは混ぜ合わされ、混乱させられ、曖昧にされ、そうだ、しだいに忘却リストに書き込まれてしまったことに他ならない。それらのヴィジョンはそのように扱われた。そうしたことがいたるところに起こらなかったなら、それは［第一に］我々にはまったく予期できなかった奇跡であろう。奇跡によってのみ真の諸ヴィジョンが没落と歪曲から救われたし、奇跡によってのみ諸ヴィジョンが継続され、展開されたという声を我々が聞くとすれば、それは［第二の］予期されぬ奇跡であろう。奇跡によってのみ罪に落ちた人間は真理の知識にいたった。たんに二重の奇跡によってのみ、人間は、しくじりはしたがその使命を達成したのである。

　歴史自身が否定できない仕方で我々をすえつけるこの地点から、我々がはっきり見ることができるのは、尋常でない仕方で［奇跡が］生じたと主張し、理性が妥当でないと見なした啓示が、そうしたことで何ら根拠ある疑いを呼び覚ますものではなく、むしろその信憑性にかんしてよい推測を呼び覚ますことである。そうだ、啓示が与えられ、すばらしいものと受け取った［ユダヤの］民衆自身がそれを放棄するならば、まさに［反感を呼び覚ます］啓示の信憑性や真実性以外の理に適う理由をほとんど考えられない。というのも、真の預言者のみがその祖国で憎まれうるし、民衆の自然な憧れを刺激する力を吹き込むが、［これにたいして］天空の衣のなかに民衆の心の嗜好をつくりだす偽りの預言者は必ず、神的英雄として愛され、賞賛されるにちがいないが、しかし彼の民衆を諸々の精神の国に隷属させるにちがいないからである。

［迷信と無信仰の同一性］

加えてしばしばコメントされることであるが、あらゆる時代の人間には神秘を信じる性癖がある、すなわち、たしかにまた自身を不思議な謎として意識する被造物から切り離してはならない特性（十九）を信じる性癖がある。その被造物はいわば自然に、その特性から強制的に引き離されているように感じられるが、しかしそうした［不思議な謎という］特性を信じる性癖がある。人間は、人間的生において神秘を感じれば感じるだけ、自らの家でのように未知のものからその音調を聞き、おそらくそこで人間にその謎を解きうるそれぞれの秘密のことばにしたがって未知のものをとらえるにちがいない。

たしかに後世において、かつてのローマ時代のように、この特性を拭い去り、謎への熱望、神秘への信仰のすべてを人間から除去する努力がなされたが、しかし、その努力は報われなかった。というのも、それが報われるためには、人間的生の神秘を除去しなければならないから、つまり人間を神に変えるか、物言わぬ動物へと変えることができねばならないからである。人間性の軌道が背後にあるかぎり、先の「神秘を信じる性癖すなわち」傾向性もまた跡づけられねばならない。我々においてその傾向性は「事物世界と神秘との」二元的世界の必然的衝突の必然的感情であり、二元的な相争う諸力の荒々しい結合であり、力強い発酵に他ならない。我々が進んで行くことのできる最高のものは、本源的な我々の種族としてのあり方に属するものと対抗するたたかいで、我々のなかでその最高のものを無力化し、歪んだ形態ではほとんど未知のものにすることである。

　こうして、「人間の」神秘を信じる傾向性は、ある種の不合理や不可能な諸事態へのまったくの偏愛へと退化し、そのことの「意図しない」帰結が最終的に偏見からの自由や啓蒙とさえ呼ばれる狂気だったのである。このように、理性による未知のものにおける「精神」力の剥奪のような諸々の働きを、理性が感覚的諸事物か、あるいは自己自身かのいずれかに帰するのは明らかである。ちなみに、この場合、いったい格別の相違があるのだろうか。見えざる神が世界を創造して、万事につけて働いていかなる偶然事をも支配すると信じることと、感覚的世界そのものあるいは人間理性にその創造の名誉は帰すると信じることとのあいだにも格別の相違があるのだろうか。前者はたんに不可思議であるが、加えていえば後者は不可能であり自己矛盾なのである。

　だが世人は、すべての啓示とたたかう理性がはっきりとその知性から離れて、自家製の蜘蛛の巣にとらわれる別の仕方で精神科病棟を避けるにすぎないことをまったくとらえていない。あるいは洞察していない。すなわち「そのことが」洞察不可能であったとしても、神秘への傾向性がきわめて不信仰な人々のなかにあること、つまり歪んだ信仰にとらえられた人々のなかにあり、しごく敬虔な時代よりもはるかに放縦な時代のなかにあることは簡単にわかることである。つまり、我々がはじめに神秘によって何を理解するかを自分自身に問うなら、その答えは、神秘によって我々は、その原因を概念的に把握しないようなあらゆる結果を理解することになろう。つまり、我々が原因をまったく発見できないか、それとも我々には奇妙な［原因との］不照応関係に思えるかのどちらかによる結果を理解することになろう。そうした不照応関係のなかで、当の［神秘的］結果は我々の知性にしたがって一つの力を、すなわちその原因のなかに発見できない活動性を主張するのである。

今ここで我々は、すべての神性が嘲笑されたことで[44]、魔術師がまさしく名誉になった理性的ローマについて語るつもりは微塵もない。だが我々は我々自身の時代を見るつもりであり、過去の時代に帰せられる庶民の性癖に重きをおくつもりはない。ましてや不条理な小説や演劇にたいする凄まじい快楽、あらゆる種類の奇術ショーを重視するつもりもない。そうしたことではなく、たんにすべての理性的な事柄に該当したことに眼を留めるつもりである。神秘にたいするすべての信仰を哄笑する人々が、しごく神秘的で非合理な諸々の働きに期待する試み、大なり小なり、何千もの子どもっぽい試みに眼を留めるつもりである。歴史に帰するのはその最も重要な諸々の表現においてこの自己矛盾をとらえることである。それは記憶の痕跡を語るが、しかし我々の誰もが諸々の実例を十分に既存の仕方で手にしてはいない。けっして哲学諸学派のアブラカタブラの呪文と呼ばれないように、理性、啓蒙、自由、人間の諸権利、寛容、方法、趣味、人間形成等々のようなことばによって、どのような諸々の偶像崇拝が駆り立てられてきたかを端的に思い起こそう。［かつて］イエスの名においてそれらのことばに首を垂れることが重い罪になったのとまさしく同様に、［近年では］そうした諸々のことばに跪かないことが、重い罪になったことを端的に思い起こそう。世人がどれほど諸々の神秘的な働きを充分かつ堅固に信じ、魔術を使ったように、上述の諸々のことばが日常会話となっていたるところに現れねばならなかったかを思い起こそう。そうするならばきっと、迷信と無信仰とは基本的に同一であることが認められるにちがいない。じっさいに、人間理性があらゆる啓示を放擲したように、まさしくすべてのもののなかで最も不条理なもの、すなわち諸感覚が精神を創造したことに敬意を払うことを認めるにちがいない。まさしくそのことと結果的に同一のことであるが、しごく盲目的な異教徒たちが石工や金細工の作品に跪いて、それらを彼らにとっての神々と呼んだことを認めるにちがいないのである。

今、我々の時代の民衆は教皇制のカトリック修道僧が軽信の名のもとにまさに際立った仕方で賞賛したあの純朴さを欠いてはいないが、しかしそれは、真理であるものを信じることへと駆り立てる質のよい信仰心にすぎない。真理であるものは、良心と同調して脅かし、自尊心を傷つけ、厳しく非難するが、にもかかわらず、それを信ずるよう駆り立てる信仰心にすぎない。このことはただちに、議論の余地のないものにならねばならない。というのも、空虚でシンボルを欠いた脳による空想への過信はけっして普遍的になることもできなければ永続的になることもできない。［思弁の］蜘蛛の糸のなかでの空想はけして普通人の問題にはならないからである。最も便宜を感じる情熱的な人々でさえただちに空虚さと倦怠よって、彼らが空想した方法的な蜘蛛の糸の上であくびをして眠り込むにちがいない。そこで文字通り棒切れや石ころに跪くことを拒否する者は誰も、最高にして最も洗練された感覚的なものにおいて、すなわちシンボル言語において、その人の信仰がしっかりと結びついたものを求めるのであり、そのさいに人間理性が嫌悪を催すものは何か、神秘的なものかそれとも良心か、がわかるのである。

［学芸の超感覚的条件］

あえて私は、真理を愛さなかった者にさえ明らかな自己矛盾を抜きにしては、［一八世紀の］急進的発展を通じて［次のような］諸々の主要命題を否定することには困難があるだろうと考える。私はここでいくつかのことばを繰り返すことが肝心と見る。すなわち、人間をその否定の余地ない最高の条件つまり超感覚的条件において説明しない学芸は、基本的に人間を説明せず、学芸の名に価しないのだといったことがそれらの主要命題である。超感覚的学芸にしたがう欲求が超感覚的条件とその条件を認識する使命を前提とするのと同様に、そうした学芸は必然的にその条件の啓示をも前提とする。たんに自然的つまり神話的であろうが、超自然的つまり神的霊感によるものだろうが、その条件の啓示を前提とする。想像力は超感覚的な諸表象を受け入れ、それらを結合する自然な能力である。我々は想像力を通じて真でない矛盾する諸表象を受け取ったことは否定できないのだから、その帰結として、我々は真理から転落しており、同時に、我々は正しい仕方で信仰を何がしかの神話的啓示に結びつけることもできない。そこから二重の衝動が出てくる。すなわち、神的霊感による啓示と真理の精神により挿入される啓示、換言すれば一般的欲求の啓示と道徳的欲求の啓示が出てくる。なぜなら我々はすべてその事例にかかわっており、その事例の全性質とその可能な充足について啓蒙を必要とする。特殊な仕方によるか学問的仕方によるかして、自分自身を理解するようになることが人類の規定であり使命であるかぎり、啓蒙を必要とするのである。今、超自然的なものへの衝動がたしかであるなら、その現象もまた［事実において］確実である。というのも、真理は知られるだろうし、愛は解放するだろうからである。その啓示は、いかなる人間にも効力を生じる法則をえたとすれば、証明されるだろう。だが、啓示にはそれ自身に反する身体的理性がある。転落した人間はもちろん啓示を受け取る意志をもつことができない。なぜなら転落は意志によって生じるにちがいし、その悪しき意志は善となるには無化されなければならならず、その無たることによって、それ自身と対立するものを創出しなければならないからである。そのことは二重不可能なのである。

［啓示の謎と学芸の条件］

　そうしたことであるにもかかわらず、どのようにして人間の回心と真理の啓示の信仰とが可能になるのかを、我々はその啓示の学習に委ねる。しかし、そのさい気づくことだが、真の啓示の特徴の一面は必然的に自然な人間を不快にさせ、肉体的理性には酷いことのように思える。だがそれは同時に他面で、その啓示が謎めいたものでなければならないことは必然的である。なぜなら人間の謎はすでにそれ自体において不可解であり(二十)、転落によってあまりにも錯綜し、謎を解くことができるはずのものがたんに、しだいに概念把握される謎にちがいないだけでなく、この世界において、復活再生に当たるもの、すなわち転落が結いつけた結び目を解くことに当たるものでもあらねばならないからである。

それゆえ、昔の神学者たちがそれらの謎を二種類に分類したことはまったく正当である。それらが大きな相違としても、はっきりした相違としても表現されなかったけれども、正当である。というのも、諸々の自然の謎は、我々がそれらをしだいに概念把握できるのだから、不可解な謎と呼ばれるべきではない。なぜなら、諸々の自然な観取における混乱だけが、それらの謎を発見し、正しく考えることを妨げるからである。それは、我々がこれまで概念把握できなかった謎のすべてを概念的に不可解な謎のなかに数え入れなくともよいのと同様であるが、しかし、転落によって引き起された謎だけをそうした［不可解な］ものとしなければならない。こうして我々は［聖書における］三位一体のことばや創造についてのことば、光と闇および真理と虚偽とのたたかいについてのことば、預言と奇跡についてのことばを、永遠の神や摂理のことばのように概念把握不可能とする必要はない。というのも、そうしたことばは人間においてシンボル的に把握されねばならず、［今もなお］依然としてそうできなければならない。なぜなら人間はその罪による転落の概念把握にいたりえねばならず、そのことで人間が本来的に示し出したことすべてもまた概念把握するようにならねばならないからである。

これにたいして、回心や和解は、すべてそのことと繋がっているものとともに、我々には概念把握できないものでなければならない。なぜなら、歴史における介入は、創造者の意志に根拠をもつものではなく、被造物を滅びから救済する不分明な愛に根拠をもつからである。ここで我々が概念的把握できるものは事柄そのものではなく、信じるに価するが、概念化できないにちがいない事柄のダイナミズムにすぎないのである。

ところで、学芸の観点においてはたしかに、概念把握可能な諸々の謎が主要問題であると思われる。なぜなら学芸は、我々に人間と世界とをそれらの本源的条件と規定において解明するはずのものだからである。だが我々は、超自然的啓示がそれらの謎を解明せず、むしろ概念把握できない謎をその主要問題としたこと、自分自身がよき者であろうとするどんな人間も同様にそれらを主たる問題にしなければならないことをよく理解できる。というのも、その人間がそうならなかったなら、そうあるべきであることを知ることはその人にとって有益だからである。しかしながら、片や人間は獲得することを使命づけられた学芸がえられるし、片や我々がそのために創造され、そこから転落したものへの洞察は、欠落と復活再生への憧憬を越えた不安と切望を覚醒させるように働くはずだし、働くことができる。これらのことを我々は理解できるのである。

ここから次の二点が帰結する。つまり第一に、超感自然的啓示はしばしば過去における諸々の示唆として伝達するにすぎないことが帰結する。それらの示唆は、自然的な啓示を鮮明にし、充実させるために必要である。第二に、概念把握できない謎の信仰は、その他のものを概念把握するための知性を成長させねばならない。このことの必然性は、永遠真理そのもののなかにある。その諸々の可能性を神的英知と万能とが我々に保証する。そうだ、多くのことが不条理であるように見えるが、歴史がそれはそうなのだと示し出す。我々はそのことが不条理ではなくたんに神秘的な謎にすぎないことをまさによく知ることができる。というのも、復活再生によって真の人間が我々の内に再び生まれねばならないからであり、その人間の成長のもとで、その人間が委ねられているものすべてを概念把握するように発達がなされるからである。

［歴史の問題領域としての事柄］

ところで、どのように概念把握が自然に発達するかといえば、それは魂論的(45)である。これにたいして、どの範囲まで人間的概念把握が拡大されるかといえば、それは歴史の問題である。第一の［魂論的］問題にどの程度答えられるのかもまた、どこまで我々が歴史的になったか、それゆえ、どこまで我々がその時代において必然的に歴史的問題に最善の仕方を用いて対処するのかに依存する。歴史的問題はその時代において必ず第二の［人間的概念把握の拡大］問題に答えねばならない。だがしかし、そのことは第一の問題にかかわる自己自身の探求を損ねることではけしてありえない。というのも、我々の条件においても肝心なのは、我々が歴史において見られるべきことであり、我々は、［歴史的に］保有する以上のことを、概念把握できないからである。

我々が今コメントできる第一の問題は、陽光に照らして明らかである。すなわち、一つの事柄を認知し、概念把握する願望さえ、我々がその事柄の表象をもたなければ成り立たない、今その表象がどんなに不分明で無意識的であっても、その表象をもたなければ成り立たないということである。しかし、我々が何がしかの表象にたいする一種の愛を受け入れずに全体あるいは部分を自分のものとして獲得しようと願うなら、その表象の概念把握をけっして学ばないこともたしかである。我々にとって我々が保持しうるものを知ることが大事であるなら、我々がその表象をできるだけ明快にするよう努めるであろう。その表象が我々にとって我々の自己意識のように明快になることに我々が成功するなら、我々はその表象を概念把握したことになろう。我々自身をそうするように概念把握したことになろう。

今、その表象が感覚的であるなら、つまりそれが空間的にありうる感覚的対象を示すなら、その事物を明らかにするのは手の課題である。我々が分析し総合することによって（実験によって）あらゆる面から我々の表象を吟味できるなら、我々はその事物についての明快な感覚的概念をえるだろう。すなわち、我々が我々自身の身体それ自体にかかわって保持するのと同様に明快な概念をえるだろう。これにたいして、その表象が超感覚的であるなら、すなわちそれが空間的でありえない事柄を示すなら、我々は時間を適用しなければならないだろう。というのも、そのさいに事柄はその働きを時間によって明らかにしうるからである。

〔芸術とは何か〕

しかしながら、その表象が今力強く愛すべき印象を我々に刻むなら、我々はその印象を何か感覚的なものにおいて再生し表現するよう努めるだろう。我々がそうしたことをするなら、そのさい表象の解明への進歩が生じる。というのも、その再生された構図が他の人々にあっても同じ表象を覚醒させうる範囲内で、その表象が感覚的対象をえた範囲内で、そこで当該表象はある仕方で理性の手に委ねられるからである。ここで話題が取り留めない意味だが芸術にかかわることについては、注釈はほとんどいらない。だが、たしかに、精神的事物についてのこの不分明な移行に、すなわち表象から概念への移行に光を当てた説明は必要だろう、そのことで明快さの境地さええられるなら、その説明はまさしく些細ではあるが必要だろう。今そのことは私の課題ではないのだから、その［説明の］栄誉は、私の師匠たちに委ねねばならないし、［質問したいなら］彼らの住所を確実に見つけるのは簡単である。［だが］彼らはおそらく私の読者諸氏には馴染みでないことがあろうから、私が負う義務は、私が保持する輝きをこれらの読者諸氏に伝えることである。

［さて、］世人が何か純粋なものを見つけようとする場合、たしかにそれを混合物のなかに探すべきではない。だが、ある種の結合のなかにのみあるものを見つけようとするなら、それがどこにあるかを探すことが求められる。そのようにして結合のなかにあるものは芸術とともにある。というのも、芸術は超感覚的諸表象と感覚的諸事物との結合のなかにあるにすぎず、超感覚的諸表象は感覚的諸事物のなかで再生されるからである。

心、すなわちハートは我々のなかの神秘の深みであり、そこから万事が出発し、そこへと万事が帰還する。芸術のメッセージを受け取るには、我々はその心に向き合わねばならない。芸術は否定できない仕方で心の愛し子であり、心に宿る罪とされすぎる嫌いがある。心によって我々は必然的に我々の内側で感じるものを、あるいは我々が感じるかぎりでの我々自身を理解するだろう、つまり印象を受け取るだろう。今、我々は我々自身に由来しないのだから、必然的に感情が生のはじまりである。我々の真の人格は、我々に割り当てられた向存在という表象が我々の身体に与える刻印、印象なのである。

今、我々の人格において、すなわち我々の理性とともに、我々のみが、我々によって概念把握すべきものを把握できる、つまり包み込むことができる。このさい、心と人格、感情と理性とがこのように融合されること、それらが不可分に見えることを誰が知らないというのか。だがしかし、経験が我々に教えるところでは、それら両項が多くの部門においてほとんど不調和であり、このことにたいする唯一可能な理由を我々はすでに展開し、説明している。すなわちそれは、理性が眠りに落ち不活発であること、あるいはソーセージに変質したこと、その人格性が感情を制圧して獲得するよう努めたこと、そのことで、精神的感情に対抗して諸々の困難を抱えたことである。その「眠りに落ちた」理性は自分の「主観的」思考上での偉大な達人のようであるが、基本的には感覚的感情の惨めな奴隷に似るのである。

［手と理性］

しばしば我々は、理性を表象できる最も鮮明なイメージが手であることにコメントしてきた。

我々は、手が可視的な仕方で理性に対応するものでなければならないことを知っている。なぜなら、手が理性の最良の器官だからであり、それなしには我々は我々の感覚的自立性、つまり空間における我々の身体の一定の分離を確信することはできない。それゆえ、罪による転落が禁断の果実に手を伸ばすことであった（二）のは驚くに当たらない。というのもその転落は、理性が内面的に行ったことの必然的表現だからであり、そのことにおいて理性は良心が禁じることに逆らって自由を宣言したし、それ自身の手を用いて行動するであろう。そのさい理性は手によって象徴され、用いられるが、しかし、理性はまさしく手と同様に一つの身体器官にすぎない、つまり不思議なことだが人工的に形成されたきわめて限定的だが、最も明快な触覚感情の器官にすぎない。だが、触覚感情がなければ理性は空虚であり、感覚的感情をもつだけの機能低下した手のように無用の器官である。それは皮膚が硬くなり、あるいはマメの出来た農民の手や、シャベル、熊手、鉄器具、鋳物のように反発するものを感じるだけである。すべての手がそのような仕方で理性的であったとするなら、我々は諸々の影像や色彩をえることはなかったろう。理性がその狂気を悔いないのなら、芸術はどこにも生まれなかっただろう。そのことは理解できる。だが、その手が［その］指をそうした［狂気の］理性から分離して保持したとするなら、感情はきっと申し分のないほど繊細になったであろう。理性が正しく心のうちに生じたとするなら、その心は共通の理知、すなわち良心において明らかにされたであろう。良心はそこで学芸にとっての理性の生表現となったであろう。今や真理を繊細に感じる手、その柔らかな部位で心を表現し、先に見た「触覚感情を欠く」理性の病弊を感じさせる手、そうした手の名になり代わり、学芸のための理性の生表現となったであろう。

その理性は、弊害の火種や放れ馬について語られるように対自的に、つまりそれ自体単独で受け取られいるならば、その魂は感覚的感情ないし身体的魂において、まさしく芸術的であることを不可能にし、諸事物をそれらのシンボル的意味において受け取ることを不可能にするだろう。というのも、その理性は精神のシンボルとしての身体を受け取らず、むしろ身体をそれ自身単独で受け取るからである。そのさい技能はすべてを有用物にするものだろうが、しかしその技能は必然的にただ手仕事と呼ばれるものになったにすぎないのである。というのも、芸術と手仕事との相違は、前者が精神をシンボルとする感覚的なものを目的とするが、これにたいして後者は身体を諸器官とし、諸々の便宜とする感覚的なものを目的とするからである。

諸能力は行使されるために与えられること、それらの諸能力の誤用によってはそれらを形成できないこと、すなわち組み立てができないこと、こうしたことを我々が思い起こすなら、その人が元来能力としても天職としてももっていなかった何がしかの活動を実現できないことは察せられよう。だからその［誤用により生じる］差異は、罪人がその人の天職を満たす能力を失うこと、および彼が不器用かつ時宜を逸した仕方で行うことである。ここからの帰結は、転落していない人間は、その人が与えた同じ諸表象をたんに自然な仕方でまったく別の秩序において、つまり純粋さと明快な秩序において形成するように努めたであろうこと、すなわちまさしく多様であるが、しかしはるかに別の秩序として、すばやく、簡単で、巧みに感覚的なものをその人の諸表象にたいする表現へと形成するよう努めたであろうことである。

　身体は、自分自身だけの家を建てようという狂った考えをもたなかったなら、どんな独立建物も必要でなかったろう。身体は、自己陶酔に陥らなかったとすれば、裸の状態に気づくこともなく、どんな服も要らなかったであろう（二一）。身体は、庭に自分の喜びの家を建てようとしなかったなら、〔独自の〕暮らしの家は必要なかったろう。要するに、芸術と手仕事の相違は生じなかったであろう。というのも、手はそれ自身単独では用いられず、眼によって指導されただろうからである。その眼はつねにその意味を理解していたであろう。手が作品のなかで大きな部分を担えば担うほど、作品はそれだけゆっくりと生み出されたであろう。なぜなら手の触覚感情は洗練されるには時間がかかるからである。手による触知もまた明快になるには時間がかかるだろうが、その一方でその作品は意味を獲得できる。我々が手仕事と呼ぶものは、芸術と呼ぶものと同様に、実践知性の訓練としてはじめて利用されるであろう。そうした訓練によって世人は、芸術について考えなくても芸術を概念把握するように学ぶ、すなわち芸術とともに、それが描いた啓示をも理解するように学ぶのである。

〔人間に使命づけられた歩み〕

　いわれるように、私の諸々の考察は、少なからず私の頭のなかに不分明なものがあることを示していよう。そのことを私はここで認める。だが私はそれらの考察もまた、少なからず人間のなかに不分明なものがあることを証明するとあえて願う。たしかに人間の闇はそれを看破するには注意深くなければならない。なぜなら、大多数の人々は何がしかのものがあることに一度も気づかずに簡単に通り過ぎてしまうからである。

人間は、つねに自然に自己の身体を自己自身として愛していたにもかかわらず、身体の宮殿を建てるはるか以前に精神の宮殿を建て、模倣するのに最も難しい［精神的な］ものからはじめ、最も簡単な［身体的な］もので終わって、そうだ人間の理性が概念把握したことで栄誉を勝ちえたということ、こうしたことを世人が見るとすれば、たしかに空想に耽っているにちがいない。その理性が最も卓越したものであること、人間が理性の発達によって動物からはじめて人間になったことが念頭におかれるなら、世人はたしかに空想に耽っているにちがいない。たしかに歴史をその狂った考えにぴったりと一致したものと見るなら、そして周知のことだが、そのことが今発見されたとするなら、たしかに経過したものを無視したか素通りしたことは明らかである。私はこのようにいいたいし、いわねばならない。これにたいして、［聖書で］述べられるように、人間は丘に降りるよう使命づけられ、まずヴィジョンの高みから自分の地所を概観し、人間がえたものを正しく名づけるよう定められ、次に彼が歩んだように、ことばにおいて彼が感じたものを［自己と］連携したものとして融合するよう定められ、最期に野に降りて、触知できるものを示すよう使命づけられていた[三三]。そうであるなら、人間は彼が予め見て語ったように世界とともにあった。このことが予定された歩みであったなら、我々は『イリアース』がアテネのパルテノン神殿［建立］のずっと前にやって来なければならなかったことを理解できるし[46]、エジプト人たちのように［神々を通じて］人間が高処から転落させられることを理解できるし、人間が何であったかを可能なかぎり早く吟味できる。だが、そうした［転落の］場合には人間はけっして一歩も踏み出さなかったし、ましてや数歩を踏み出して再び高処へと登ることはなかった(47)。我々は、高処から転落した人間が立ち上がれないだろうし、また立ち上がらないだろうし、そこでしっかりとした足取りになるまで大地にとどまるだろうことを理解できる。だが我々は、人間がその躓きを悔いたときにはゆっくりと歩いたこと、とくに最初はあたりを見回したこと、そして彼が高処で見ていたことをほとんど忘れてしまった後に、野に降りて来たこともまた理解できるのである。

［ことば、ヴィジョン、芸術］

［ところで、］我々は概念把握を進めようとすべきものをその起源に遡って追跡できなければならないだろう。というのも、そこではじめて我々は結果の原因を見知るだろうからである。我々は芸術の誕生に眼を向けねばならないだろう。最古の芸術作品は否定の余地なく世界であり、人間である。だが、その最古の作品は人々が認めるように神の芸術作品であって人間の芸術作品ではない。しかしながら、そのことはこの芸術の国において我々がしっかりとした足場としているものではない。というのもこの国で我々には、偉大な学校時代として時代の全体が開示されているからである(48)。とはいえその学校時代において、何か新しいものを学ぶことはできないし、学校長の意向によってそうすることもできない。むしろそこでは、芸術作品それ自体を理解すること、それ自体を神において概念

把握することを学ぶはずである。［その時代において］人間は全体としてその頭であり、人間の生は歴史の研修である。その終了によって人間には歴史の教授のように神学博士の資格が与えられる。ここからの帰結であるが、神の眼において妥当なことは、学問的慣習のための歴史探求である。しかし、このことからの結果でもあるが、我々が啓示と呼び、芸術と呼ぶものはたんに、世界が前提するような神性の啓示の比喩にすぎない。つまり世界が体現する創造者の芸術、それゆえ、人間における創造者芸術のシンボル的反復にすぎないのである。

以前我々は、ことばが必然的に神と世界、すなわち永遠なものと時間的なものとの媒介項でなければならないとコメントした。なぜならことばは、本来的に神の永遠の像、つまりシンボルの表現であり、声を低くしたり高くしたりしてことばの力を共有し、様々な時間的事物を産出できるからである。それらの事物はある種の循環にしたがって統一され、こうして事実上それらの根源に帰るのである。こうしたことが起こらねばならないなら、時間的なものにおける創造者のことばは統一点を用意すること、創造者のことばはその統一点の上に浮かび、そこで分岐した［精神］諸力は生において取りまとめられ、上方に漂いそよぐ精神において展開されるのにふさわしいとも我々はコメントした。加えて私は、人間が議論の余地なくこの統一点であること、すなわち神像における被造物、神の似姿にしたがう被造物であるとコメントした（二四）。そのようなものとして自己を概念把握すること、そのことは人間の時間的召命なのであるが、しかし人間は、人間が何であるかを概念把握できるに先立って、自らの眼と自らの感情にたいして、人間が何であるかを［眼前に］示し、表現しなければならない。人間は創造者と世界それ自体とにおいて自己を知らなければならない。このヴィジョンが創造者を自己において、自己を世界において表現することによってはじめて、人間は創造者において自己を、自己において世界を概念把握するのである。

すべてこうしたことは以前述べたことの繰り返しである。だが私はあえて、それが既成の解答であることを前提せず、その繰り返しが、まさにここで歴史を通じて我々の眼前で示されることによって不分明さを解消しなければならないと考える。我々が自然の啓示と呼んだものは、ここで示された観取、ヴィジョン(49)である。今、なぜ私が詩情・詩作(50)ということばを用いることができなかったのを世人は察知するだろう。なぜなら、そのことばは外来語で、羨望の的となる上位の称号として誤用の危険が高まっているからだけではない。同時にそのことばはそれ自体で多かれ少なかれ芸術、すなわちヴィジョンにしたがう活動に他ならず、当のヴィジョンそのものではない。ヴィジョンそのものはたんに歴史的な仕方で芸術から区別されうるとしても、「論理」必然的にも区別されねばならないのだ。

というのも、芸術はすでにヴィジョンの内にあり、ヴィジョンから生まれねばならず、そのヴィジョンもまた芸術に含まれ、ヴィジョンの作品として表現されるからである。「ヴィジョンとしての」見ることは何がしかの見る者の営為ではなく、むしろ「見る者の」一つの感覚的知覚であること、鏡「に写す営為」ではなく対象であること、より正確にいえば「営為とその対象の」両者およびそれらの関係を創造した見る者が観取を行い、ヴィジョンを再生する。精神的ヴィジョンは感覚的な鏡のなかにさえ示されるのであり、それが啓示である。［これにたいして］芸術は一つの活動であり、したがって、芸術家の営為である。だが観取あるいはヴィジョンが感覚世界に向存在しないとすれば、ヴィジョンによって感覚的世界では何も行われない。［とはいえ］身体が我々にとってどんなに不分明でありえても、啓示がどのように受け取られようとも、我々はことばが啓示の身体であることを疑うことはできない。というのも、ことばにおいて、たんにことばを通じて啓示は出発し、どんなにわずかでも、ことばとともに世界に浸透して行くことはたしかでなければならないからである。

［シンボル言語をめぐって］

ここで、観取すなわちヴィジョンを示し出すことばによって、我々は芸術の揺りかごの傍らに立っている。だが我々は、シンボル言語そのものをあえて人間的芸術作品とは呼ばない。なぜなら、それは、神的芸術作品であり、人間の協力を主張するのでなく、まさしく排除するからである[51]。人はただちに、ここで我々が人間のおけるヴィジョンの入り口とそのことばの起源についての大きな謎、二重であるが融合した謎の前に立っていることがわかる[52]。世人はきっと気づくであろうが、私はその謎を概念把握するように扱うつもりはなく、むしろ永遠真理において一体である啓示とことばとが人間にあっても繋がっていなければならないと主張するにすぎない。なぜなら、そのことばはまさに時間を通じて解明されるはずの啓示の身体だからであり、像すなわちシンボルとともにはじまり真理とともに終結し、そのことでシンボルと真理とが永遠のことばにおいて一つであることを解明するからである。

ついでにいえば、たしかにここで、世人は依然として生のない自然との遭遇に日々晒されていることに言及していよう。その自然は一時言説空間を占領していたのだが、その空間を私は感覚的起源のことばと啓示の機械的性質についてのお喋りだと考える(53)。このお喋りには、喋り手たちの魂がコルセットの支えを身につけて歩き、それゆえ、その魂がそれによって何かを感じる場合にはコルセットを介して刺激されること、そして喋り手たちの魂がふたまた手袋をして歩き、その魂が身に着けるべきものがまったく分厚く、粗雑なものであるにちがいないこと、これらのこと以外に、このお喋りにまったく別の根拠がないことを私が［自然哲学者のように］この場で証明しなければならないとすれば、私はこれまで余計なことを語ってきたにちがいないであろう。

［ここでは］私はたんに念を押すだけである。シンボル言語は、世人がほとんど五までしか数えられなかった過去に由来するのなら、後にえられた思想にしたがうコメントにことばを与えることができなかったろう。諸々の精神は機械でないなら、精神が精神にたいして啓示される場合、機械的性質を纏うことはほとんどない。精神状態における怠惰は、まさしく肉においてある怠惰とは正反対のものである。［ただの］肉塊が対立する活動の条件はすべての精神的活動の条件、すなわちすべての芸術と学芸にとっての条件である。さらにそのことによって今、転落の後に精神のなかで我を忘れるにいたったあの聖なる神の男たち(54)を考えるなら、彼らの怠惰は重要な精神的活動を前提していたのであり、怠け者とはまったく違ったものであることは簡単にわかるのである。

［とはいえ］そうした話題にふれることは、それが二重の仕方でお喋りを可能にした真理に言及するのに必ずしも必要でなかったなら、有益とはならないであろう。すなわち、我々がことばによって創造されたという真理、つまり［一方で］我々が精神によって生かされるだけでなく、［他方で］我々が塵において立ち上げられたという点でも[二五]、ことばとともに創造されたという真理に言及する必要がある。換言すれば、［一方で］我々が話すために肺や舌をえただけでなく、［他方で］我々がまた感覚的諸事物そのものに名を与えねばならなかった点でも[二六]、つまり感覚的諸事物の我々の身体および我々の感覚への関係において名を与えねばならなかった点でも、我々がことばとともに創造されたという真理に言及する必要がある。もしそうでなかったなら、先の話題は有益とはならないだろう。それゆえ、あらゆる種類のムクドリやカササギ、オウムも、それらが精神をもたなくとも口を走らせることができるし、世人もまた精神抜きに感覚的言語を学べるのだが、しかしシンボル言語は学ぶことができない。なぜなら、［そのさい］肝心なのは音ではなく、意味だからである。精神だけが、ことばが精神にたいして意味するものを知る。というのもそのことばは精神を意味するからである。

　ところで、どのように人間がその口を開いたのか、あるいはエッダのいい方では、ミミル[55]の頭が発した最初のことばが何であったのかを問おうとするなら、それをいうのはなるほど簡単ではない。しかし、世人が多くの誤りを犯すことなく文字的に答えうるだろうし、子どもや猿とともに文字に綴った名前アー、ベー、セーを語ることは難しくない[56]。だから世人は元気にエッダとともに、最初のことばは［太陽の女神］ソルの盾のルーン文字にある熊の手、鷹の嘴、ブラーギの舌[57]に該当すると答えることができる。要するに人間は彼が獲得するものを獲得するものとして名づけるために口を開くと答えることができる。人間は、大地が人間の身体と十分かつ固有な関係をもつと気づく前に名を呼ばねばならないと答えることができる。動物たちは人間にたいして後ずさりした。人間は動物たちの名を呼んだのであり[二七]、精神において動物たちを獲得したように名を呼んだ。それゆえ、人間は猿を彼の友とは呼ばなかった。しかし、人間が与えた諸々の名前は感覚的関係をも示しており、そのことは創造者が自らの芸術、つまり［神］技を理解したことからの必然的帰結だったが、それは人間には徐々に発見するのがやっとだったのである。

したがって、シンボル言語すなわち諸事物の精神的関係を描くことばの使用は、日常言語つまり諸事物の感覚的関係を示すことばの使用よりも古い。際立っていることだが、世人はそのことをつねに歴史から見出したことを認めざるをえないし、人間は起源においては動物であったが神々の言語を話したということによっていかに歓喜したかに気づかないとしても、先のことがつねに歴史物語から見出されてきたと認めざるをえない。端的にいって世人がおかれているような状況、つまり今人間が神になったが、愚か者としてお喋りするというような状況にはなかったのである。シンボル言語が最古のものであることが歴史的真理であったとするなら、それが前提するヴィジョンがさらに古いこともまた同様に歴史的真理である。今、ヴィジョンとシンボル言語との両者は、我々がまだ概念把握していないものなら、人間は議論の余地なくその起源において我々がすでに把握している以上の者であっただろう。したがって、愚か者ではなく、我々に相対する神のようであったろう。そのことは私には単純な説明だと思える。こうして我々は、歴史がこの考察と一致し、いかなる権利によってすべての歴史的民属集団が神々の時代とともに伝説をはじめたかを理解するのである。

〔歌謡の意味〕

啓示のことばはすなわち預言者のことばである。なぜならそのことばは神秘的なものを言明するがゆえに啓示されるのであり、その神秘がその時代に発見されるがゆえに、預言されるのである。そうしたことばにおいて、我々は芸術が何を形成すべきか、いかなる特定状況のなかで形成すべきかの両者を保持するが、しかし今どこに芸術があるのか、それを見つけるためには、我々はシンボル言語をたんに見るだけでなく、同時に聞かなければならないし、それが歌われるのを聞かなければならない。鳥たちが我々に語りかける歌謡はあらゆる芸術のなかでもっとも自然なものであり、したがって歌の本性における芸術である。それは純粋な感性の表現であり、創造者のことばの翼ある響きであって、それは天に向けて羽ばたき、その表現の響きが別れ来った〔創造者の〕ことばを優しくもたらす。鳥が我々に頭上から歌いかけるたびに、そのことばが感じられるかのようであり、人間において偉大な出会いが実現したことを思い起こさせるだろう。聖なる和解が生じることを思い起こさせるだろう。

すべての芸術の根拠には、予感をもたらす神性の不分明な声の聴取がある。それは本能的に歌を生み出すが、その聴取が創造者のことばの響きの必然的結果であることを我々は認めねばならないであろう。そうだ、我々はとくにその子［イエス］にあって、依然としてこの荘厳な雷鳴の働きを跡づけはしないだろうか。この働きかけは諸々の歌謡をもたらしはしないだろうか。おそらくすべての人々の胸のなかで、きわめて似ている鳥たちの天の起源の不分明な予感のなかでどの胸に、誰に自然の不分明な予感が最も単純に生きた仕方で啓示されるのか。ゲーテは人間性の諸々の限界を、すなわち自然な人間の諸々の限界をはっきりと我々に告知しなかったであろうか(58)。心を動かす震えや痛ましい予感の飛来、稲妻、雷はなおも、何と不思議なものを自らの罪を畏怖しない繊細な心にもたらしうることか。したがって、無垢な人間の心への創造者のことばの働きかけはシンボル言語において人間に啓示される諸々のヴィジョンを受け入れるよう備えさせたのであり、感覚的世界と同様に、不分明な感情が諸感覚を通じて手における一定の随意の感情へと展開され、こうして、先の予感もまたそれに対応する精神的系列のなかで展開されるはずである。日常ことばは依然として感覚的展開のなかではじめから終わりまで対象物であり、手段であり、目標であるが、シンボルのことばは、これと同様、対象物、手段、最終目標であるにちがいない。

ここではこの比較の追究を要しないが、これらのヒントが必要なのはたしかに、本来の芸術作品が人間の心において形成されること、それぞれの芸術作品が外的には先行する印象の表現であり、精神的順応性にすぎないこと、つまり、たんに感覚的順応性のように印象を消し去るのではなく、印象を啓示する精神的順応性にすぎないことを照らし出すためである。世人が謙虚な耳をもつとしたならば、このことは、人間の自然史を一瞥することでまさしく超自然的な仕方で伝達されるであろう。その示唆は人間にはたしかにまた基本的であるが、今ここではそれでよしとしなければならない。

［芸術、教育、学芸］

［ところで、］芸術ということばによって、それが、母語のなかにある唯一の意味深い力強さと一致して響くとき、子どもとの関連で人間形成や教育について語られるときのように何がしかの観察や仕掛けを想定すべきではない。これらは偉大かつ深遠なことばではあるが、世人は今通常芸術によって、とくに石や色彩におけるきわめて貧弱で限定的な諸々の技芸の表現を考えるべきではない。そうした表現はたいてい人工的趣味や技巧についての話題にすぎないだろう。子どもを教育することはたしかに、子どものある種の発言や行動を訓練することではなく、むしろ子どもを魅了し精神的に高めることであるべきだ。そうしたなかで、子どもは身体的にぱっと跳ね上がるように成長し、偉大なシンボル言語である「人間」の刻印によって、可能なかぎり完全な刻印の高みへと成長する。人間を形成することは、世間で安楽かつ聡明な仕方で立ちふるまうように人間を丸くし、滑らかにすることではないだろう。むしろ［自己の］統一性と明快さへの発達を促進し、そのように教育され形成された人間の子どもが［将来］どのように見えるだろうか、子どもが何を発言し行おうとするのだろうか、あるいは何を表現し行うことができるのかといったことに、いっさい干渉しないであろう。加えてそれは、我々が一方でそれらのことを熟知しないこと、他方では概念把握しないことに依存するのであ

る。

今日、概してかなり優れた親たちと教師たちが子どもたちをまったく違った仕方で教育し、人間の形成を行っている。私はこれらの人々の真理のことばを、それらがここで語られたこととことくに関係していないとしても、表層的と呼ぶつもりはない。むしろ、それらのことばは今まったく内的な仕方でしごく緊密に関係しているだろう。というのも我々は教育によって、人間が我々の眼において何であるか示すからというだけでなく、とりわけ教育が本物の人間芸術だからであり、それゆえに、あらゆる仕方で芸術と学芸とが遭遇する点だからでもある。また、ここに考察に価するたいへん多くの事柄が示し出される。だがそのことは学校において最良の仕方で起こる。我々が学校を教会や国家とともに視野に入れるときに、そのことは起こる(59)。ここで我々は、以前に述べたことを思い起こすだけだろう。つまり、子どもが十分に成長し分別のある人間に発達することのなかに、弱かろうが強かろうが、微かであろうが鮮明であろうが、人間の諸条件にしたがって人類全体の生を必然的に再生することを思い起こすだけだろう。ゆえに細やかな教育のもとで、とくに文芸芸術に依拠して行われる教育のもとで、人類の全歴史が一つの仕方で個人の経験の対象となりうるし、なるはずであること、この本物の歴史的芸術から本物の歴史的学芸が展開されること、ここに内的および外的経験が出会いうるし、出会うべきであることを思い起こすだけだろう。ちなみに歴史的芸術は歴史的学芸をもたらし、その学芸は芸術を正し、確認するのであり、両者は最終的に明快な概念において融合しうるし、融合するはずである。

〔一八世紀以降の人間像の展開〕

一八世紀にこの教育の学問的重要性が予感され、方法的にそのように不信仰で非歴史的な時代に与する不快な諸々の発見、それらによって本物の教育が脅かされたのだが、そうした発見にたいする防衛努力があったと私はいわねばならないのだ。その通りである(60)。なぜならそんな時代が到来したという気づきがあったと私はいいたいからだ。だが〔じっさいには〕、表面的に頁を繰ることで、全体を暗記することを想像してほしい。子どもに大文字付きの長たらしい文字列を植えつけられると銘打っていれば、人間像の本が増刷され、人間が表示されたのだ(61)。このことについて我々は前にかなり詳しく議論したので、ここでは一八世紀の啓蒙と卑小な私とのあいだに非和解的な敵対があるだけとだけコメントしておこう。ここで敵対とは、万事につけ人間を概念把握できないものを拒否する理性的肉ソーセージに変えるよう努力すべきか、それとも人間を知性的精神へと発達させるよう努力すべきか、という大問題にかかわるまったく相対立した解答に根差している。つまり知性的精神はその〔本来の〕家に向けて立ち上がるのだが、そのさい後に続けない者を転落させる。この後者〔知性的精神への発達〕は周知のように、まったく一面的だが不可欠の私の主張、すなわちいかなる精神も自己自身と対立することなくしては毛筋ほども逸脱できないという主張である。そのさい、精神は感覚的なものによって何が同伴するのか、補足的にいえば、その〔精神の〕発達を妨げるのでなく促進するために、〔その精神の〕他のどんなものが用いられうるのかを問うにすぎない。仮に人間が転落していなかったとするなら、すべてのものを同伴しうるだろうし、人間が洗練され、改良されていく時間をえたとするなら、その目標のために時間が存在したであろうことはまったく明白である。しかし、世人が世界から離脱しなければならないなら、天を欲し求めて人間の身体をすべて捨てようとするなら、世人が感覚的に保持できるものはごくわずかであること、したがって、世人が自己を深める芸術はまったく酷い仕方でそこにあることを認めざるをえない。人間が転落していなかったのなら、死ぬことはありえなかっただろうし、我々の最初の祖先は彼らの最後の子孫を待ち受けたであろう。そのさいたんに自然史を学ぶことで卓越した芸術史がえられただろうが、しかし今度は、自然史が我々の学芸の起源であるはずだとするなら、それは我々にとって酷い仕方で見えるだろう。というのも、そこで「土から汝は来て土へと帰るだろう（二八）」という知恵の全体が生じたからである。

　しかしこれにたいして、その精神もまた激しく抗議して、土から私は来たのではなく、土となるのでもないという。この抗議は、歴史がどんな作品においても我々に伝えるし、どんなものであれ精神的活動の物語もまた伝えるものである。というのも、そのような活動のすべてはより高い由来と、身体に制限されない視界を啓示するからである。人間が転落していなかったなら、それぞれの世代の最も卓越した芸術は後継世代を成長させ、教育することであっただろうし、そこにおいて人間は発達を継続することであっただろう。これにたいして転落後に、その繋がりが途切れたのであり、子どもが自然に祖先の精神を受け継ぐと考えることができるのはかなり稀有な人々にすぎない。そうした全体が人間の生となって、世人が精神を繋ぎとめておく場合ですら、生はいっそう二重に分かたれた、つまり聖なるものと凡庸なものとに、日曜日の生と日常の生とに分かたれた。個人の生にあっても集団全体の生にあっても二重に分かたれたのである。

その様な状況のもとで精神的生はいたるところで展開されたのではなく、しだいに死滅したであろう。いわばエジプト人が彼らの身体［をミイラ］にしたように、［覚醒した］日曜日の子どもらと日曜日の人々が彼らの精神に防腐処置を加えることを学ばなかったなら、ある種の精神の不滅を自己に与えることを学ばなかったなら、しだいに死滅したであろう。そのことで日曜日の人々は模範や教師として後継諸世代に臨在できたのである。キリストがやって来なかったとすると、どのようにこのことが起こったか、どれほどわずかにしかこの援助がなされなかったことか、このことを歴史が示すはずである。国家がすべてその他の人々を統一連携させ、人々に不死の芸術人間として恵みをもたらすべき芸術作品の表現であることを誰が知らないというのか(62)。

ここで我々はあらゆる芸術表現の目的であるべきものを指摘するにすぎないだろう。すなわち、生きいきと鮮明にその精神を、とくに後継世代にたいして啓示するという目的を指摘するにすぎないだろう。ここに世人は、どんな芸術家も戸惑うことなく、自らの作品において生き、そのもとで自己を不死とする意図を承認した理由を見る。［いったい］芸術家はしばしば賞賛されるために、不死であろうとするにすぎないのだろうか、それとも人間の堕落への言及に功績を残すために不死であろうとするにすぎないのだろうか。このことはもちろん、当の芸術家を支配する悪しき精神があったのか、それともよき精神が芸術家の心を獲得していなかったのか、いずれかに帰したのである。

だが、世人は自ずと適切でない諸々の動機には沈黙し、無限に有益な活動への喜びの望みを公表したのである。［とはいえ］今たしかに、栄誉のために地上において自己を不死にすることへの熱望がまさに罪深くもあり惨めなものでもあるのだが、最近しばしばあった事例のように、世人が地上的不死への熱意をすべて愚かと宣言したとすれば、たしかにそれは、昏睡と精神喪失の証明である。なぜなら、いかなる優れた力ある精神にあっても、そうした［不死への］憧憬は必然的であり、ある程度は芸術表現すべての条件なのであるから。

［詩芸術について］

さて、ここで我々はことばにおける啓示にもどろう。それは必然的に人間に表現可能なものを含まねばならない。そして我々は、すべて芸術の名に役立つものが、感覚的なものをそのものの生きいきとして明瞭なシンボルへと展開形成することから出発せねばならないことを思い起こそう。そうするなら我々に容易に察せられるのだが、人間の心はさらなる形成がなされる以前に、まずはある程度刺激を受けて形成されねばならない感覚的なものでなければならないだろう。しかしまた、そのさい、ことばは、芸術がそこに最も簡明かつ適切に表現されるものであることが洞察されるのであり、それゆえすでに、我々は他の諸芸術に先立って詩芸術があることを予期しなければならない。だが、詩芸術が必ず第一の芸術であらねばならないだけでなく、精神的立場から本来的に芸術の名に価する唯一のものであり、そうなることをいったい誰が知らないというのだろうか。なぜなら、日常的に芸術の名で呼ばれるものすべては詩芸術を起源とし、それに仕えるかぎりで、そういわれるだけだからである。

近年、世人は詩芸術とは何かをめぐってたいへん倦怠感を覚えてきた。しかしどのような面から世人が精神によって問いを発しようとも、その答えは簡単である。というのも、詩芸術は観取すなわちヴィジョンと歌謡との融合以外にはありえず、このことをめぐって基本的につねに一致があった。無限に論争となりうるのは、いかなる質のヴィジョンがあるべきなのかについて、［論争の］両方の側において、あるいはそれらの一方の側において精神が欠如している場合だけである。その精神のために、どのように当の融合が促進され、充足されるべきかが本来的に問題であるにすぎない。この問題は、我々がここで何が問われているのかを正しく考察するだけなら、答えを与えることも難しくないように思える。というのも、ことばにおいて歌謡と融合するのが啓示であるなら、そしてこの融合、いっそうはっきりいえば具体化がすべて心の内で起こったことの表現でありうるだけなら、簡単にわかることだが、その仕事は成功するとしても時間がかかるにちがいない。ここでは急ぎ働きはすべて無駄になるにちがいないし、十全な芸術作品を準備するすべての努力は、我々のもとで仕上げられる以前には、我々の準備できるものの縮小や棄損に役立つにすぎず、ゆえに我々はせいぜい、内実を犠牲にしてきれいな外皮を生産するだけなのである。

しかしながら、このことにたいする諸々の警告は、芸術家自身の心のなかから発しない場合にはほとんど無益であるか、何の役にも立たない。というのも、内実がなく、空っぽだが、きれいな外皮を創作することで喜べる者はその最内奥に何ももたないからである。仮に人間が転落していなかったとするならば、諸々の警告が表層的であろうことは心に留める必要はほとんどない。というのも、内面的にその境界を踏み越えようとしない者は、ましてや外面的にそうしようともしないのであり、内面的に諸々のヴィジョンを愛する者は空虚な滑らかさや心地よい響きのためにそれらのヴィジョンを台無しにし、歪めようとはしない。そうだ、精神の眼で見るにすぎない者は感覚的なものが精神を発達形成することがなければ、そこに魅力を見つけないし、ましてや感覚的なものをそれ自体何がしかのものとして造形するよう誘惑されることはないのである。

ところで、詩芸術は何の役に立つかと問う場合、我々はまだ詩芸術全体の規定をほとんどとらえてはいない。何らかの仕方でとらえられるものさえ多くの人々には夢想と思えるにちがいない。しかし、心の必然的な表現としての詩芸術は再び心に赴くだろうし、そのことを通じて啓示全体が心に鮮明に写され、言語によって解明されて存立するまで、つねにより暖かでより鮮明な表現を育てるだろう。その芸術がはじまる以前に、我々が今どこまで啓示を十全に考察すべきか、すなわちどの範囲まで芸術と啓示の両者を恒常的な相互作用で表象すべきか、たしかに一つの問題でありうるように見えるが、しかしそれはほとんど問題ない。というのも我々が人間の身体的で継続的な啓示を精神的啓示のシンボルと見なすこと、すなわち身体がそれ自身を単独に受け取らないなら、身体的啓示に先立ち、それを引き起こす原因となるにちがいない精神的啓示のシンボルと見なすことで過つことはありえないからである。

〔男と女をめぐって〕

〔ところで、〕男と女は、我々にとって継続的で真理に即した範型、人間が端緒から男と女であったし、つねに男と女であるべきものの範型を象徴する。すなわち、共同の絆において恒常的な相互作用のある頭と心を象徴する。頭において湧きたつ諸々のヴィジョンは心において精神を吹き込まれ、歌謡において叫びをあげて精神を呼び覚ますだろう。その精神は再び新しい大きな諸々のヴィジョンに沈み込むはずだし、そこから唯一のヴィジョンが他のヴィジョンを包んで解明し、時が満ちることで天が開かれ（二九）、神は人間の子どもらに永遠の天幕を告知し、天使たちの共同の絆のなかに受け入れるだろう（三十）。

精神と心とのあいだの神秘的で神聖な相互作用の影を我々はキスにおいて保持するが、しかし〔その影には精神〕力と純粋さが欠如していて、融合することができない。というのも、〔キスにおいて〕精神的な愛における内的一体性を意味するものは本来的には印であるにすぎず、その一体性は人間が身体の諸境界を自分の諸境界と呼んだとき一瞬において解体されたであろうからである。というのも男と女が、せいぜい結合可能なだけの二人の相異なる人格として相互に向かい合って立っていたからである。この点で転落があったとさえ感じない者があろうか。なぜなら〔男として〕人間は自らにとって〔個的〕人格を尊大視し、けっして女にたいする内的な愛が何であるかを感じなかったにちがいないし、その人間の心は最内奥のもっとも高貴な鼓動のもとで夢見ることのできる至高のものが何かを感じられないにちがいないからである。その至高のものとは神の思いやりある意志であり人間の限定だったものである。

まさに恐ろしいことに、精神の面でいかに氷のように冷たい心が生じたかについての恥ずべき証言はきっと、世人が人間の人格的あり方や個人的、自我的、理性的あり方を叫び散らしたことなのだ。すなわち我々の内において傲慢で空虚で、不幸な気まぐれと呼ぶであろうこと、それによって我々は神や我々相互の心から区別され、切り離されるのだが、そうしたものを世人が人間の至高の階梯と叫び、それを創造者が我々に送った栄えある恩恵と賞賛したこと、創造者がたんにそれを妥当とするには自己自身を否定しなければならなかったにもかかわらず、そのように賞賛したことを叫び散らしたのだ。世人はこのことを狂信と呼んで恥じ入らねばならない。そうでなければ、世人はその狂信が、我々の指で数えられることで示す真であらねばならないものの生きた表現を越え、さらに我々のよき生の状態が依存する真理を越えたものであることを証明すべきである。というのも、我々が転落しているという生きた感情にいたっていないなら、たんに転落者としての我々自身であろうとするなら、いかなる再起も可能ではなく、すべての啓示や芸術、学芸は生気がなく感情のない心の薬として我々にふりまかれるだろうからである。つまり、そこにはいかなる精神もないだろうが、他方で依然として希望がある、不幸が何がしかの者を襲うというよりむしろ、その者の頭に燃える炭火を積む（三一）希望がある。とはいえ、身体が生死の境にあるとされるときには、医者はその身体を赤く熱い鉄を用いて治療し、ケアしないのであるが(63)。

少なくともその［転落した］精神は私のものではないだろうし、それとの共同の絆もないだろう。というのも、魂が失われているときに笑うのはメフィストフェレス[64]だからである。私が聖職者として期待されないとしても、私は聖職者であることを止めることはできない。世人が私に対立できない場合、私は沈黙できるし、時代が非難するに価いせず、あるいは誤用に価しないかぎり、そのことに私は沈黙しなければならない。

しかしながら、世人は否定するが、しかし肯定しなければならないものに私は沈黙することはできないし、沈黙してはならない。すなわち、人間とは何か、人間が何を必要とするかを知るために真理にたいする憎悪を表明しなかったあらゆる人間を駆り立てることができ、駆り立てるにちがいないものにかかわって、沈黙することはできないし、沈黙してはならない。［今］時代は福音を価値としない。というのも、時代は福音に耳を傾けないか、福音にかんして眠り込もうとするかのどちらかだからである。しかし、時代の要求に適うその律法ないし掟は、時代の必要のもとで挑戦的に導入されたし、時代の必要からその律法は部分的にはこっそり忍び込みつつある。しかし私がカラフルな平服を着ているとき、私に囁くのが律法であるのと同様に、聖職者の聖短衣を羽織って歩むとき、雷鳴を轟かせたのも律法なのである。

［人間の生における精神の三つの機能］

だが、そうした人間が生きることを示すには、もはやここで聖職者である必要はないとの抵抗があろう。であれば、我々は謎に満ちた人間の生の考察に再び向き合おう。人間の生に同伴するはずの精神の三つの機能を我々は区別しなければならないのだ。しかし、それらは歴史の下位区分において継起的に生まれたであろう。第一のものを我々はたしかに最良な仕方で、歓喜と呼ぶだろう。というのも、そのことで感覚的なものの偉大を告知し、永遠なるものの像つまりシンボルが受容される諸々の素晴らしいヴィジョンとはいかなるものかのエートスが示されるからである。第二のものはたしかに、魅了と呼ばれるべきである。というのも、そのさい［精神という］ことばの洪水のなかで愛の心を、精神のシンボルとしての感覚的なものを美へと魅了する力が示されるからである。そして第三のものを我々は啓蒙と呼ばねばならない。というのもこのことばは、感覚的なものの精神における解明を示し、そのことによって、その［精神という］ことばは真理において、真理のシンボルとして概念把握されるからである。

　歴史から注意深い眼を借りるなら、我々はまさしく、それぞれがその部分を受け取ったと思える三つの大きな時代空間を知るであろう。それは一方で内的な連関を欠くが、しかし最後の啓蒙の場合にかぎり、終局すなわち啓蒙はまた連関にしたがって生じるであろう。それらの機能が相互作用によって存続することなく、相互から分離される必然性は、相互作用が生じるべきことをたしかに示すが、そうしたことにもかかわらず、他方でまた、我々もまた理解できるものを示している。すなわち最初の時代は歓喜が支配的なものであり、中世においては魅了が、そして最後に啓蒙が支配的であるにちがいない、すなわちまさしく文字通り主題と呼ばれるにちがいないだろう。

［新約聖書と旧約聖書の関係］

ここで我々はまたパレスチナ(65)を支配する神秘に歩み入らなければならない。というのも我々は、その神秘から［精神の］ことばのなかに議論の余地なく［先に見た］恒常的な相互作用の三つの部門を見出すからである。ゆえに、［啓蒙という］最後のものは、最初のものとまさしく同一のものを解明された仕方で展開する。［これにたいして］最初のものは同一のものを不分明な仕方で含んでおり、そのことばは地に転落することがなく、［それゆえにまた］満たされる何らかの期待への覚醒はないのだ。

［そこで］以前に問うたことを私はここで繰り返えし、精神を考察するにちがいないあらゆる人間に尋ねねばならない。その［精神の］ことばが仮に自然に歩んだとするなら、ユダヤ人たちは唯一転落しなかった民属集団でなければならないだろうことを尋ねねばならない。しかし、彼らはまさに転落した者たちに他ならないので、そのことばは超自然的な啓示でなければならない。我々が洞察できるのは、その啓示が彼らの自然な傾向とは正反対に、人間の定められた軌道が何であったかを記述するということである。一度眼を見開けば、たしかに知るに価すること、すなわちユダヤ人以外のあらゆる民属が、ユダヤ人が自分たちの啓示と呼んだもののよき埋解に立って、心の歓喜にしたがって神々を自分たちに創造したことを知るだろう。とすれば、むしろ逆にユダヤ人たちはつねに彼らの民属神と呼ばれるもの、そう呼ばれねばならないものとの争いのなかにおかれている。自然に歩みがな

されて、あえて彼ら［ユダヤ人の］の神を［外来の］神々に置き換えるとき、民属神と呼ばれるものとの争いのなかにおかれている。このコメントは、まさしく特筆すべき仕方で『エレミア書』[66]のなかにあるが、世人はその真理すなわち力を正しくとらえねばならない。それは、世人がヘブライ人の啓示を異教の諸神話として扱い、聖書の作家たちを他の古典作家たちのように扱い、彼らを大部分かなり己惚れた身勝手な事例として扱う以前の問題である。

ちなみに、新約聖書における解明だけが誠実に信仰されるなら、旧約聖書に馴染まなくてもキリスト者でありえるのはまったくたしかといわれてきた。しかし、新約と矛盾することなくして旧約の信仰価値を否定できないし、同様に、旧約聖書を熟知し信じることがなければ、歴史において人間を概念把握するように仕向けられないだろう。というのもキリスト教は唯一人類の道徳的強制からの救済に規定された福音的啓示であり、そのことで個々のメンバーも全体も彼らの規定、使命を満たすことを可能にするからである。それは律法を前提とする福音であり、そこに人間の神や世界にたいする自然な関係が、転落前にも後にも啓示されるのである[二二]。旧約聖書を拒否し、新約聖書を受け入れることは、それがなされるとしても、新約をまったく未解明にすること、歴史的学芸の全体を斥けることにすぎないだろう。旧約聖書を異教の神話と同一視することは非キリスト教的であるだけでなく、笑うべき狂気でもある。なぜなら、イスラエルの啓示はイスラエル人の性格によっては解明不可能であり、他の民属集団によってもなお解明不可能である。ゆえにその解明が断念され、どの民属にその啓示がふさわしいのか、あれこれと思いが巡らされねばならないだろう。だがその考えは歴史の軌道を失い、消えていったのである。

今、こうしたことがどれほどありえないかは、この啓示に周知の諸神話すべてにたいする長所を認めることが必要ならすぐにわかる。というのも、その場合、最高の精神と最も真である啓示を「最もふさわしく」保持していた民属が、歴史においては最も意義の乏しい民属の一つであらねばならなかったからであり、ユダヤ人よりもはるかにみすぼらしく、意義に乏しい民属の一つであらねばならなかったからである。その啓示は依然として彼らにとって自然ではないのである。今、ヘブライの啓示の他のあらゆる啓示にたいする長所がどこにあるのかを一瞥してみるなら、注意を要するのは、その「ヘブライの」啓示だけが神のことばで直接的に世界に向けて発せられること、その啓示は最初から最後まで人間を、彼の神にたいする精神および心の関係の問題とし、たんに大まかに、感覚的事物の意味を純粋なものと不純なものとの区別によって与え、戒律すなわち十戒によって感覚的諸事物の名を、神と人間における精神的なものについての諸々のシンボルを用いることによって与えることなのだ。世人は諸々の讃美歌を読み、モーゼの掟の枢要点である愛すなわち純粋で精神的な愛が、どのように心から流れ出し、感覚的なものすべてを、それがシンボルでないならすべて拒否するのかを見、どのように転落した人間の悲嘆の情熱のみが断ち切られるのかを見るのだ。世人が旧約の預言者たちの書を読み、その啓蒙が心の敬虔の表現と異なるとすれば、そこにすべての犠牲的献身の虚しさについての明快な伝言を見出せる。しかし、このことで、「旧約では」消え去った啓蒙全体と確固とした不動の信仰とが融合していることを見出せるのである。

世人はこのことを見出し、ゆえに異教の神話や詩の作品、賢人たちの著作を引き受けることができる。それらは明かに律法や讃美歌、預言者たちの書物に対応する環である。ここでわかるのは、諸々の神話の最高のものがそこでは神的諸性質の偶像化であり、神々が詩の諸作品を通じてどのように人間へと降り立つか、あるいは影のシンボルに解消されるか、すべてシンボルとしての神話に囚われた感覚的なもの、つまり神話に飲み込まれた精神が今どのようにほとんど唯一感情の対象となるのかである。最後に世人が見るのは、歌謡の諸著作の大部分が、冷たく［精神的な］力のない世俗的知恵だということである。その知恵は神話を軽蔑し、詩作に戯れ、あるいはせいぜいまた力のない、神の影のなかで人間を解明する努力である。

この比較を世人は行うにちがいないし、次のことに気づかねばならない。すなわち諸々の神話が忘れられたし、他方で詩的作品が粉々にされ、輝かしく啓蒙された時代についての歌謡の約束が闇のなかに失われたが、しかし議論の余地なく、旧約聖書全体が指し示すキリスト教のなかに光は到来した。その光はヘブライの啓示全体を承認して、その啓示を光線の腕に受け取った。その光はその啓示を世界の状態変化とともとともに保持し、影を［日時計の］円盤の上の二つの分類に戻して[67]、［ヘブライ人のような］最も賢い異教徒たちが周知するものよりも、より高い芸術とより明快な学芸を創造したことに気づかねばならない。世人はこのことができるのだが、自らの肉的理性に勝利を与え、暗黙裡に墓のなかの盲目に導くために、あえて眼を閉じるなら[三三]、そしてそうしたことを欲するなら、ヘブライの啓示を［たんなる］一つの神話と呼ぶことができるのである。

〔旧約聖書とその啓示〕

　こうしたことを取り除くために、私はさらに、次の点をより詳しく示すことを考えてきたのだ。すなわちそれは、〔一方で〕〔旧約聖書という〕イスラエルの啓示における諸表象を特徴づけるものがいかに無比の偉大であるかを示すことである。〔だが他方で、〕どのように諸要素の溶け合った仕方においても、恐るべきものが真理を犠牲にする仕方で緩和されなかったこと、歌謡の優雅さと調和とをえるためにごくわずかな偉大も犠牲にされなかったこと、理解し易くするために何ら神秘が排除されなかったことを示すことである。要するに、その芸術はより円やかで鮮明でスムーズに進行する作品を提供するような仕方で、先の啓示に少しも介入しなかったことである。正確に示し、あるいは自然に解明するには、何がしかのことがなされざるをえない。このことの実行こそ私の考えだったといえる。だが、私はすでに世人が望んだよりもいっそう詳しくそうしているし、これらの示唆は私がヘブライの歴史から与えた展開に付け加えたものだが、それらは、その面から旧約聖書の栄光を、不信仰者にのみ蔽われている栄光を洞察するための道案内を必要とし、希望しもする人々に提供できなければならないと考えたのだ。

　〔とはいえ、〕この考察が完全であるにはたしかに、たいへん多くのことが欠落している。つまり歴史全体〔の考察〕がほとんど欠落している。だが、まさにそれゆえに〔考察の〕完成を思案することとは無益なので、適切な仕方で打ち切ることが最善となる。今私はその打ち切りを、私の考えにより過去に見られるべきものを取りまとめることで試みたい。つまり、過去のものとして、欠落がある場合でも何がしかが有益であるなら、ここで見ておくのはよいことである。もっとも、その反対の［欠落のない］場合は［もちろん打ち切りは］依然として時宜にかなったことであるが。

［結論的にいえば、］啓示とはことばにおける感覚的事物についての告知であり、最初から最後まで永遠真理のシンボルとしてのことばの偉大についての告知でもある。すべての神話は、そのような啓示が人間の本性に属すること、つまり、はっきり運命と呼べるし、呼ぶべき条件の言語化であることを証言する。しかし、我々の超自然的神話すなわち注入的な神話への我々の衝動を証言した諸々の神話は、それによって自然の啓示が正され、充実されるだけでなく、それによって我々もまたその衝動そのものが啓示する事例によって高揚をえられる、そのような啓示への衝動である。

ここから帰結するのは、［超自然的な］注入的啓示は、それが高揚を必然的に伴うひとつの出来事の注入を告知するかぎり、我々には概念把握されていない。しかし、啓示が人間の本来的条件とその転落を告知するかぎり、その啓示は高揚をえた人間によってしだいに概念把握できるにちがいない。その注入的啓示は信仰箇条としてはすべての神話を必然的に無に帰せしめなければならないのだが、しかし、それらの神話が歴史のなかに保たれることが認められるかぎり、歴史はそれらを、すなわち鍵と光を提供する学芸の部屋を暗くするそれらの神話を前提とする。我々は、保持された神話のすべてにおいて、あるいは廃棄され、あるいは獲得された民属の諸条件についての伝言を見出すだけでなく、人間の本源的関係について、とくに感覚的事物にたいする本源的関係についての示唆をたくさん見出すと確信できる。ちなみに後者の人間の本源的関係は、注入的啓示の光を明らかにし、人間の経験によって確認されるであろう。

〔芸術の規定と詩芸術〕

ところで芸術は、感覚的事物が印象を与え、優れた知性において啓示が獲得される活動である。換言すれば、芸術は心の精神的活動である。というのも感覚・官能がことばの精神によって満たされ、ことばに刻印される精神を獲得できるのは人間の心だからである。ことばは精神として、感覚的表現のなかで、つまり音声において感覚的なものに精神的に働きかけることができる。芸術の本来の規定は、生きいきとし鮮明な精神のシンボルへの心の〔人間的〕形成なのだ。我々がすでに見たように、そのシンボルは真の美と同じものであり、必ずことばに表現されなければならない。したがって、歌において真理を解明する意識的で響きのある心のことばの作品、あるいはことばの心の作品が表現されなければならない。そのことは、神がことばにおける精神によって婚約して用意した真理の花嫁なのである。

キリスト教について何がしかを知れば誰にも容易にわかるのだが、この考察が、キリストと彼の花嫁であり彼の身体である彼の教会との関係のことばを発達させたのであり、そうしたことばとの融合に努力した。だがそれゆえに、その考察は端的に拒否されない。というのも、キリストがことばであり真理であるなら、精霊が愛と真理の精神であるなら、心がそれによって精霊の御寺となるものが真理の愛であるなら（二四）、キリスト教が人間を高揚させ、諸々の身体全体も、それぞれの身体も、それらの指定された目標へと導くなら（二五）、まさしく人間の本来的条件の考察は教会の条件にかんする精神ときっちり一致しなければならない。なぜなら、教会は人間を創造した神の像、神のシンボルにしたがって復活した人間に他ならないからである（二六）。これにたいして、そのような一致は、その考察の正しさが証明されるなら、その考察を生んだ当のことばの真理を声高に証言すること、そのことは眼に見えて明らかであり、それゆえにそのことばが引用されるのである。

さて、その考察は精神をもつどんな者のためにも擁護され、証言されるが、精神に力を与えない者が芸術や学芸について語り合えないこと、このことを私は示したと考える。しかし、幾らかのことばで、どのようにこの芸術についての考察が片や正当に、片や不当に芸術の作品と呼ばれるものに関係するかを示すことは依然として二次的なことではない。

［さて］芸術作品としての心の［人間的］形成はこの出来事であり、それは時代全体を満たし、世界全体を包括する。というのも、その芸術は、人間をシンボルとして創造したことば、そこに自己を啓示するであろうことばのなかにあるからである（二七）。その出来事は必然的に、人間の心と結びついているものをすべて、したがって人間の感情の対象、すなわち感覚的なものをすべて包括しなければならない。そこから必然的に、全世界を包括する一つの芸術表現が出てくる。だがそれは［芸術に］付随する内在的働きであり、芸術の働きに仕えるはずである。今この表現においてことばが、再び主要な役割を演じなければならないことは自然な帰結である。こうして外的な詩芸術は本来の芸術にな

るのだ。それは心に働きかけることで直接的に偉大な目的のために働くが、同時に時間的にそのことばにおいて、しだいに統一されるべきものを結びつけるためにも働く。それはまさしく詩芸術の作品すなわち精神的歌謡が、かなり高い意味において心すなわち人間によって全世界に、世界の頭として精神的に結びつけられるはずのものの範型であり、モデルであるのと同様である。

〔通例の芸術について〕

ところで通例の芸術と呼ばれているもののすべてが詩芸術によって発達したのか、あるいはその反対の場合、どのように詩芸術家から盗み取られたものにすぎないのかを示すことはまったく簡単である。何がしかの人々が筆か鑿を動かすはるか以前に、詩人が色をつけて描き、大理石に彫刻したことを誰がよく疑うというのか。その手は、精神のヴィジョンと歌にしたがって働くことなく、それだけで何がしかをなそうとするなら、身体はたしかに評価できるが、精神はけっして評価できない手仕事を実践するにすぎない。このことを誰が知らないというのか。精神を表現しない詩の連が創作される場合、手仕事もまたその詩芸術のために駆り立てられ、シンボル言語の誤用によって自他を欺こうとするにすぎないことを誰が理解できないというのか。その〔誤用された〕シンボル言語は、それが感覚的感情や関係を自体的なものとして表現するなら、その響きと感覚的表現は保持されるが、その意味は欠落しているのである。

私は、これらの事柄が我々の芸術熱狂の時代にはいっそう注意深い展開を、すなわち説明を高度に必要とするだろうことを嫌というほどよく知っている。だがその時代は、ある部分でその展開をいわば力強く援助しなかった。というのも世人が芸術に熱狂する場合、それはまさしく賢くなろうとしないという理由からである[68]。ある部分ではそのために、詩芸術の独自の考察が求められたが、それについて私は他日を期さねばならない。ただ私がコメントしなければならないのは、芸術について述べたことにかかわり、芸術を愚民化に還元できないとするなら、考えてはならないことがある。つまり、私が［通例の］芸術を忘れていたか、それとも芸術それ自体を考えるかのいずれかの理由なのだが、通例の芸術が営まれる手仕事をごく些細でありふれたものだと考えてはならない。むしろ世人は私が通例の芸術を理解しないからと考えねばならないし、まったく自然な理由から、『アテナ』［誌］すなわちアテナ書店がこの［一八一七年］四月にそのことについて伝えたことのなかにあるように、［私がその通例の芸術の］知恵をつかみ取れなかったと考えねばならない。

　このことはたしかに、ここでアテナ［書店］もまた私の韻文詩への異議の申し立てで正しく述べることから簡単にわかるが、芸術についてのお喋り以上のことができるのは、世人が自ら芸術の修練を積まなければならないことに由来する。私は『アテナ』誌の担当幹事のように、あえてそのような修練を喜劇のように茶化して自慢しない。というのも、その幹事がペンを握って詩の連を書いたにすぎないとしても、彼はかなりはっきりと流暢な散文で、その喜劇的才能を告げ知らせたからである[69]。しかしながら、読者が『アテナ』の知恵も受け付けないし、『アテナ』が私のために行った愚の例外（Exceptio stupiditatis）も受け付けないので、私は手短に「ハンス・ミケルセンの不分明な芸術[70]」

についての私の意見をいわねばならない。その芸術がなぜ直ちに偉大な芸術に還元されないかといえば、その理由は、その芸術が本来的に偉大な芸術に根拠をもたず、むしろ後者の芸術を妨げるであろうものとたたかう能力、小人のブロックが追い払うことになるハエをたたくための能力に根拠をもち、他方で、ドラウニプルやミョルニルは［ブロックの本来の偉大な］仕事の成果に根拠をもつものであったと私は思う(71)。

道化は悪魔にしたがって行動するが、彼は民衆にしたがって行動しないと諺にいわれる。そのことを私は人間の最内奥の心に由来することばと見なし、したがって転落していない人間が、風刺の自然な対象になっていたとすれば、風刺は人間の精神的闘争芸術としてたんに老サテュロス(72)に習うべきなのである。ここから帰結するのは、風刺は本来心の芸術ではなく理性の芸術であり、人格という武器の使用である。その理性が不幸な運命に遭遇したとすれば、それは自然な仕方で良い心との、つまり精神的な真理愛との敵対関係に陥らねばならないであろう。このさい一人格における一面であり判断であった理性はおそらく、自分自身の利益のために判断するであろうことは議論の余地がない。喜劇的なものについての私の考えをさらに展開することは都合によりここでは留保する。［だが、］この視点はまずなによりも、なぜ私がこの考察のもとで風刺について述べることを好まなかったのか、そしてどの範囲で私が風刺を悪魔の芸術と見なすのかを十分に示すことができるであろう。

今、通例は真理の犠牲を実践することもまれではなかった芸術に言及することで、我々はたしかに、自然人が正しい芸術をまったくもって実践していたにすぎないことを思い起こす。その［真理を犠牲にする」芸術はまったく混乱し、歪んだ啓示の必然的結果だったのだ。この結果から、自然芸術に対立する独自の歴史芸術への直接的衝動が出てくる。なぜなら自然的なものと、これに対立する歴史的なものは元来一つであったろうから、そうした結果になる。換言すれば、その帰結からただちに湾曲したものを再びまっすぐにし、失われたものを凌ぐ能力を伴う復活への包括的衝動が出てくる。我々が先にその内的働きを示したものはキリスト的芸術なのであるが、しかしそれにもう一度言及しなければならない。その理由は、キリスト的芸術だけが、概念把握できない奇跡によってのみ世界と我々に恩恵をもたらしうること、同時に、その芸術が別の仕方では作品を完成しえないこと、すなわちキリスト的芸術だけが転落によって死に至り、堕落状態にある感覚的なものを転換し、そして解明できるとコメントするためである。

どのように我々の身体が解明されて復活でき、その比喩にしたがって世界が転換できるのかは我々には概念把握できない。それは、どのように我々が精神的に、肉体に啓示されたことばを（三八）、すなわち十字架刑に処され、再び蘇ったものを信じることで復活できるのか（三九）、我々には概念把握できないのとまさしく同様である。

しかし、我々が精神的に復活したとするなら、我々はそのことばにおいて、我々の心に働きかける芸術を再生するだろうし、そのようにして、身体の蘇りによってはじめて起こりうる感覚的世界の解明のイメージが産み出されねばならない。このことは我々が「旧約聖書としての」イスラエルの啓示を自分たちのものにし、表現することにおいて起こる。というのもその啓示によって、真の人間が精神的に我々において蘇り、預言が成就されるからである。

〔学芸の本質〕

ところで、そうしたことがどのように達成しえるのかを問うなら、我々はその蘇りを概念化しうる学芸について問うだろう。〔だが〕そのことは我々が見たように無益な問いではある。なぜなら人間は、時間において自然な仕方で何らかの表象をもちえないものを概念把握するにはいたりえないからである。その〔人間の〕達成のいかなる諸帰結も基本的にその蘇りと同様に概念把握できないにちがいない。なぜならそれらの帰結はすべて蘇りにその根拠があり、それらは、自然に展開されるはずのものを精神的に表現する持続的神秘としてのそれら蘇りの継起のなかで、我々によって概念把握可能なだけだからである。〔蘇った真の〕人間は、自らが自然な仕方で、自身が永遠真理の現実・活動的な像すなわちシンボルであること、世界が人間のシンボルであること、したがって、人間がその〔精神〕力において創造者のことばであること、これらのことの理解へと自然な仕方で到達しているはずである。我々もまたその地点に到達するであろうが、しかしそれは超自然的な仕方においてである。というのも、我々がその〔真理の〕シンボルであるのは、もはや我々自身において、すなわち我々の身体においてではなく、むしろ信仰によるキリストにおいてのみ、つまり、精神においてキリストとともにある愛の共同社会によってのみだからである。我々の身体はしだいに洗練されることによって感覚的なものの条件を我々に啓示して、すべての感覚的なものの洗練を我々に教えているはずであり、ゆえに我々は感覚的なものを精神の被造物でありそのシンボルとして明快に概念把握できるであろう。

［だが、］それ自体で［転落して］ともに沈み込んでいる我々の身体は今、自然にはそうした解明へと進まない。むしろその解消に向かっており、たんに不思議な蘇りないし転換によってのみ瞬時に、我々の身体は、徐々にそこに向けて発達すべき精神の身体となるであろう。それゆえ、精神はここで我々にはけっして触知できないのであって、そのために精神的学芸が生まれるが、理性における精神は、精神であったはずのものの影に他ならない。それゆえ、学芸自身のために学芸を探求することはたしかに酷いことである。なぜなら、学芸は我々に万物がどのようにあるべきかを語るにすぎず、万物を精神へと転回する力をもたないからである。学芸の有益さは、［まず］学芸が我々に肉において到達することができないものを精神において探求すること、［次に］時間においては満たされない永遠への希望を設定すること、［さらに］我々自身の内に見出しえないもの、つまり完全で真理において解明された人間をキリストにおいて探し求めること、こうしたことを想起させることのなかにのみある。こうしたことが学芸であるはずだし、また肉的理性の攻撃にたいして学芸を正当化するであろう。

しかし、このことをするために、学芸は自然な仕方で信仰を凌駕してはならず、あるいは信仰を装ってはならない。それは、我々がいとも簡単に船を難破させる岩礁である。すなわち知識は思い上がらせるだけだが、愛は建徳するという真の神のことば（四十）により、継続的な仕方で真摯に自己自身と他者をともに元気づけることがいかなるキリスト者にとっても栄誉ある義務だという信念を損ないかねない。この警告はけっして簡単に忘れられてはならず、むしろ今日のような時代においてこそ最高度のそれが必要とされるのだ。なぜなら、一面で誤った知識における心の冷徹さが、他面で誤った「グノーシス[73]」が、学芸におけるキリスト者読書教養層に注意と自衛を必然的に求めるからである。

たしかに大多数の人々が、私はいずれにしても私の警告を省略できると思い込んでいることはよくわかる。その理由はある面で、私の語る学芸がたいしたものではないからだが、ある面では、その学芸がのろのろと歩く質のものだからである。しかし、このことによって世人は私を寝入らせることはない。というのも、「来るべき」「その日」がすべてここでも、すでに過去にあったことと同様にきっと到来するからである。なぜなら世人は私の案内する学芸への道が何か巨大なものへと導く唯一の道であることを洞察するはずであるから。そのさい世人はその理解においてまったく私と一致できるのだが、それはたんに信仰と希望と愛[四一]の影と戯れうるだけだということがわかるだろう。

問題はまた大いに明らかである。というのも、肉的理性は世界においても身体においても「真の人間としての」蘇りができないからである。肉的理性は身体にしっかりとすえられてしまっている。「これにたいして」蘇った人間は精神的知性を発達させることができるし、発達させねばならない。その知性は、キリストが信仰によって我々の心に住まわないかぎり、我々のうちにこれに相応するものはない。しかしながら人間理性は、自然な知性をその手に保持するのであるから、自然な仕方でより高い［精神的］知性を自らのものとして引き出すよう努力する。つまり、我々は人格として、唯一キリストに属する知性を我々のものとして簒奪し、我々が我々自身を蘇らせると想像するようになる。このことで我々は基本的にキリストを否定し、キリストにかかわる真理であるものを我々自身に帰着させるのである。

そのことで我々は、精神から転落する者ではなく、たんに自己の身を沈め、自己自身を蘇らせることができるがゆえに、自己自身と矛盾すること、このことは全く正しい。だが人間理性が、［背伸びした］自己矛盾のなかに自らの優位性を見ると思い込むときに自己矛盾を恐れないことは、理性の転落を示すだけではなく、［第一章で見たように］まさしくはっきりと近代の哲学者たちの諸体系をもまた示し出す。その錯覚をありうるものにするのは、そのような人間が、仮に転落していなかったとしても、身を沈め自己を蘇らせたキリストたるはずであり、すなわち世界救済者たるはずだとしたことである。

だがしかし、［当初に］前提されねばならないし、［未来に］もたらされるはずである自然と歴史の一体性は概念把握できない神的芸術、すなわち神技によってもたらされうるにすぎない。［しかし］世人が人間理性における真の学芸を影とは違ったものと見なそうとすればただちに、先の［自然と歴史との］一体性をその理性の芸術によって創出しうるとの希望をもちはじめる[74]。今世人は肉を精神にすることができないのだから、精神を肉にしようと努力する。キリストの時代以前の異教徒はその［前者の］ようにし、そのことで人間に任じられた行動という誤った影をもたらした。そのようにルターが登場するまで［カトリックの］教皇主義はふるまったのであり、そのことによって我々に教会芸術という歪んだ影を与えた。そのように我々の時代までの人文主義者はふるまったし、教会学芸という歪んだ影を我々に与えた。そのことで歴史は長く、快活で、学ぶべきものとなったが、しかし我々は普遍史的芸術と学芸の歪んだ影を後継世代に与えることを警戒するだろう。というのも、そうなればその世代は自然の影の国に姿を消すにちがいないからである。

【注】

（一）マタイの福音書６－13
（二）コヘレトのことば３－１～17
（三）ヨハネへの第一の手紙１－14
（四）マタイの福音書５－35
（五）マタイの福音書６－13
（六）コリント人への第一の手紙18－25
（七）コリント人への第二の手紙21，22
（八）マタイの福音書19－６
（九）使徒の働き２－27
（十）ヨハネの福音書19－23・24；マタイの福音書27－25
（十一）ヨハネの福音書１－14
（十二）ローマ人への手紙６－４
（十三）創世記１－26

（十四）創世記３－７
（十五）ローマ人への手紙16－25
（十六）創世記３
（十七）イザヤ書42－８
（十八）ヨハネへの第一の手紙４－１
（十九）コリント人への第一の手紙13－12
（二十）コリント人への第一の手紙13－12
（二一）創世記３－１～７
（二二）創世記３
（二三）出エジプト記２－19
（二四）創世記１－26
（二五）創世記２－７
（二六）創世記２－19，20
（二七）創世記２－19，20
（二八）創世記３－19
（二九）ガラテア人への手紙４－４
（三十）コリント人への第二の手紙５－１
（三一）ローマ人への手紙12－20
（三二）創世記３－１～７
（三三）マタイの福音書15－14
（三四）コリント人への第一の手紙６－19
（三五）ローマ人への手紙12－５
（三六）創世記１－26

（三七）創世記 1 - 27
（三八）ヨハネの福音書 1 - 1～24
（三九）マタイの福音書 28 - 1～7
（四十）コリント人への第一の手紙 8 - 1
（四一）コリント人への第一の手紙 13 - 13

補録――『年代記の応酬』より

第一節　シェリングについて（抄訳）

［シェリング評価をめぐって］

「君のシェリング（1）評定で君は、シェリングが悪を善と呼び、光と闇を混合し、神と世界は一つであるとする。君はシェリングの理論が自由と正気さを、したがって徳と正義を否定するとし、その理論が心の状態や魂のよさに無関心で道徳感情を廃棄するとし、その理論の目的が普通の人間をしごく際立った迷信に貶める魔手に育成すると主張する。だが他方でまた、それらの非真理が知恵を理解困難な形式で保存するとも主張する。君がそういった［シェリングの］非真理性を果敢に主張するなら、世人はたしかに、君［の評定］と対立することは、およそ恥ずかしいものにちがいない。」モルベック（2）の議論は私にはこのように聞こえてくる。

シェリングがそうした学説を導かなかったとすれば、この学説にたいする告発はたしかに恥ずかしいものであり、私は、シェリングについて何事かを知り、彼を理解するなら、化け物と見なされねばならないだろう。わかりもしないし、理解もしないで先のように語ったなら、［ラテン語学校で］

正しい説明を有害とするときの冗談好きの生徒のようで、私は恥じ入らねばならないだろう。これにたいして、シェリングが先のような学説を導くとするなら、世人はたしかに、そのことを厳しく、非難の調子で語ることができる。その場合、シェリングの擁護者は誰も恥じ入らねばならないし、シェリング自身がそうした学説を導くのか、あるいは彼の擁護者がよく知らない諸々の事柄について語ったかのどちらだと認めねばならないだろう。

　しかしながら、自然哲学がいかに狡猾に虚偽と真理の混合を誘発するか、さらに世人がその哲学固有の「虚偽と真理を混合する」原理にたいする反感をもっていても、いとも簡単に自然哲学の諸々の直観の多くにおいて徳と真理から離れることができ、その「混合の」原理があたかも副産物にすぎないかのように、半ば原理にたいして眼を閉じることができることを、私は自分の経験から知っている。それゆえ私は、自然哲学がそうした有害な学説を導かないという理由で私の攻撃を非難する人々に厳しく抗議するつもりはない。「むしろ」世人はたんに擁護しようとする対象をよく知らねばならない。私はモルベックよりもずいぶん前から、自然哲学の学説に携わってきた。このことを知るモルベックは、激烈な仕方で私を真理でないと告発する前に、私のことばがまったくの無知か、情念による束縛か、真理愛の欠落を表明していると論じはじめる前に、よく自己反省すべきであったにすぎない。

　まず思い起こさねばならないのは、自然哲学が道徳感情を廃棄したと私はいっていない点だ。というのも道徳感情はたしかに「自然哲学で」否定され、軽蔑されるだろうが、しかしきわめて不信心の者にあってさえ、その感情の廃棄は、多くの仕方で正しくないだろうからである。こうしてつねに道徳感情はその敵たちにたいして消すことのできない火、つまり不屈の闘争となり、自然哲学の虚偽性についての明らかな証明となる。というのも、仮にその〔廃棄したという〕洞察が正しいとすれば、その〔道徳〕感情は向在しえないだろうからである。シェリングが大きな間違いを犯したと私は述べるが、しかし、一言で私の自然哲学の説明に矛盾の余地なしという奇妙な理由から証明されはしない。なぜなら、その説明は説明ではないからである。これらの表現はまったく奇妙である。というのも、矛盾しているものには反論ができなければならない。そうだ、まったく無矛盾でないなら、何らかの理由で反論できなければならない。先の説明は説明ではありえない。しかし、このことは行きがかり上のコメントにすぎない。なぜなら、私は後で、このように自然哲学者たちが、彼らの不合理において合理的になろうとするさい、まったく真剣に語らねばならなかったことを示すだろうからである。

　これにたいして、モルベックの見解ではたしかに、私の説明は、基本的に逆らうことのできない恣意的な権力言語を用いるという点にある。しかしそのこともまた間違っている。私ははっきりとその学説を叱りとばしただけではなく、純粋になぜなそうなのかの理由を述べたからである。私ははっきりと、善と悪、光と闇の混合、その混合が悪の現実・活動性を否定し、こうして、多様性における一体性、その理性の欲望である相対立するもののあいだの基本的親和性を呪文で呼び出すと述べた。当該理性はこのことを、良心を度外視して行う。つまり我々が我々の向存在（3）と同じ現実・活動性に帰さねばならない善と悪との内面的な闘争を度外視して行う。その理性の言説にしたがって善と悪とは、明瞭さと不分明さ、純粋と混合、強さと弱さのようにたんに表象においてのみ対立するにすぎないと述べた。これらの表現には、過大か、過少に述べないように考慮しているかのような意味合いはない。告発がたいへん明快なので、その告発が真でないなら、きわめてはっきりと鮮明な仕方で反駁ができなければならないのである。

［善と悪との混合］

今シェリングが［私の告発と］正反対の学説を導くのなら、つまり彼が善と悪にはじっさいに本質的な差異があり、悪がけっして善にはなりえないというなら、世人は私の告発を、シェリングの学説構造への簡単な案内の通路をつくることで一笑に付すことができるにちがいない。だが、私が問題とした理由は副次的なことがらではなく、思索者が向存在を解明しようとするなら一瞬も忘れることのできない主要問題なのである。そうだ、善と悪との相互関係は人間それぞれにとって無条件の重要問題であって、自らの人間の条件についての言説においてきわめて明快かつ鮮明にそのことについて表明しない思索者は、人間の最重要な関心に無頓着であることを示している。ここで『年代記(4)』での私のことばを擁護することが適切であるなら、私はまったく冷静に、シェリングが善と悪との廃棄できない基本相違を示唆したとの証明をある人が納得するまで待つことができただろうし、私はたしかに長いとこ待つことができただろう。だが、先の［私の］ことばは端的に自然哲学とすべての汎神論にたいする闘争宣言であり、敵がその宣言にそのように沈黙するのなら、私が闘争の場に引っ張り出し、そのゴリアテ(5)が、鷲の肉を鳥どもの餌食にしてくれようという姿勢を表すまで、彼を怒らせ、なじり、嘲るだろう。あらゆる汎神論は、神と人間の呪われた死せる敵であって、我々の時代においてまさしく勝利を収めつつその首をもたげ、自然哲学を通じて、すなわちシェリングを通じて、いかなる挑戦的なイスラエルの男をも憤激させる。主の名においてダヴィデの投石器具をもってあえて勇敢に立ち向かう者が誰もいないなら、イスラエルの途上における希望は失われたのである(一)。というのも、世俗的な剣と鎧の学説を保持する闘士はけっしてゴリアテを倒すことがなく、けしてその闘士の重く鋭利な武器を操らないからである。そうではなく、犬に向けられるような杖をもって世人はゴリアテに立ち向かうだろうし、石は空を飛んでゴリアテの額を撃ち、ゴリアテ自身の剣によって頭を切り落とすだろう(二)。こうしたことが古代ユダヤの戦闘技法なのだが、それは近頃では軽蔑される。しかし私はそうした技法を用いることをけっして恐れていないし、君よ、能うかぎり立ち向かえ、君よ、敢闘せよ、君は諸軍の主ヤハウェを知るかといった叫び声をあげることを恐れない。

私はそのように私の『年代記』に記したのだが、それ以来私は石が確実にゴリアテに当ってゴリアテが意識を失って倒れるのがわかるまで投石機を使用してきた。そのことは私がまさにモルベックの書簡からえたことであり、そのことが私には躊躇のない新しい要求であった。私はたんに、シェリングが善と悪、光と闇、神と世界を混合することを証明するだけでなく、彼が嘘つきであることも証明しようとするつもりである。前者はたしかに読書教養層のあいだではいわずもがなのことのように思われる。というのも、すべての汎神論が善と悪との基本的差異を廃棄しようとすることについて誰が疑うことができるようか。シェリングが不変であるなら、万事がつねに神と統一され、神において統一されていなければならなかったし、統一されていなければならないし、統一されるようにならねばならない。あるいは、彼が変わって、自己自身を否定するのであれば、すべてが彼においてその原因をもたねばならない。一人の男がいて、彼の絶対的同一性（完璧ではないが、しかし十分な一体性）から出発する学説がまたすべての根本的差異を否定しなければならないことについて、誰が疑うというのか。そうだ、シェリングがあらゆる非和解的対立を否定することについて誰が疑うというのか。なぜなら彼は『ブルーノ(6)』において明快なことばで、最高の諸々の対立が［絶対的］同一性においてつであり、人間と彼の鏡像も同様であるというのだから。シェリングはまさしく、すべての新時代の思索者のなかできわめて首尾一貫した者であるのだから。

しかし私は、我々の時代がかすみ眼で、難聴で、不信仰であること知っている。我々の時代は手において信仰をもつであろう(三)(7)。つまり、世人が、私は日々の変転のなかで話し、たたかい、盲目的に瞬間の衝動と夢想的気まぐれに依存して、静かな理性を用いることがないと考えていることを私は知っている。今、瞬間の刺激が神の書かれたことばと一致するようになるなら、それが私にとってすべての世間の賢い推論よりもはるかに価値があることはたしかである。［だが］明瞭な真理を一側面ごとに切り取り、その肉を切り離し、骨格を針金で繋ぐことは私にとって理にかなう憤慨の対象である。その理性がどのようにそうした英雄行為を、まるで当の理性自身が真理を創造したかのように自慢するのか、こうしてその理性が我々の主自身であるかのように、どのように解剖することができるのかを見ることは忌まわしい。世人はたんにシンプルな眼で、碩学者たちが神の［人間への］向存在証明を行うとするなら、彼らの忌まわしさの全体において、近視眼的な人間の無限の傲慢さを認識する必要があるにすぎない。というのもそのことは、被造物である人間が、まるで自らの創造者が向存在すべきか否かを助言するかのようにふるまうこと以上に狂気じみているからである。

　しかしながら陽光に照らしてきわめて明らかな諸々の真理は、しばしばまったく［理性には］不愉快な真理であり、それゆえ、多くの人々はそれらの真理を疑うことを好み、したがって私はこれにしたがいときどき、正しいものである真理を切り離そうとする。こうして世人はその真理を手の内に収めることができる。自然哲学の本を読んだ何がしかの人々が、自然哲学が善と悪の基本的区別を否定する必然性を疑いえないとするのとまさしく同じように、このことを洞察した者は、何らかの拍子に真理が虚偽と争うことを疑う可能性があるとも思わないであろう。しかし、現実はそれ自身の内にその可能性を含む（ab esse ad posse valet conseqventia）とは古い論理的真理であり[8]、それゆえに私は［現実性と可能性との］両方の部分をまさに厳密に証明するよう試みたい。その試みが成功するなら、その両方に相当の真理があるような様相を呈し、失敗するなら両方が疑わしくなる様相を呈するだろう。なぜなら、すべては私の肩にかかっているからである。

…………（中略）…………

［矛盾の基本原則にかかわって］

真理と虚偽とのあいだに廃棄できない基本的区別はあるのか。その矛盾律、すなわち矛盾の基本原則はたしかなのか(9)。これは、私がシェリングにたいして心から投げかける疑問であり、いかなる自然哲学者にたいしても、いかなる汎神論者にたいしても、そうだすべての読書教養層にたいしても心から投げかける疑問である。彼らがまさにこの疑問にはっきりと答えようとしないのなら、私は彼らを人間性の名において、陽光に照らして最も気難しい嘘つきであり詐欺師だと断言するだろう。

真理の根底には虚偽ではなく非真理が存在するといわれるなら、シェリングおよび汎神論者の誰もが、自らの知恵をすべて否定しなければならない、すなわちきわめて明快に「否」と答えねばならない。だがシェリングは人格神において肯定的なものと並んで何か否定的なものがなければならないとはっきり述べたのである。

しかし、ここでことば遊びは役立たない。つまりシェリングが［絶対的］同一性の体系全体を断念しようとしないなら、知的直観もなんら役に立たない(10)。しかし、彼がまたこの最も明快な点においてすべてを無視し、理性そのものを無視するとしても、このことは彼には役立たない。彼はその同一性の体系を断念しなければならないだろう。なぜなら、真理と虚偽が根底において一であるというかなる主張も笑止だからというだけでなく、彼の思考様式全体がこの［真偽の］区別を前提とするからでもある。我々が矛盾の基本原則、すなわち同一のものは同一のものとして存在し、かつ存在しないことはないという基本原則を破棄するなら、シェリングの知恵のすべてからいったい何が生じるのか。彼があえて、最も完璧なものが初めから最も完璧なものとしてありえなかったとの述べる知恵から何が生じるというのか。それは、最もはっきりとした矛盾の、矛盾したものとの一体性を承認する知恵なのだ。どのようにシェリングは善が創造されえなかったし、けっして真剣に非善を欲しなかったとあえていえるのか。いかにして彼は、終局であるオメガとしての神が、端緒のアルファである神ではないといえるのか。潜在的な神（Deus implicitus）が顕在的な神（Deus explicitus）ではありえないとあえていえるのか。どのようにして彼は、変化できるものはそれ自体として、不変のものでありえないといえるのか。貧しきキリスト者すなわち永遠に完璧で、ただちにすでに不変な神という一般概念に満足する人間は今、すべての思考の条件である矛盾の基本原則の確信を擁護するために、哲学的方法に介入することだけで満足するのだろうか。高き英知をもつ諸君よ、今諸君の鋭敏さはどこにあるのか。諸君は諸君自身の家を墓に葬ったことを察知しなかったのか。あるいはそのことを察知したいかなる者も諸君と同様に［シェリング的で］あるべきだと諸君は考えたのか。その同一性における矛盾が心意識のなかで明らかにされる事態に諸君は一度も陥らなかったというのか。

　そこで我々は、このことを少し詳しく考察しよう。というのも、ここで問われるのは、何らかの事柄における確信が可能かどうかだからである。何がしかの同一条件のもとでは真でありかつ真でないことはありえないということが、確固としたものでないとするなら、すべての認識はまったく不可能で、このことを我々はけっして語ることができない。というのも、そのことは同じ原則を前提するからである。要するに、矛盾の基本原則において簡単に洞察されることは、あらゆる思考の必然的で不変の法則である。「私は私である」、これは直接的確信であるが、ここから何が私であるかが正しく導出されない。だが同様に、私は私でないものではなく、私はなりえないものにはなりえないことはたしかである。したがって、その「私が私でない」ことを主張する者は嘘つきであり、彼の言説は虚偽だということもたしかである。

確信をもっていえるのは、矛盾の基本原則は何がしかの人々が思っているように不毛というわけではないことだ。なぜなら矛盾の基本原則は否定に依ることがなければ確認できないからである。というのも、我々が確信は可能で、真理は虚偽ではありえず、虚偽は真理でありえないとあえて自由にいうことはまったく偉大な事柄だからである。というのも、虚偽はそれ自身を否定して無化しなければならないだろうし、それ自身を、それ自身でありかつそれ自身でない虚偽と言明しなければならないだろうからである。

したがって、その実在において廃棄できない対立があるものは、向存在として確固として存立し揺るぎがない。その対立は何らかの一体性において消失できないし、意識があるかぎり止むことがない。この対立が真理と虚偽なのだ。その事柄そのものはあまりに疑いの余地なく自明であるから、世人はそのことを望んだようにはっきりと表現し、そのことを眼で見るようにはっきりと表現することばを見つけることはできない。向存在全体の上にみごとに輝く光が立ち昇り、その光線を虚偽の最も暗い隅に投げかけるのである。悪は単独のものでありえなかったし、むしろたんに善の否定にすぎなかったのだが、［しかし］我々は何らかの瞬間に、その対立がすべての対立のなかの最も不動不変の対立、そうだすべての対立の根本としての対立に解消されて、その対立の厳しさが緩和されたかのように語られる言説によって謎と化したことに驚くにちがいない。［だが］我々は今、たんに現実・活動的な端緒があるにすぎないこと、しかし同時に、悪と善がその端緒において統一的であったことは不可能であること、このことがいかにたしかでありうるか、たしかでなければならないかを洞察するだろう。はじめに真理ありき(四)なのである。我々はこのことを、直接的確信をもっていうことができる。というのも、その真理が向存在するなら、それは永遠であらねばならないし、その真理は生成して向存在することができない。その理由は、［もし生成するなら］その真理は虚偽から生まれねばならないだろうが、それは不可能だからである。なぜなら、虚偽は当の真理の否定に他ならないが、その真理は否定される以前に向存在しなければならないからである。その虚偽は何がしかのあり方で存在しえなかったし、存在しえないし、真理と一体とはなりえない。というのも、当の真理が否定しようものなら、虚偽でなければならないだろうからであり、虚偽もまたたんに真理の否定にすぎないのだから、思想なき無、すなわち存在しかつ存在しなかったもの、否定的なもののない否定が現れねばならなかっただろうからである。

こうして、真理と虚偽とが非和解的であるなら、私は［シェリングのような］絶対的同一性の体系、すなわちすべての汎神論が甚だしくも明白な虚偽だと考えるだろうし、そのことを正確に意識するだろう。というのも汎神論は真理のなかに虚偽があること、悪はそれが虚偽にすぎないのだから悪でないこと、悪はそれが善の否定にすぎないのだから本質的に善と異なったものでないこと、虚偽が真理へと改造されうるのだから、悪は善へと改造されうることを主張しなければならないからである。それらは、真理が向存在し、思考と意識が向存在するなら純粋に不可能なことである。

［悪の起源をめぐって］

以上のことは私の自然哲学にたいする評定を正当化するに十分であろう。しかし私は、真理の確信がいかに栄誉であり豊穣であるかに沈黙すべきではない。なぜなら、私は何らかの人々がそのことを展開したとは見ておらず、私自身が神のことばによって虚偽とたたかうことではじめて、そのことに気づいたからである。すなわち、［自然哲学が］すべての現実・活動的対立を最初の起源としての一つの真理および虚偽に解消するなら、先の評定は疑いない。というのも悪は、それが真理の否定に端を発するかぎりたんに悪にすぎないからであり、罪は律法に反しており、律法の向存在あるいは妥当性の否定にその根拠をもたねばならないからである。このことがたしかであるなら、私はそのことを、神の思し召しにより他の場で聖書から矛盾の基本原則にしたがってはっきりと展開しなければならない。真理が永遠であり、それ自身に由来し、それ自身によって成り立つ第一かつ唯一のものであることがたしかであるなら、なるほど永遠の生ける不変の神についての問いもまたこの仕方で、まったく満足いくように答えられる。というのも、生と意識を欠いた真理は考えられず、真理は必然的にあらゆる完璧性の総括概念であり、変えることができないからである。

ここにまた、我々が期待でき、神に畏敬を抱く人間が望むことができる悪の起源にたいする光がはっきりと立ち昇るのだ。すなわち、神は悪の最小の部分も保持することができないことが明らかになる。なぜなら、この［悪の最小部分を保持する］ことは端的に、神の否定であり、むしろ我々はその罪の忌まわしさ全体と、神の必然的で永遠な罪にたいする嫌悪とを洞察する、すなわち神が自ら罪を犯し、自己自身を否定し（五）、不可能ではあるが神であることを止めなければ払拭できない嫌悪を洞察するからである。この真理が、話題が罪人たちの救済の希望と和解の必然性に及ぶときにはいかに実り豊かであるかは、眼を見開いた者たちすべてにわかる。

神の否定に由来しなければならない罪は、その根拠を制約に、すなわちすべての被造物の必然的性質に根拠をもつことができないが、しかし、まさにその制約への憎悪に、したがって腐敗した意志に根拠をもつことはできる、このことは明かになる。我々が現在を最高度に不敬虔な仕方で心得ないかぎり、その罪はたしかに我々には不可解な仕方で生じる。だが、すでにその罪の現実・活動性によって、意識している罪の可能性もまた明らかなのだ。というのも、制約された意志はその制約を憎めるにちがいないし、どんな創造された精神もその創造者を否定し、真理に対抗して嘘をつき、自らの依存性を否定し、独立を欲しうるにちがいないからである。そうしたことが唯一可能な罪転落なのである。

今、原罪すなわち第一の罪への転落が人類において犯されたのか、それとも原罪はなかったのかは確実に一つの大きな問題、つまり誠実な人間にとってきわめて重要な問題である。カントが不可解としながら述べることだが[11]、［罪への］転換の可能性は、奇跡ではなく、最終的にイエスもまた『ヨハネの福音書』第八章（第四四節）ではっきりと悪への転換と述べている。すなわち、

「諸君は諸君の父悪魔から出でたものたちであり、諸君の父の欲望を成し遂げようとする。悪魔ははじめから人殺しだったのであり、真理に立つようにはならなかった。というのも真理は彼のうちにはないからである。彼が嘘をいうとき彼は自分自身の内側から語る。というのも、彼は嘘の父だからである。」

イエスよりも賢いと思い込んでいる者は、進んで自らを虚偽の父とする。だが、イエスが獲得するものを時代と永遠とが感覚的な仕方で教えるだろう。そうしたイエスのことば以上に、シェリングについての議論は相応しく結論づけられない。そのことばが［じっさいに］示すのは、自然哲学とキリスト教との関係は、虚偽と真理、サタンとキリストとの関係に他ならないということである。私はたんにあらゆるソフィストの混沌から我々を導き、聖書へと我々を道案内し、聖書を不動の確信とせしめる次のことばを付け加えるだけである。すなわち、神はそれ自身を否定できない[六]、と。

第二節　ステフェンスについて

〔問題としてのステフェンス〕

「ところで、君が自然哲学について書き、さらにステフェンス(12)にたいする君の賛辞が眼にとまって読まれていたなら、世人はこの優れた天才が、学問的に自然哲学を根拠づけた人々の一人だったとはきっと考えなかっただろうし、多くの不信仰な者たちがおそらく、ラインハルト(13)以上の大いなる正当さをもって、君はここでは一貫していない、君自身と一致していないと君を非難できるだろう」とモルベック(14)はいう。

これらのことばには、厳しい非難が含まれている。というのも、それが仮に正しいとするなら、私は首尾一貫していないばかりか、欺瞞的にふるまってもいただろうから。というのも、私は、ステフェンスの〔連続講義の〕聴講者だったとさえ述べたし、したがって、さらに自明であるが、ステフェンスが自然哲学者であったことを知っていなければならなかったからである。だが、今〔自然哲学を攻撃する〕私が彼を賛美しているのだから、読者はステフェンスが自然哲学者だと気づかないだろう。なるほどモルベックは今問題をこの面から見ていないが、おそらくは私が〔ステフェンスと〕親戚であるという理由から問題ありと気づくこともなくステフェンスに気を遣い、もち上げたと思っている。なぜなら、私は先に彼が情熱を捧げていた〔自然哲学という〕学問を非難していたからである。仮に私が今じっさいその稚拙さの責任を自ら認めるなら、私は首尾一貫しないとの非難から解放されて喜ぶにちがいないだろう。だがしかし私がその反対［に自己の責任を認めないの］だから、モルベックはその［『連関における年代記』の］本にある通りに見るべきだったのだ。彼がそうしていたなら、彼は首尾一貫して、シェリングにたいしてと同様にステフェンスにたいしても私の不当性を攻撃し、まさしくステフェンスについての言説で、私の自然哲学への攻撃の繰り返しを批判したであろう。すべての読者がその本で探求する問題を引き受けるなら、それはそれで十分であろう。しかし、読者がそうしないだろうことは私にはわかっている。それゆえ私は読者にその本の問題をわかりやすいようにしたい。こうして読者が、私が正しいことを見ようとしないなら、彼らは頁をめくる苦痛を引き受けねばならないだろう。

［連続哲学講義とステフェンス評価をめぐって］

［同書での］私のことばは以下のものである。「父親側がドイツ出身だが、この国［デンマーク＝ノルウェー］で本物のデンマーク女性から生まれたヘンリーク・ステフェンスは精神やことば、声や仕草において力と火を保持したまったく覚醒した頭脳の持主である。そのことを誰も誇りとしないだろうが、ごく僅かな人々には誇りでありうる。彼はドイツではシェリングの諸々の見解の一部を受け入れていたが、しかし、彼の半ば北欧的な性格はキリスト的信仰とその名残りへのまったく隠し立てすることのない高い敬意によって輝き出ていた。ステフェンスは母国に来て中途半端に覚醒した［コ

ペンハーゲンの」大学で講義椅子に座った(15)。彼が行ったのは、講義机から発せられる日常茶飯事の眠たい講話ではなかったので、好奇心の強い若者たちが彼の周りに集まった。ほとんどの者が多くの術語によって飾られた彼の講話の連関を理解できなかった。それはよいことだった。しかし、ステフェンスがそれまで普及していた「大衆的」啓蒙を軽蔑したこと、彼がキリストとその神的優位に驚くべき敬意を払って語ったこと、彼がデンマークの読書世界の偶像であるコッツェブーやラフォンテーヌ(16)を嘲笑し、いわゆる大衆とはまったく別の詩人としてゲーテやシェークスピア(17)に言及していたことは、すべての者が理解できた。ステフェンスは蜃気楼のように立ち現れ、消え去った。これもまたよいことであった。というのも彼はたしかに、多くの人々の脳を錯乱させはしなかったものの、まごつかせて悩ませたからである。これにたいして、彼は端的に反省を覚醒させ、彼の播いた穀物の種に多くの人々を目覚めさせた。その種はたしかに神の恵みのもとで静かに育ちよく実を結んだ(七)。ステフェンスは神の名において「母国を」去らねばならなかったが、しかし彼は正しく静かなキリスト者として成熟して、デンマークとノルウェーとがたしかに、両国に共通するこの掛値のない里子を母国に迎えるよう競わねばならなかったのである。ステフェンスの名は、偉大なるスカルド詩人アダム・エーレンシュレアーの名が忘れられるまで栄誉とともに思い起こされるであろう(18)。エーレンシュレアーのハープはステフェンスが調律したのである。(19)」

　こうしたコメントがなされれば、同書「『連関における年代記の簡潔な概念』」でステフェンスについて語られることのすべてである。「まず、」このことから私が今真剣に問わねばならないのは、ステフェンスが自然哲学者であったと見なしうるかどうか、すなわち、私がステフェンスにおいてシェリングよりも柔軟な知恵を判定できるかどうかである。それが賛辞かどうか、私は次に微笑みながらも問わねばならない。その仕方で私は、神の侮蔑者と呼ばれる多くの人々、そうだ自然哲学者そのものに賛辞を送ってきた。というのも、自然哲学はその虚偽のなかにも多くの真理を保持したし、神の手の内で真理認識を促す強力な手段だからである。その点を私は同書で述べたのである。

そうだ、ステフェンスについての議論はたしかに彼にたいする賛辞ではなく、むしろ全体として、彼の長所と国内での彼の功績とにかかわる真実の話であり、これら両方の部分に私はごく親しく馴染んでいる。というのも、私は彼の聴講者でさえあり、私には無意識に彼に敬意を払う余地があるからである。彼はキリスト者ではなかったが、非キリスト者でもなかった。彼は両者のあいだをふらつきながら歩み、したがって彼はその偉大にして稀有の才能を正しく用いなかったのだが、それを理由に、これら［長所や功績］について世人は沈黙すべきであろうか。彼によってなされたことに沈黙すべきであろうか[20]。その議論はキリスト教がまったく肯定しない、非難されるべき一面性であったし、神からその栄誉を奪い取るものであった。神の手の内で、すべての者は、望むと望まざるとにかかわらず手段なのだが、そうした神の栄誉が奪い取られた。それは不愉快なものだったろう。なぜなら、私自身がステフェンスによって省察へと覚醒させられたからである。彼が依然として前述のように［ふらつきながら］思索するとしても、私は彼が望みうるようには判定しなかった。

［むしろ］私は、ステフェンスが思いもよらなかった彼のことばの働きかけに私の喜びを表明し

た。そのことを彼は少なくとも意図していなかった。彼はこうして火と力をもったことばで力強く語ったので、感化されやすい魂は燃え立ち、注意深い聴講者は折々にその精神を受け取ったし、最も厚顔な者はあえて高揚することもなかったし、ステファンスに異論を呈することもなかった。そうしたことを彼のすべての注意深い聴講者が知っている。彼のキリストについての言説が、様々な神学生を驚かせたこと、このことはまた明らかであり、私でさえそのなかの一人であった。彼によって播かれた種（八）は何がしかの人々の心のなかで神の恵みのもとに誠実な古い時代のキリスト教へと成長したこと、そのことはたしかである。というのも、それが私自身であり、私のよく知る人であったかどうか、我々が彼によって真剣な省察に目覚めさせられたユニークな者たちであったかどうかに、私が思い巡らせる必要はないからである。だがいずれにしても、我々は喜びをもってステファンスを思い起こし、万事をよきことへと向ける神を賛美しないわけにはゆかない。

ところでさらに、ステファンスがエーレンシュレアーのハープを調律したこと、その深い調べが多くの魂をイエスの講話に気づくよう調律したことがたしかであるなら、キリスト者は感謝しつつも、神の不可思議な計画に感嘆してはならないのだ。むしろ、そのことは既知であり、エーレンシュレアーの詩がたしかに、計り知れないが極端なほどの影響を私に与えたことを少なくとも私は確信している。それゆえ私はその省察の人［ステファンス］と詩人［エーレンシュレアー］とを内面において愛好している。彼らが私の助言を拒否し、私の警告を軽蔑するとしても、神が彼らを多くの仕方で私を凌駕する人間として任じたが、彼らがそうした者になっていないと私が憤慨し、ため息をついて語ることが度し難い傲慢だと思われるとしても、内面において私が彼らを愛好していることはたしかなのである。

［私の自然哲学観］

［さらに、］ここでなお一つ問題を適切に語ることができよう。すなわち私の現在の自然哲学観を個別的に語ることができよう。なぜなら、私がこの部分で私自身と一致していないと様々な人々が思っていることに私は気づいているからである。私が［自然哲学の］全体を全体として非難するが、個別にはたいへん［自然哲学を］好んで見えることに様々な人々が同意できないことは驚きでも何でもない。ここで十分に展開する余地はないが、しかし、私の行動を正当化するすべてのカギを与えるために、いくらかのことばを加えておこう。

まさしく真理において虚偽はない。それゆえ、シェリングの学説は虚偽の仕事であり、それを私は意識している。だが、虚偽のなかには何がしかの真理がありうるし、なければならない。だがその真理はけっして入り口では見つけられないだろう。自然哲学には多くの真理があるが、それは誤用されるのであって、拒否されてはならない。仮に［自然哲学に］虚偽がないとするなら、シェリングは真理を述べたであろう。このことは多くの仕方で正しい。というのも、仮に向存在がそれとしてあり、じっさいにいかなる悪も含まなかったとするなら、ほとんどすべてがシェリングのいうように連関しなければならなかったであろう。というのも、鋭敏な眼差しによって彼は自然と英知を直観し、外的なものと内的なものとのあいだに根源的一体性を発見し、明快に生の発酵とその必然的諸表現を直観したからである。

さて、完璧な人格神がありうるし、我々が朽ちざる神の像でありえ、だがありのままの我々のように汚れ、堕落していることがありえるとするなら、シェリングが森羅万象を、たしかに本来の意味における神の自己展開としてではなく、神の正確な再生として直観することは正しいであろう。彼固有の妄想は、罪ある人間をまさに神像として向存在すると想定することである。というのも、人格的な諸々の対立は統一的には考えられないからである。なぜなら神の永遠の人格を否定し、対立が解消されたときにはじめてその人格が現れると見なされるからである。その想定は自らの良心を信じるいかなる人間も気づいており、その狂気は、真理と虚偽において対立項を解消するさいにはっきりと洞察される。真理と虚偽は［それぞれが特殊な］人格性をもたねばならならず、それゆえに一体化あるいは融合は不可能である。しかし明らかなのは、シェリングが彼の立場から首尾一貫して向存在を展開する場合、彼は端的に彼の直観を神に属するものと悪魔に属するものとに仕分ける必要があるリスト者としての彼の人生観において一貫するには、そうする必要がある。そのさい、人格的神と人格的悪魔とが向存在すること、世界の向存在はそれらの争いであること、そのことについてキリスト者は疑わないだろう。そのことは人格的でなければならない真理と虚偽とが向存在し、その争いにおいて可視化されるものすべてを展開しなければならないことからの必然的帰結なのである。このことは、たんに事柄をいっそう注意深く反省しようとする者たちのための示唆であるにすぎず、そのことをいつか私は、神が望むなら明快かつ詳細に展開しなければならない。しかし、次のことはすべての人々に理解でき、誠実な人々に満足してもらえるはずである。

［すなわち］聖書はすべての真理を、つまり救済にとって必要なものすべてを含んでおり、本質的な諸真理はいつの時代にも万人にとって明らかである。しかしある部分は、必要とされ受け入れられる場合に新しい光のなかで、主要諸問題を設定する時代の経緯によって規定される。これらの部分は必然的に時が来るまで不分明なのである。すべての思索は、それが望むように聖書に十分に敵対的な意図においてなされるにちがいないが、しかし神の手の内にある。その思索のもとで魂の能力の諸々の発見や発達が生じるが、それらは突如として聖書の真理を越えて昇り、その真理の人間の真剣な思索との一致を示す新しい光を準備するにちがいない。教養あるキリスト者はそれゆえ、精神的なものについての理論構築を空虚と見なしてはならないが、すべては自らと時代の機会とにしたがって、彼が出会うものと聖書の明快な真理とを比較し、そのことにしたがって真理を虚偽から区別しなければならない。

聖書の諸真理は新たな諸々の啓蒙によって必ずしも不確かなものとはならないだろう。そうだ、それらの真理が聖書の内にあるがゆえに、それらを単純に信じない者、その者はそれらを信じるのではなく、それらを心のなかでのみ肯定し、その心は此岸と彼岸の神の神殿（九）であるには空虚で冷たくなり、不確かになる。だが、それらの啓蒙は聖書の敵を辱め、聖書の真の友を喜ばせ、不安な時代における多くの困惑を生む疑惑を除去する。そのためにそれらの啓蒙や情報が用意され、用いられるべきである。だが、他の仕方でそれらを用いる者、愚かな勇気をもって単純で素朴な信仰を拒否あるいは放擲し、むしろ愛により建徳をえるよりも知識によって己惚れたいとする者、そうした者が出て来るにちがいない。その者は真理を見失うと、神あるいは、神のことばに仕える者にただちに不平をいう。我々は天使のことば遣いに馴染み、すべての秘密を知ったとしても、愛がなかったなら何の値打ちもないことを真と言明しなければならないのだが（十）、その者はこれにたいして自己自身の思想に慢心しているのである。

この［慢心への］警告はたしかに、ほとんどの者が魂の善良さと神的真理に配慮しないのだから、一時の表面的なことに思われる。しかし来る日も来る日も神の援助が問題となる。なぜなら人間はその真理の洪水を乾いた仕方で解明しているからである。そこには知識が溢れ、包括的になることが問題であろうし、聖書の秘密の諸真理でさえほとんど期待されない光において知られるだろう。多くの人々は、彼らが思い込んでいるように心の汚染された状態を救済的信仰とともに維持しようとする目的でグノーシス主義的夢想(21)に陥り、そこに没頭しようとする。そこには聖書や素朴な信仰を軽蔑する大いなる誘惑がある。だが私はそれら心弱き人々に、彼らが［その誘惑に］へつらうことばによって自らを失わないために予め警告するだろう。私は、そのことが現代においては嘲られ、軽蔑されることを知っていても警告するつもりであり、私自身が、私のキリスト者の兄弟たち（十一）とともに共有に努めるそれらの啓蒙をどのように見なしているか、すべての人々がわかるように警告しなければならない。

こうして、雀は天の父の意志なくして地に落ちないこと（十二）、［さらに諺にいわれる］人間が何を心に決めても、神は口で語るべしと助言すること、そうだ、肉体に投ぜられる運命さえ、すべてが主からの帰結であること、これらは周知のキリスト教的真理である。そのような心は神のことばを信じるはずであり、そこにすべての生の変転のもとでの安らぎや平和を見出すはずである。しかし、しばしば疑いが心を煩わせる。とくに我々が悪しき者たちの旅や、以前の時代および現代に見ることのできる英雄を考察するときそうである。我々が過去のシンボルにおいて、神と神の摂理を鏡のなかにおけるように認識でき、神と神のことばにおいて年代記の闇の言辞の解消を見出せるように、神が今譲歩し［我々に］調子を合わせてくれたとするなら、それは慰めであり清涼剤といわれるべきだろう。たとえ自然哲学によって今、歴史の行程における必然性の真理さえ見出され、恥ずべき仕方で誤用されているとしても、おそらく多くの人々が真理を傲慢で僭越な考察へと、そうだ罪ある確実性へと誤用しようとさえしても、［神の譲歩は］慰めであり清涼剤といわれるだろう。

私にできることは、歴史家の最古の証言がキリストの真理についてであること、こうして、あの思考の偉大な結び目、すなわち必然性と自由の結び目を緩めるよりもいっそうきつくするように見られようとも、あらゆる実直な人の心を鎮めることでなければならないこと、これらのことの勧告にすぎない。

というのも、キリスト教の真理が歴史によって案内され、キリスト教が、［一方で必然的に］万事が必ず神の意志にしたがって正されねばならないこと、だが［他方で真理にたいする理性による］侵犯やそのことの喜び、［真理に］したがうことへの不快感のすべてが［自由とされて］正気であり、責任意識を伴うこと、これらのことの両方をはっきりと教えるなら、歴史はまさしく、それが否定するように見える真理を案内するのである。しかしながら私は、このことそれ自身がキリスト者にとって闇の瞬間にどれほど不安に思えるか、隠された自由を否定する明らかな必然性によって自然哲学がどれほど巧妙に用いられるかを経験から知っているのだから、すべて神のことばに由来する光がどのように暗闇を越えて昇るかに沈黙するつもりはない。その光はキリスト者すべてを十分に安らかならしめるであろう。

［必然性と自由をめぐって］

まず私はこの［必然性と自由の］問題において自然哲学者たちの巧妙だが狂気のふるまいに注意を向けるつもりである。彼らはすべての対立の十全な一体性を主張し、善と悪が向存在全体のもとで相対立して相互に規定し合い、だが善悪は基本的に一つであると主張する。しかしこれにたいして必然性と自由（責任意識の伴う正気さ）について彼らは対立を主張し、相互に廃棄しあい、こうして、同一性の体系の全体が抑制される非和解的対立さえ認識する。なぜ彼らがこのことを主張しなければならないのかは明らかである、というのは、向存在における悪の絶対的必然性を主張することはあまりに狂気じみて聞こえるからであり、［善悪対立の］正気さを受け入れるからであろう。そうだ、すべての汎神論的諸体系が案出されたのはただ、この正気さを回避するためだからである。自然哲学が

［善悪の対立の］正気さを認めるはずだとするなら、その罪に責任を負わねばならないのは神だけでなければならない。そのことは冒涜の最たるものとなった。だが、そのことは首尾一貫していない。なぜなら神が展開する悪は、人格的で自存するもの（生ける悪魔）ではないだろうし[22]、それゆえに、自由でもなく、それに何がしかの責任が帰せられるにふさわしいものではないだろうからである。

しかしながら自然哲学は、一貫性を虚偽によって手に入れるために必然性に対立した自由を認め、その自由と一体であることを認める。このことについてはシェリングもまた彼の自由論のなかで扱っている[23]。しかし、私はその本を読んでいないので、予期されるように彼が不遜さを最高度に駆って、善の根拠としての責任の帰される悪、すなわち悪魔を受け入れているかどうかを述べることはできない。ちなみに、そうした悪魔は向存在を通じて人格的神へとグレードアップされるはずのものだが、それについてシェリングはまさしく絶対的不可能性を主張した。だが、彼は可能なかぎり虚偽の一貫性を駆動させ、弱い眼を盲目にしえただろうし、すべての悪魔を喜ばせることができたであろう。

［真理と虚偽の非和解性］

これにたいして、真理と虚偽とは元来の対立、永遠において両立しない対立であること、したがって、いかなる現実・活動的対立も永遠においては解消されねばならないことの直接的確信に向きあうなら、我々は直ちに、必然性と自由とは相互に現実・活動的に対立しあうことはできないことを洞察するであろう。それはまったくたしかである。というのも、神は必然的であり自由でもなければならないからである。〔神の〕真理は自由である。なぜなら、その真理であるものすべて、その真理の行うものすべてはそれ自身に責任を帰することができるし、そうしなければならないし、まったくの独立意志から演繹されねばならない。しかしその真理はまた必然的でもあり、自己自身を掠め取り、否定することができないからである。

〔だが〕今意志をもった諸々の被造物を考えてみよう。そうするとそれらもまた必然的であり自由であるが、別のあり方で必然的であり自由である。つまり、それら被造物は独立的であるというようにして自由ではない。むしろ、それらは神の意志にしたがってそれらであり、それらが神の意志にしたがって行うことはそれら自身の責任に帰される。だが被造物は、それらが真理において生まれる時間に、それらで〔自身で〕あろうとするものである。それらはまた、〔神の〕真理に反して〔真理を〕掠め取ることができ、独立性を熱望することもできる。だがこの独立性、つまり意識的被造物の危難を栄誉と見なすことは、世人が罪人となって、その罪を憎み、嫌悪しない場合にのみ可能である。というのもこの自由はたんに、神の共同社会において自らの正しい自由と自らの救済をと失うことができる可能性にすぎないからである。自己意識的被造物は、それが神の真理を奪い否定できる仕方で必然的ではないし、その否定を気にも留めないような仕方で必然的ではないのだ。

というのも、この必然性は神の意志において根拠づけられていなければならないだろうし、神の意志は、その被造物が神の意志に反して自己定立すべきことではありえない。でなければ、神が自己自身を否定してしまうだろう（十三）。そうした被造物は、いかなる真理の行動も必然的であるという意味でのみ必然的であり、いかなる被造物も、望むと望まざるとにかかわらず、創造者に聞きしたがうという意味で必然的であるにすぎない。というのも、被造物がその虚偽によって、聞きしたがいを逃れることができるなら、その被造物は独立性という意図を達成したであろうし、神の否定が虚偽ではなく真理であっただろうからであり、神はいなかっただろうからであり、そこには無があったろうからである。

明かなことだが、その被造物が［神の］真理において生まれるかぎり、神にとってと同様に被造物にとっても必然性と自由との争闘はない。その被造物は神に依存するだろうし、依存しなければならない。しかし、被造物にはまたそのさい自らの救いを保持すること、このこともまた望むのである。

その争闘は［被造物の］罪によってはじめて発生する。その被造物が、他ならない神が自由であるように自由であろうとし、独立的であろうとするときに発生する。というのも、そこで被造物は、それが望まないことだとしても、神に依存しなければならないからである。真の自由と必然性は何ら相互に対立しあうものではない。だが真の必然性と虚偽への自由とが永遠性においては真理と虚偽として、非和解的に対立することはたしかである。被造物が神への必然的依存によって身の程を知るなら、被造物は不可能な自由を熱望し、独立的であろうとし、神であろうとすることを証立てるにすぎないのである。

これにたいして我々が心から、父が君の意志を生じさせますようにと乞い願えばただちに（十四）、我々は自由である。それはイエスが、ヨハネによる福音書の第八章で、もし君たちが私のことばの内にいるなら、君たちはその真理を理解するだろうし、その真理が君たちを自由にするにちがいないと述べた通りである。ここで、永遠の生ける真理であるキリストの生にたいする明瞭な光が立ち昇る。だがここはそのことをさらに注釈する場ではなく、反省的な聖書読者にたいする示唆で十分である。［ここでは］我々の唯一の神という師によって導かれようとしない者にたいして、その者は真理において聖化されることを望まず、自由であることを望まず、むしろ罪への奉仕者たろうとし（十五）、罪において神と同等であろうとする、とまで語る必要はないのである。

【注】

（一）サムエル記上17。
（二）サムエル記上17－43～51
（三）ヨハネの福音書20－25
（四）ヨハネの福音書1－1
（五）ティモテへの第二の手紙2－13
（六）ティモテへの第二の手紙2－13
（七）マタイの福音書13－1～19

（八）　マタイの福音書13－3～9
（九）　コリント人への第一の手紙3－16，17
（十）　コリント人への第一の手紙13－1，2
（十一）　コロサイ人への手紙1－2
（十二）　マタイの福音書10－29
（十三）　ティモテへの第二の手紙　2－13
（十四）　マタイの福音書6－10
（十五）　ヨハネの福音書8－33，34

訳注

第一章　哲学の世紀

「哲学の世紀」はグルントヴィの自編自著の学術雑誌『デーンの防塁』（*Danne-Virke*, 1816-19）の第一巻（一八一六年八月）に掲載され、この雑誌上での哲学的論文の嚆矢となっている。もっとも彼は「哲学」という概念を積極的にとらえておらず、とりわけ啓示宗教を軽視する「ヴォルフからシェリング」にいたる近代哲学に厳しく対峙した。「哲学」に代替する概念が、世俗的なもの全般を知的に扱う「学芸」（Vidskab）である。それは彼の人間知にたいする基本思想を具現しており、訳者はあえて本訳書のタイトルとした。この論考では学芸の定義や歴史的認識論としての基本枠が提示されるが、その具体的内実についてはさらに第二章以降の論考で議論されることになる。

（1）「再洗礼派」は宗教の改革時代にツヴィングリ（Huldrych Zwingli,1484-1531）の弟子たちから生まれたプロテスタントの一宗派で、幼児洗礼を否定し、成人後の信仰告白だけを認めた。

（2）「津々浦々にいたるまで」は原テクストでは〈paa aller Kanter〉と表記されており、「すべてのカントたちにおいて」と読めないこともない。おそらくは再洗礼派と、「啓蒙とは何か」のなかで知性の自立を啓蒙の標語としたドイツの哲学者カント（Immanuel Kant,1724-1804）とを結びつけることば遊びであるが、本書の全体がカントにたいする対抗意識に貫かれていることは注意を要する。

（3）『イェルサレムの靴職人と彼の月旅行』（一七九五年～九六年）は、ブルーン（Marte Conrad Bruun, 1775-

1826）とホッレボウ（Otto Horrebow, 1769-1823）によって書かれた体制批判的な週刊誌。その雑誌ではデンマーク（月）が「我々の統治者が我々諸個人と我々の財産のすべてを所有する」専制国家として描かれ、これにたいして、「オセアーナ」が、自由であり、子どもが自然法にしたがって育てられるユートピアとして描かれている。

（4）『ニルス・クリム』はノルウェー＝デンマークの作家ホルベア（Ludvig Holberg, 1684-1754）によってラテン語で書かれた風刺物語『ニルス・クリムの地下旅行』（一七四一年）のこと。ここでも一種のユートピア社会が描かれている。なお、この本はユートピア旅行記叢書第一二巻『ニコラス・クリミウスの地下旅行の旅／テアリメドラス』（多賀茂／中川久定訳、岩波書店）のなかに和訳されている。

（5）「心意識」は〈Sind〉にあてた訳語。英語の〈mind〉、独語の〈Gemüt〉などに対応する。これとは別にグルントヴィは「心」（Hjert = Hjært）ということばをごく頻繁に用いる。これはグルントヴィ「学芸」の鍵概念ともいえ、英語の〈heart〉、独語の〈Herz〉などに対応する。

（6）「疫病の家」の表現には、グルントヴィの精神疾患の体験が念頭にある。そもそも彼のテクストには「疫病の家」や「精神科病棟」、「狂気」……にかんする言及が種々散見され、関連して矛盾原則（矛盾律）の基本的意義が論じられ、対概念となる「正気さ」や「健全」にかかわっては人間的信頼性や責任意識にさえ論及される。ちなみに『デーンの防塁』誌の諸論考には、最初に深刻な鬱病発作に襲われた一八一〇年暮れの経験が色濃い影を投げかけている。なお、H・コック『グルントヴィ』（小池直人訳、風媒社）、A・ホルム『グルントヴィ概説』（花伝社）を参照。

（7）エーレンシュレアー（Adam Oehlenschläger, 1779-1850）はデンマークの詩人であり戯曲家。彼はシェリングやステフェンスの哲学をデンマーク文学に導入し、北欧の詩聖ともいわれる。なお、彼の「愛しき国あり」（Der et yndigt Land）はデンマーク民衆の国歌となっている。

（8）「アテナ」は一八一三年から一八一七年にデンマークで刊行された月刊雑誌であり、その編集責任者はかつてのグルントヴィの親友であり、後に論敵となった歴史家モルベック（Christian Molbech, 1783-1857）であった。なお第四章の注（2）も参照。

（9）「学芸」は〈Vidskab〉の訳語。なお、本章の注（11）および訳者解題も参照。

（10）「塵」（Støvet）は身体性、地上性、自然性を備えた人間を意味する。なお、創世記2-7を参照。

（11）「学問」は〈Videnskab〉、「学問的慣習」は〈Videnskabelighed〉に与えた訳語。

（12）原語の〈Tilværelse〉にたいして基本的に「向存在」の訳語を与える。それは世俗的な存在を示し、独語でいうなら「現存在」、「定在」とも訳される〈Dasein〉の類義語といえる。ただし、前者は、後者の接頭辞〈Da-〉に表現される空間的意味以上に、時間の本源性を示し、一定の目的論的関係が含意されている。すなわち〈-værelse〉は端的に「存在」を意味するが、〈Til-〉は「〜に向けて」といった一定の方向性を示唆する。とはいえ、グルントヴィはこのような意味合いが希薄で、たんに「ある」とか世俗的存在という一般的な仕方でこのことばを用いる場合もあるので、本書ではコンテクストに応じて「向存在」、「存在」、「現存在」等に訳し分けた。なお、〈at være...til〉のような動詞的表現は原則的に「向在する」としたが、ケースに応じて同様に柔軟に訳し分けた。

（13）ここでの論述には、カントの主著『純粋理性批判』の「先験的弁証論」が念頭にある。様々な相違点にもかかわらず、結果的にカントとグルントヴィのあいだには、ヴォルフ流の形而上学の不可能性についての意見一致がある。

（14）「それ自身による存在を」の「存在」（Værelse）は、時間的、世俗的事象の規定である「向存在」（Tilværelse）とは区別される自体存在、すなわち「永遠なもの」「永遠真理」に対応する規定と考えられる。本章の注（12）も参照。

(15) きわめて難解な表現だが、ここでは、少なくとも「永遠真理」が形而上学的に根拠となって、「自我＝自我」の同一性が擁護されている。

(16) カントの『純粋理性批判』の次のことばを念頭におくと思える。「現代は真の意味で批判の時代である。一切は批判のもとにおかれざるをえない。宗教はその神聖さによって、立法はその尊厳によって通常この批判を免れようとする。だが、その場合には宗教も立法も自らにたいする当然の疑惑を呼び起こすのであり、偽りのない尊敬を要求することはできない。理性は理性の公共的吟味にたえることができたものにのみ、この偽りのない尊敬をささげるのである。」（AⅪ）

(17) 「思弁哲学」は、経験的論証によらず理性的推論によって真理を把握する哲学的方法だが、ここではとくに観念論的ドイツ哲学が念頭におかれている。

(18) ヴォルフ（Christian Wolff, 1679-1754）は一八世紀啓蒙期ドイツの哲学者であり数学者。ライプニッツ哲学を継承しながら、それまで一般にラテン語で論じられた哲学にたいしてドイツ語の哲学用語を確立し、また哲学を神学から独立させて理性主義哲学体系を構築した。グルントヴィが問題と見るのはとくに後者の理性の独立性や体系的完結性である。シェリング（Friedrich Wilhelm Joseph Schelling, 1775-1854）はドイツの哲学者で、理性哲学をロマン主義へと転回させた。ステフェンスによって彼の哲学が北欧に導入され、その文化に多大な影響を及ぼしたが、グルントヴィは一時期強く共感したものの距離をとるようになり、とくに一八一〇年代からの二〇年ほどは、理性によって神を代替する虚偽としてシェリングに強く反発し、攻撃している。なお、本書の補録も参照。

(19) フィヒテ（Johann Gottlieb Fichte, 1762-1814）はカント哲学を継承しつつ、独自の自我哲学を打ち立てたドイツ観念論の代表的哲学者の一人。グルントヴィはフィヒテのとくに初期の絶対自我論を批判しつつも、知識論、像的自我論、人間規定論、国民論などには大きな影響を被っている。

（20）ヘルダー（Johann Gottfried Herder, 1744-1803）はドイツの哲学者、神学者であり詩人であり、カント哲学に触発されつつ対峙し、ゲーテやドイツ哲学、ロマン主義に大きな影響を与えた。グルントヴィは彼の歴史哲学や言語論から決定的な影響を被り、「デンマークのヘルダー」と呼ばれることさえある。チュゲ・ローテ（Tyge Jesper Rothe, 1731-95）はデンマークの聖職者であり哲学者、土地改革者。絶対王政下の聖職者でありながらルソーやモンテスキューなどの思想に連なり、デンマークの封建制度改革を進めた。グルントヴィは歴史がとくに進歩の過程であるという認識を一八一二年の年代記で共有した。

（21）ちなみにカントは「人類史の憶測的起源」（一七八六年）という論考の冒頭で「史料に欠けているところがある場合には、人間の歴史の進展に憶測をさしはさむことは許されるだろう」（中山元訳『永遠平和のために／啓蒙とは何か』光文社所収）として「憶測的」（mutmasslich）なものを肯定している。

（22）シェリング哲学のように、自然と精神との絶対的同一性を知的に直観する立場が念頭におかれる。

（23）この論考が収録された『デーンの防塁』第一巻（一八一六年）には「歴史的学芸、あるいは年代記の概念」および「年代記の奨励」というタイトルの論考が収められている。

第二章　経験と健全な人間知性への学問的慣習の関係

この論考は、『デーンの防塁』誌の第二巻（一八一六年一一月）に印刷され、「学芸」概念を経験の視点から深めるものである。この視点には当時のドイツの観念論哲学との対抗のなかで、「経験」や「健全な人間知性」を鍵概念とするグルントヴィのイギリス経験論的志向性が表明されている。だがその射程は、思弁的観念論のみでなく、功利主義や機械的唯物論の批判をも含み、彼独自の認識論、歴史論のみならず、今日のコンセンサスを重視する政治的生活形式論にまで及んでいる。

（1）ここで「健全な人間知性」は〈sund Menneske-Forstand〉の訳語。通常の哲学ではこのことばは〈sund Menneske-Fornunft〉とともに「常識」と訳され、高度な哲学や学問にたいして、通俗的でレヴェルの低い知の形態という意味が付与される。ここではこのような通俗的「常識」理解が批判されるので、あえて「健全な…」という形容詞を付した訳語を用いる。なお、ヴォルフについては第一章の注（18）を参照。

（2）ニュートン（Isaac Newton, 1642-1643）はイギリスの自然哲学者、数学者、物理学者であり神学者。引力の法則や微積分法の発見者として知られる。ロック（John Locke, 1632-1704）はイギリスの哲学者であり医師。経験論的認識論を体系化するとともに、自由主義的社会契約説によって名誉革命後のイギリスの政体を正当化し、アメリカやフランスの革命に大きな思想的影響を与えた。

（3）アーヘン講和は、一七四八年にドイツのアーヘンで締結されたオーストリア継承戦争の講和条約。

（4）「二人間の世代」は、二つの世代のあいだの年齢差に対応し、およそ三〇年に相当する。

（5）「カテゴリー」、「純粋自我」、「知的直観」はそれぞれ順に、カント、フィヒテ、シェリングの哲学を象徴する概念。

（6）ここでの隠喩に満ちた記述は思弁哲学の危うさへの風刺的批判である。ちなみに思弁〈Spekulation〉には思索という意味と、経済的に実質的利得ではなく価格変動のなかでの差額による利得を目的とする投機の意味とがある。

（7）「簡潔にして要をえたスイス人［歴史家］」は、『スイス連邦共和国概観』などの著書で知られるヨハネス・ミュラー（Johannes Müller, 1752-1809）を示唆している。

（8）この論考の公表の十年前の一八〇七年には、グルントヴィはランゲラン島で家庭教師の仕事をし、ときおり説教もしていた。

（9）一八〇七年にグルントヴィは「宗教と礼典について」の論考を『祖国の宗教教理』という神学月報誌に公表していた。

（10）マタイの福音書のいわゆる黄金律「何事でも自分にしてもらいたいことは、他の人にもそうしなさい」は、カントの『実践理性批判』で定言命法として「君の意志の格率が常に同時に普遍的立法の原理に妥当するよう行為せよ」と表現された。

（11）フィヒテは一七九二年に『あらゆる啓示批判の試み』を出版し、カント哲学をさらに展開している。

（12）古代ローマの詩人ウェルギリウス（Publius Vergilius Maro, 70-19BC.）の叙事詩『アエネーアース』はトロイア戦争の敗北からイタリアに逃れ、ローマの礎をすえた英雄アエネーアースの物語であり、何度もデンマーク語に翻訳されたといわれるが、グルントヴィはこの部分でそのいずれかの版のデンマーク語訳本の扉に言及しているものと思われる。

（13）今日の通説では、ヘーゲル（Georg Friedrich Willhelm Hegel, 1770-1831）がこの位置にいる哲学者と思える。だが『デーンの防塁』誌にはヘーゲルへの言及はいっさいない。『精神現象学』（一八〇七年）は購入の記録があり、本章からはその内容を暗示するかような記述も多々あるが、この論考が書かれた時点で参照されていたかどうかは定かでない。

（14）グルントヴィの「学問的慣習」あるいは「学芸」において「健全な人間知性」はつねに啓示の精神と結びつくことから、通例の経験や常識だけを万物の尺度とする知性は批判されることになる。

（15）デカルト（René Descartes, 1596-1650）の『方法序説』の冒頭にある「良識はこの世で最も公平に配分されているものである」が念頭にあると考えられる。

（16）「普通の人間知性」は「健全な人間知性」と同等の意味で、常識あるいは良識と考えられる。またそれを〈sensus communis〉とも記していることは、英語の「コモン・センス」への言及と解ることができ、グルントヴィの英国経験論受容も指摘される。だが、その概念の起源は、アリストテレスの『霊魂論』の「共通感覚」にまで遡ることができる。

(17) ここで「確実な」は〈sikker〉、「確実性」は〈Sikkerhed〉の訳語であるが、ともに誤りのない知的客観性に言及する。これとの対でグルントヴィはしばしば、「たしかな」(vist) や「確信」(Vished) という用語を用い、そこに「否定不可能な」あるいは「議論の余地のない」内的経験あるいは共同主観的経験を含意させる。なお、オンライン版『グルントヴィ全集』(*Grundtvigs Værker*) に掲載されたS・ツルベルによるこの論考のコメンタールを参照。

(18) ヘーゲル『精神現象学』の論点と重なるところがある。本章の注 (13) も参照。

(19)「塵」は第一章の注 (9) に示されるように直接的には身体的、自然的なものを意味するが、地上的、世俗的世界といったニュアンスをもつ。

(20) このコンテクストから、ヘーゲル『法哲学要綱』(一八二一年) の「序文」にいわれる「ミネルヴァのふくろうは黄昏とともに飛び立つ」のフレーズも想起されるが、グルントヴィはヘーゲルのような哲学的完結は否定する。なお、彼は一八一七年にこのテクストを公表しているので、当然ヘーゲルを踏襲しているわけではない。

(21) ここではとりわけドイツ的観念論的哲学への批判が意図されている。なお、本書第一章の「哲学の世紀」も参照。

(22) このテクストと同じ『デーンの防塁』第二巻 (一八一七年、五月) に公表された関連の論考として「世界における人間」があり、第三巻 (一八一七年、十一月) には本書の第三章「真理、偉大、美」、第四章「啓示、詩情、学芸」が、さらに第四巻 (一八一九年) には「教会、国家、学校」が収められている。

(23)「人間の諸条件」については『世界における人間』(小池直人訳、風媒社)では、「身体的条件」、「精神的条件」、「自己」あるいは「自己自身にたいする関係」とされていた。

(24)「世界における人間」(一八一七年)でも、グルントヴィは「学芸」を「教会の畑として耕し」、「祭壇に捧げる」として、「学芸」と啓示が密接不可分であるとしても、その口調には宗教復興に熱意が込められ、啓示的真理の目的性が色濃く表出している。周知のように後年のグルントヴィは、「まずは人間、しかしてキリスト者」(一八三七年)といったフレーズでこのことを簡潔に表明し、「生の順序はこれ以外にない」(グルントヴィ『世界における人間』風媒社、所収)とも付け加えている。その調子は啓示に比してヒューマニズムの側面がより積極的に打ち出されているとも聞こえるが、そこに認識変化があったのかどうか、あったとするならどのような変化なのかは研究課題である。なお、K・タニングの『北方の思想家グルントヴィ』、渡部光男訳、杉山書店)を参照。

第三章　真理、偉大、美

この論考は、『デーンの防塁』第三巻(一八一七年十一月)に収められたものであり、真理、偉大、美という学芸の三つの基本概念とその連関が議論される。それは、『デーンの防塁』(第一巻、一八一六年)の「哲学の世紀」論、「歴史的学芸」論、『デーンの防塁』(第二巻、一八一七年五月)の「健全な人間知性」論や人間論等の哲学的論考を受けたものであるが、表題から予想できるように、カントを典型とする同時代哲学に対抗するオルタナティヴの提示となっており、「まとめ」にある人間的諸能力の区分解説も含めて、グルントヴィ自身は否定するだろうが、それなりの体系的な哲学の色彩を帯びている。

（1）第一章の注（6）を参照。
（2）カント（Immanuel Kant, 1724-184）はドイツ近代を代表する哲学者、ヘルダー（Johann Gottfried Herder, 1744-1803）は同時代の著名批評家。ここでは主にカントの『純粋理性批判』の「先験的弁証論」などが念頭におかれている。
（3）補録『年代記の応酬』の第一節「シェリングについて」を参照。
（4）こうした論点は、一般にはグルントヴィの『北欧神話記』（一八三二年）の韻文詩の序文にある「トール（やブラーギ）とともにロキの自由」といった比喩的なフレーズで人口に膾炙している。
（5）「因果原則」すなわち因果律はすべての事物は一定の原因から派生する結果だとする思考原理。グルントヴィは因果律に独自の宗教的含意を込めて用いるので、そのニュアンスを「因果原則」という訳語に表記しておきたい。
（6）矛盾原則（矛盾律）あるいは否定不可能原則は、同一の時間に同一のものを肯定し、かつ否定することができないという思考規則。
（7）一体性原則（同一律）は「AはAである（A＝A）」の形式で表現される思考の原理で、一定の思考過程において同一の概念は常に同一の意味で用いられねばならないことを意味する。ちなみに、グルントヴィ研究家のイェンセンによれば、グルントヴィは矛盾原則を感覚、感情世界に、因果原則を想像力の世界に、そして一体性原則を純粋知性的世界に対応させ、意識化の上昇の意味を付与している（H. F. Jensen, Grundtvigs erkendelsesteoli: Om Forholdet mellem Tro og Fornunft, i Tidsskrift "Danne-Virke"(1816-19), i: *Grundtvig Studier*, 31-1, 1979）。
（8）旧約聖書の冒頭からの五つの書、すなわち「創世記」、「出エジプト記」、「レビ記」、「民数記」、「申命記」はモーゼ五書ともいわれ、デンマーク語訳聖書では通常この表記が用いられる。それゆえ、『モーゼ第一書』は「創世記」を意味する。なおモーゼは、紀元前一三世紀ころの古代イスラエルの民属指導者であり、ヤハウェの神から「十戒」を授かった預言者であるが、ここではむしろモーゼ五書の宇宙論が近代の科学的宇宙観との関連で言及されている。

（9）カントの『たんなる理性の限界内の宗教』（一七九三年）では、第二編で人間支配をめぐる善悪の原理について論じられており、ここでのグルントヴィの議論に通底する（『たんなる理性の限界内の宗教』北岡武訳、岩波書店、参照）。

（10）グルントヴィがここで「生という書物に記されて」とする箇所は、元のルカの福音書では「天の書物に記されて」となっている。

（11）ストア派は、ヘレニズム時代にゼノン（Zēnōn, 335-263BC.）によって開かれた古代ギリシアの哲学学派。

（12）キュテレアはキュプロス島生まれのギリシア神話の美の女神アフロディテの別名。なお、ローマ神話ではヴィーナスともいわれる。マドンナは聖母マリアを意味する。

（13）アフロディテ（キュプロス女性）は本章注（12）を参照。ミューズたちは、ギリシア神話でゼウスとミュネモシュネの間に生まれた九人の娘で、それぞれが、叙事詩、歴史、音楽・歌謡や抒情詩、恋愛詩、悲劇、舞踊、喜劇、賛歌、天文学を司る。カリス（ローマ神話ではグラテア）たちはギリシリア神話の若く美しい女神たちで、アフロディテの三人の侍女となり、それぞれが輝きや喜び、優雅などを司る。

（14）「飛翔」にかんしては、『デーンの防塁』誌掲載された論考『世界における人間』（風媒社、三五～三六頁）にも、ギリシア神話のイカロスの墜落を暗示する記述があった。近代でも理性の飛翔による反理性への反転が論じられている（ホルクハイマー／アドルノ『啓蒙の弁証法』岩波文庫参照）。このことには例えば、科学が人類殺戮兵器を生み、革命や議会主義でさえ独裁体制をつくりだし、大地からの「離陸」が環境破壊と一体である近代の経験を連想させる。

（15）「美と徳」との根本における一体性は、古代ギリシアにおいて「一にして全」（クセノファネス）の汎神論として提起され、近代ではスピノザ哲学を経由してカントが『判断力批判』で美的趣味判断と目的論的判断との基本的同一性を議論したことを受けての記述と思われる。

（16）「一体性という永遠の根本原則」は「A＝A」という一体性原則（同一律）を意味するが、グルントヴィはとくにここで原因と結果の一体性と規定している（本章の注（6）に掲げたイェンセンの論考を参照）。

（17）ツヴィングリ派は、スイスの宗教改革提唱者ツヴィングリ（Huldrych Zwingli, 1484-1531）の同調者であり、敬虔主義（ピエティズム）は個人の内面に信仰の本質を見る立場。とくにシュペーナー（Philipp Jakob Spener, 1635-1705）は北ヨーロッパにも広範囲な信仰復興を呼び覚ました。

（18）この部分には、グルントヴィが大学卒業後、ランゲラン島のエーリュッケで家庭教師の仕事に就いたさい、コンスタンス・レスという既婚女性に心を奪われ苦悶した経験を背景とした記述と思える。なお、H・コック『グルントヴィ』（風媒社）、P・ダム『グルントヴィ小伝』（一粒書房）、A・ホルム『概説グルントヴィ』（花伝社）を参照。

（19）「最高の自然的偉大（男性）」には神が、「最高の自然美（女性）」には聖母マリアが、「これら両者を統一する歴史美（子ども）」、「男子」にはイエスがそれぞれ想定されている。

（20）ルクレティアはローマの伝説とヨーロッパ文学で、貞淑な婦人の象徴。伝承によれば彼女はローマ王タルクイニヌス・スペルブスに性交を強要された後に、父と夫に復讐を約束させて自殺する。この事件を契機に王家が追放され、共和制が成立したとされる。

（21）第一章の注（12）を参照。

（22）「知性」は〈Forstand〉の訳語として用いる。この用語は周知のように感性から区別され、また「感性」〈Sandselighed〉とも「理性」〈Fornunft〉とも区別される知的能力として、カント哲学以降に広く用いられるようになったが、グルントヴィは独自の積極的意味を与えている。

（23）第四章「啓示、詩情、学芸」への言及と考えられる。

第四章　啓示、詩情、学芸

この論考は一八一七年年一〇月に発行された『デーンの防塁』第三巻に掲載された。彼の哲学（対抗）的著作の一つだが、その中でも最も長大なものであり、聖書的啓示論や芸術論や学芸論が議論されている。そのさい、彼は神学体系を構築する方向でなく、むしろ啓示を歴史なかに存立・機能させる方向を重視して論じており、啓示と芸術や学芸との連関性を提起している。この論考によって我々は歴史論、制度論（「教会、国家、学芸」論）を残すとしても、ひとまず「学芸」の輪郭を垣間見ることができる。

（1）『デーンの防塁』（*Danne-Virke*）は一八一六年から一八一九年にかけて、グルントヴィが全四冊で刊行した定期刊行雑誌。その名は古代にユラン半島南部のドイツとの境界に建設された、長く連なる城壁にちなんだもの。

（2）「アテナの鳥」は元来ギリシア神話の女神アテナに叡智をささやく愛鳥を意味し、「ミネルヴァの梟」ともいわれる。ここではグルントヴィの旧友であったが、歴史的見解の相違によって論敵となったモルベック（Christian Molbech, 1783-1857）が編集責任者を務める期間雑誌『アテナ』を指している。なお、補録の梗概も参照。

（3）「アスムス」はドイツの啓蒙詩人マティアス（Matthias Claudius, 1740-1815）のペンネーム。なお、後年のグルントヴィの詩「緑のなかの歌」（一八四三年六月二八日）もマティアスの詩の一部を取り入れ、「どの鳥も自分の嘴で歌わねばならない」としている。この部分は集団のなかの個人的なものを象徴する諺となり、現在も用いられている。

（4）比喩的表現が用いられきわめて難解な一文でもあるが、「狐」はたぶらかす者の象徴と思われる。

（5）動物磁気学は、一八世紀にドイツの医師フランツ・メスメル（Franz Mesmer, 1734-1815）が開発した催眠療法。体内の動物磁気を正常にすることで病気が治癒したと思わせる方法で、メスメリズムともいわれる。その理論はグルントヴィの時代にはたいへん人気を博したが、二〇世紀の初頭には破棄された。

（6）サガ（Saga）は北欧神話のなかでアース神族の女神であり、しばしばオーディンの妻フリッグと同一視される。グルントヴィはサガを北欧神話の意義に彼の眼を開いた学問と芸術の女神であり、歴史の女神とも見なした。またサガは、中世アイスランドで成立した古北欧語の散文物語の名称でもあり、グルントヴィは上記の二つの意味合いを重ね合わせて考えていたと思われる。なおルーン文字は、ゲルマン人が表記に用いた古い神秘的な文字体系であり、ラテン文字にとってかわられたが、スカンディナヴィアでは中世後期まで用いられた。

（7）『デーンの防塁』第二巻（一八一七年五月）に掲載された「イースターの百合」という詩が念頭に置かれる。すなわち、当時香りもなく、美しくもない雑草と蔑まれていた花をキリストに喩え、その花からしだいに軽蔑や懐疑が消え、神の信仰への変化が詠われている。つまり、百合の花梗をもつことは、力を保持するようになることを意味する。なお、グルントヴィ自身が名もない片田舎の少年であったこともこの詩には込められているだろうし、アンデルセン（Hans Christian Andersen, 1805-75）の「醜いあひるの子」（一八四三年）も、こうした発想に類似した物語といえるかもしれない。

（8）ここでの「アテナ」は、本章の注（2）でいう雑誌を示唆するものの、むしろ同時にギリシア神話知恵の女神で、ゼウスの頭から成人の姿で甲冑を纏って生まれたアテナを意味する。そのさい、世界はよろめき、大地と大海は轟音を発して揺れ、太陽は運航を停止したと語られる。

（9）「鳥もち竿をもって走った」は古い諺にいわれるが、この「もち竿」は、鳥をとらえる際に竿の先に糊をつけて用いられる道具である。管見のかぎりだが、ドイツの哲学者ヘーゲルの『精神現象学』「緒論」（一八〇七年）にも、もち竿により鳥をとらえるだましの技法を絶対者（神）が嘲笑するという下りがある。この場合は歴史を否定する人間の小賢しい知恵がより大きな歴史の知恵に敗北するという思想が意味されるが、ここでは成否はともかく、一八世紀がこの鳥もち竿で歴史をとらえたことに言及している。なお、グルントヴィおよびヘーゲルのこのことばへの言及の共通背景として、東フランク王のハインリヒ一世（Heinrich I, 876-931）が捕鳥王といわれたことが考えられる。

（10）「賢者の石」は「哲学者の石」ともいわれ、錬金術において魔術的物質を意味し、卑俗な金属を高貴な金に変えるものとされる。化学でいう触媒がこの発想を継承した概念といえる。

（11）本章注の（6）を参照。

（12）騎士の時代では決闘相手の前で手袋を投げ捨てることで戦端が開かれた。

（13）「サガのアーチ型をした盾の城」はグルントヴィにおいて歴史の類義語として用いられる。

（14）「サガの手にする剣」は古代ノルウェーのホーコン一世（善王）の剣、クヴェルンビチのことであり、スノッリのノルウェー年代記『ヘイムスクリングラ』によれば、石臼や兜をたたき割るほどの鋭利さをもつ。

(15) 王が諸個人に貴族の地位を与える手紙。なお、こうしたグルントヴィの「真理」と「理性」との関係性は彼の社会・政治観においても、国王と貴族との関係性を類比的に見た節がある。デンマークにおける絶対王政の成立を、国王と民衆との連携による専横な土地貴族の掣肘としてある種の「革命」と見たこともこの点にかかわる（*Grundtvig, Mands Minde*, 1877）。この視点は、ノルウェーの歴史家サイプのいう「世論統治型絶対王政」の主張となるが（A. J. Seip, Teorien om det Opinionsstyrte Enevelde, i: *Norsk Historisk Tidsskrift*, 38, 1958）、その妥当性にはもちろん検証を要する。

(16) 本章の注（6）を参照。

(17) ここでは啓蒙の時代の合理主義と論理学を評定しているが、その評定の象徴というべき哲学者がヴォルフ（Christian Wolff, 1679-1754）である。彼はライプニッツを継承して体系的な哲学を構築し、哲学を神学から独立させたからである。

(18) 敬虔主義については、第三章の注（17）を参照。

(19) 一八世紀には聖書の教えを十種類のカテゴリーで論じる神学諸論に体系化する運動が一般化していた。すなわち固有神学論、天使論、聖書論、キリスト論、教会論、終末論、精霊論、罪悪論、救済論、神学的人間学である。

(20) ここでの論点は、グルントヴィが一八二五年以降、中世の神学者エウレナイオス（Irenaeus, ca. 130-200）の影響を背景に、教団会衆の「生けることば」が聖書信仰に先行することを「類まれな発見」とし、『教会の応酬』で新進気鋭の啓蒙神学の旗手クラウセン（Henrik Nicolai Clausen, 1793-1877）に論争を挑み、訴訟にまで発展した出来事の伏線ともいえる。本章の「啓示、芸術、学芸」が一八一七年に公表されていることから、グルントヴィのなかに「生けることば」の着想はかなり早い段階で懐胎していたと考えられる。

(21)「教会の庭」は人間的な知的営為としての学芸のこと。ちなみに『デーンの防塁』誌に掲載された「世界における人間」(一八一七年、邦訳風媒社)でも、学芸は「神性としてではなく教会の前の畑として耕す」として、神学からの相対的独立性が示唆されていた。「ドイツの幽霊」はとくに「ヴォルフからシェリング」(第一章参照)にいたる思弁哲学、とくにそのなかでロマン主義哲学を示唆している。この点で、一八一〇年代のグルントヴィはシェリングを攻撃し、またその影響下にあった自然科学者エルステッズ(Hans Christian Ørsted, 1777-1851)や友人のモルベックとも激しく論争した(本書の補論参照)。なお「霧の中…」といった表現はロマン主義思想の比喩的な表現。

(22)人間は精神と身体との統合体であり、それゆえ「頭」と「塵」の両極には還元してはならない戒めが語られている。ドイツ的観念論ないし「ドイツの幽霊」は人間を「頭」に還元し、機械的ないし生理学的唯物論はそれを「塵」に還元する。これら両極の批判はグルントヴィの一貫した主張である。

(23)一五二九年に公表されたルター(Martin Luther, 1483-1546)による、信徒の信仰教育のための二つの教理問答のこと。すなわち「小教理問答」はキリスト教の信仰のための青少年のための初歩的解説書であり、「大教理問答」は成人向けの解説書である。

(24)バレ(Nocilai Endinger Balle, 1744-1816)は、コペンハーゲン大学の神学教授、シェラン島の監督を務め、『福音キリスト教教程』(一七九一年)を著わした。

(25)この論考「啓示、詩情、学芸」が書かれた一八一七年はルターの「九五か条の提題」(一五一七年)によって開始された宗教改革の三〇〇周年記念に当たる。

(26)英訳の注によれば、古代スカンディナヴィアでは、建設物の完成にさいして、頂点に木がすえられ、建設騒ぎによる木の精霊たちの侵害を宥めた。ここでグルントヴィは月桂冠を建設と勝利の両方の意味で用いている。

（27）ルターの『奴隷意志論』（*De servo arbitrio*, 1525）はエラスムス（Desiderius Erasmus Roterodamus, 1466-1536）の『自由意志論』（*De Libero Arbitrio*, 1524）への反論であり、人間の救済にかんして、堕罪後の自由な人間の意志への依拠を、したがっていわゆる神人協力説を否定し、神の恩寵を強調した。この点で、ルネサンス的人文主義と宗教改革との区別は顕著である。

（28）メランヒトン（Philipp Melanchthon, 1497-1560）はドイツの人文主義的神学者で、宗教改革に加わり、ルターの思想の体系化に尽力した。『ロキ』（*Loci communes theologici*, 1521）はその体系化の書であるが、メランヒトンはまた、プロテスタント教会の最初の信仰告白『アウグスブルクの信仰告白』（一五三〇年）も執筆した。

（29）フィリップ派は、メランヒトンの著作や思想に魅了された人々をさす。ここでグルントヴィが言及しているのは、メランヒトンは後年エラスムス的自由意志論をある程度認めてルターの『奴隷意志論』と見解を異にする神人協力説に立つことになるが、このことがフィリップ派のなかで亢進して、ここでは「軽薄手綱さばき」と批判されている。この点でグルントヴィの立場は、本章の注（51）に見られるように、メランヒトンよりもルターに近いことになる。

（30）ソロモンの寺院とは、旧約聖書『列王記』に登場する古代イスラエルの王ソロモンによって建てられた神殿。

（31）ネヘミアは紀元前五世紀に、アケメネス朝ペルシアによりユダヤ属州の総督として派遣されたユダヤ人。イェルサレムの城壁を再建し、ユダヤ教の第二の神殿を再建する許可をえた。サマリア人はサマリア地方に住む、イスラエル人とアッシリア出身者のあいだに生まれた人々、あるいはその子孫。

（32）タルシシュは、旧約聖書にいわれる地名で、ソロモン王はフェニキアを仲介して交易をしていたとされる。

(33)グルントヴィの用法では、かつてのイスラム教勢力の類義語。

(34)一八一五年から二一年まで、グルントヴィは彼特有の攻撃的説教の影響で自分自身の教会をもたなかった。それゆえ正規の牧師のための求職活動をしていたことになるが、他方で彼にはシラー（Friedrich Schiller, 1759-1805）のいう「パンの学者」ならぬ「パンの聖職者」たるべきでないという信念があった。

(35)「バクダットのカリフ」は、七世紀の中期から一三世紀中期にかけてイスラム帝国が、中近東の大部分と北アフリカ、スペインにまで及ぶ広大な領域を支配し、その元首はムハマッドの後継者を意味するカリフといわれた。その末期には帝国は、一方で知的文明として繁栄を極めたが、他方で分裂・弱体化し、バクダットを首都とするアッバース朝にいたって一二五八年にモンゴル軍に徹底的に破壊された。

(36)「自我性」（Jeghed）は、文字通りには独語の〈Ichheit〉のことであるが、この理性的自我を普遍化あるいは絶対化した初期フィヒテ（Johann Gottlieb Fichte, 1762-1814）の「自我」（das Ich）が念頭にある。フィヒテは「自我」の活動である「事行」をすべての知識の基礎（『全知識学の基礎』）と考えた。

(37)ルターは、理性を「野獣の頭」、「あらゆる悪の源泉」、「悪魔の最も偉大な売春婦」、「神に敵対」等として厳しく批判している。この点いついては須藤英幸「信仰義認の精髄――マルティン・ルターの『ガラテヤ大講解』」（京都大学キリスト教学研究室紀要、二〇一八年、および『世界の名著ルター』（中央公論社、一九六九年）を参照。とはいえ、グルントヴィはルターの主張にたいして「主観的評定」として距離をとっている。

(38)グルントヴィはしばしば、「結び目」について語る。それは「ゴルディアスの結び目」ともいわれ古代フィリジア（現在のトルコ）で、偶然神託によって王になったゴルディアスが、神に感謝して自らの乗った牛車を神殿に奉納したのだが、それが誰にも解くことのできないような特殊な結び目で括られたとされる伝承に基づく。グルントヴィはこの逸話を念頭において「結び目」ということばを用いて、解決困難なことがらを表現している。ちなみにこの「結び目」を解いた者はアジアを支配するとの予言がなされ、アレクサンドロス大王（Alexsander Ⅲ, 356BC.-323）が剣で一刀両断のもとに「結び目」を断ち切ったとされる。

（39）「その（理性の）死」とは、理性の実現として意義深いはずのフランス革命が破壊と混乱に陥り、歴史領域が理性の現実性の消失状態となったことを念頭においていると思える。現代的にはしばしば「啓蒙の弁証法」として理性の逆説に言及されるが、グルントヴィも同様の認識の上に立っている。

（40）フランス革命以降の、徳を強調したロベスピエール（Maximilien François de Robespierre, 1758-1794）やナポレオン（Napoléon Bonaparte, 1769-1821）の独裁支配などが念頭におかれる。そのさいグルントヴィは歴史が否定され、良い意味での「伝説（サガ）」が生まれず、むしろ「抹殺」されたと考えている。

（41）フィヒテの著書タイトルは正しくは『あらゆる啓示批判の試み』（*Versuch einer Critik aller Offenbarung*, 1792）。

（42）イザヤ書のこの一節には「私は私の栄光を他のものに与えない。また私の名誉を刻んだ像に与えない」とあり、いわゆる偶像崇拝、物神崇拝を禁止している。グルントヴィにあって、想像力は地上の事物の過度な崇拝にたいする制約の枠のなかで働くのであり、個人崇拝や特殊な民族（神話）崇拝への抑制となることに注意が必要である。

（43）『賢者ナータン』（一七七九年）はドイツの作家レッシング（Gotthold Ephraim Lessing, 1729-1781）の戯曲であり、ユダヤ教、キリスト教、イスラム教のあいだの宗教的寛容を説いた。なお最初の実演は一七八三年にベルリンで行われた。

（44）コンスタンティヌス一世（Constantinus, ca.270-337）が三一二年にキリスト教に改宗したとき、異教の神々は消失の運命となり、テオドシウス一世（Theodosius, 345-95）は古代ローマの伝統宗教の廃棄を提起し、三九二年にキリスト教をローマ帝国の国教とした。

（45）「魂論的」は〈psychologisk〉に与えた訳語で、通常は「心理学的」と訳されるべきだろうが、グルントヴィの学芸における「魂」の概念は、アリストテレスのように身体世界（自然）や精神と並立し、それらを統合する実体として把握され、しかもたんに学問的対象にとどまらず、言語的、行為的な表現主体でもある。それゆえその「概念把握」はたんなる客観的な対象認知にとどまらず、実践や表現を含む人間的、主体的対象理解でもある。こうした意味合いを汲んでここではあえて「魂論的」とやや奇妙な訳語を与えた。

（46）『イリアース』は古代ギリシアの吟唱詩人ホメロス（Homēros）の長編叙事詩で、紀元前八世紀ころから歌い語られた古代ギリシアの最古の詩芸術。パルテノン神殿はアテナイのアクロポリスの丘の上に建設された、守護神アテナを祀る神殿。紀元前四三〇年代に完成された。

（47）英訳注によれば、古代エジプトの神々は、有限な誕生と有限な死を経験し、その後に存在を終えるが、幾らかの神々は周期的に再生されうるとのことである。

（48）グルントヴィが『世界における人間』（一八一七年）で示す歴史展開からすると、大まかに古代には想像力、中世には感情、近代は知性ないし理性が主要な役割を演じる。知性（理性）の時代は啓蒙の時代であり、そこでは知的には「教会」を代替して「学校」（Skole）が制度の中心となる。デンマークではこの点の制度整備が一八世紀末から進められ、一八一四年には七歳から一四歳までの子どもの一般教育義務が法制化された。

（49）「観取」、「ヴィジョン」（Syn）は見ることを意味するが複合的含意があり、たんに感覚的なものだけでなく、精神的なものをも射程に収める。

（50）「詩情・詩作」（Poesie）は語源学的には古代ギリシア語で制作する、創造するといった意味の動詞〈poieō〉、あるいは制作、創造を意味する名詞〈poiēsis〉に遡ることができる。
（51）ここでもグルントヴィは明らかに、ルターと同様に神人協力説を否定している。なお、本章注（27）（29）も参照。
（52）ここでグルントヴィはシンボル言語の起源に言及し、それを神に由来するものととらえている。周知のようにヘルダー（Johann Gottfried Herder, 1744-1803）は『言語起源論』において言語の人間起源説を展開した。グルントヴィはヘルダーに多大な影響を被り、この著作をデンマーク語に翻訳しもしたが、彼は日常の実用的言語はともかく、少なくともシンボル言語にかんしてはヘルダーの主張にしたがっていないことになる。
（53）広い意味での機械論的自然観を問題としているが、ここではとくに、当時のロマン主義運動の自然観、とりわけドイツの哲学者シェリング（Friedrich Wilhelm Joseph Schelling, 1775-1854）やデンマークの著名な科学者エルステズ（Hans Christian Ørsted, 1777-1851）らの自然哲学が念頭にある。
（54）「あの聖なる神の男たち」は曖昧な表現であるが、おそらくロマン主義的精神を想定してよい。
（55）『エッダ』は初期の北欧神話を伝える文書群であり、アイスランドの詩人、スノッリ・スツルーソン（Snorri Sturluson, 1178/1179-1241）による散文的な『スノッリのエッダ』と詩的な『古エッダ』がある。
（56）デンマーク語学習ではabcは「アー、ベー、セー」と発音して最初に習う。なお、「ミミル」は北欧神話で、オーディンの相談役となった賢者であり、巨人。
（57）「ソル」は北欧神話で太陽の運行を司る女神で、大地と太陽のあいだにスヴェルという盾が立っており、太陽の熱を遮っているとされる。なお「ブラーギ」は詩の神。
（58）ゲーテ（Johann Wolfgang Gethe, 1749-1832）の一八一五年の詩「人間性の限界」（『ゲーテ詩集四』竹山道雄訳、岩波文庫）を参照。なお関連するが、グルントヴィは同名の「人間性の限界」（Grenzen der Menschheit,1816-18）とタイトルづけられた独文草稿を残している。『グルントヴィ研究』（*Grundtvig Studier,* 36-1, 1984）を参照。

（59）ここに言及される教育論議が何を念頭においているか不明だが、ルソー（Jean-Jacques Rousseau, 1712-1778）やペスタロッツィ（Johann Heinrich Pestalozzi, 1746-1827）、シラー（Friedrich Schiller,1759-1805）などの思想や実践が想定できる。また、グルントヴィは、『デーンの防塁』第四号（一八一九年）で、「教会、国家、学校」をテーマとして論じていることも補足しておきたい。

（60）英訳の注では、自然人の教育を主張するルソーの『エミール』が念頭にあるとしている。

（61）グルントヴィが後に主張する「生のための学校」の対極にある、いわゆる「死のための学校」として、彼自身が体験したものである。

（62）ここでは「不死の芸術人間」（udødeligt Konst-Menneske）とするグルントヴィの国家観と、近代的社会契約説の始祖といえるホッブス（Thomas Hobbes, 1588-1679）の『リヴァイアサン』がいう「人工人間」（artificial person）としての国家観との対照が示唆されている。

（63）ここではきわめて難解な比喩が用いられているが、推測していえば「頭に燃える炭火を積む」は、「ローマ人への手紙」のなかの表現で、愛の精神によって後悔や回心を促すことが示唆されている。これは精神の病弊への対処であり、「その身体を赤く熱い鉄を用いて」はむしろ身体的な病弊への対処で、同様の治療的意味合いがあるが、身体的死を目前にした場合、この対処は無益であり、行われないといったことが語られていると思われる。

（64）「メフィストフェレス」はドイツの近世ドイツのファウスト伝説に知られる悪魔。なおゲーテの『ファウスト』（手塚富雄訳、中公文庫）を参照。

(65)「パレスチナ」は今日のイスラエル及びパレスチナ人たちの自治領のある領域。
(66)「エレミア書」は旧約聖書の一書であり、そのなかでは、ヤハウェの神に従わないイスラエル国家がバビロンによって滅ぼされることが予言され、民はバビロンの捕囚となる。なお「ヘブライ人の啓示」とは旧約聖書のこと。
(67)きわめて難解な比喩が用いられているが、日時計が太陽（啓示の光）の影を地上に移すことで時間（＝歴史）の変化を知ると器具と考えるなら、グルントヴィは、神話も詩的作品も、啓示の光の地上に移すさいの「影」として歴史的に理解しているように思える。
(68)ここでは古代ローマ時代の「パンとサーカス」に象徴されるように、芸術が権力や富裕層によって与えられる無思慮なエンターテインメントになっている場合が考えられる。
(69)ここではおそらく、かつての友人でもある論敵モルベックが念頭にある。なお、関連して第一章の注（8）、本章の注（2）、補録の梗概および注（2）も参照。
(70)ハンス・ミケルセン（Hans Michelsen）はデンマーク＝ノルウェーの作家ホルベア（Ludvig Holberg, 1684-1754）がしばしば用いたペンネーム。「不分明な芸術」とは、喜劇の形式をとる叙事詩や風刺的でウイットに富む詩、散文喜劇などである。ホルベアはそうした芸術によって公衆の承認をえたが、それ以前には、彼はその芸術によって厚かましい中傷やスキャンダラスな衝動をもつ作家として説明された。
(71)北欧神話で小人のブロックはその兄弟とともに、オーディンがもつ黄金の腕輪「ドラウニプル」やトールのもつハンマー「ミョルニル」を創り出したとされる。
(72)サテュロスはギリシア神話に登場する半人半獣の精霊。風刺は、彼の悪ふざけや破壊的性格に由来し、古代ギリシアでサテュロス劇は、神話のシリアスな出来事を戯画化し、哄笑するものであった。

（73）「グノーシス」（gnōsis）は古代ギリシア語で知識や認識を意味するが、ここでこの概念が用いられたのは、グノーシス主義とされる古代地中海で影響をもった宗教思想が霊肉の敵対的二元論に立ち、前者を善とし、後者を悪とする禁欲主義を主張したからである。グルントヴィは端的にその思想を拒否している。

（74）ある種の神人協力説を議論していると思えるが、グルントヴィはこの思想には否定的である。本章注（29）も参照。

補録『年代記の応酬』より

補録（一、二）で訳出した「シェリングについて」と「ステフェンスについて」はともに、『デーンの防塁』誌以前に公表された著作『年代記の応酬』（*Kronikens Giennæle*, 1813）の一部である。グルントヴィにはドイツ・ロマン主義に共鳴していた一八〇八年頃から問題意識を共有していた友人の歴史家で、第四章の「啓示、芸術、学芸」で言及される定期雑誌『アテナ』の編集責任者にもなったモルベックがいた。しかし、一八一〇年代以降グルントヴィがロマン主義から離れルター派に接近して、歴史書『連関における世界年代記の簡潔な概念』（*Kort Begreb af Verdens Kronike i Sammenhæng*, 1812）を刊行すると、モルベックは『コペンハーゲンの最新描写』誌（*Nyeste Skilderie af Kjøbenhavn, nr.10*, 1813）に批判記事を寄せ、これにグルントヴィが『年代記の応酬』で反批判を行って、両者のあいだに歴史観をめぐる論争が始まる。モルベックは歴史の精神を否定しないが、それは歴史そのものに内在するとして、歴史の客観的記述の立場を主張するが、これにたいしてグルントヴィは意図的に歴史のなかに聖書的軌道を読み取ろうとする。この論争はグルントヴィ学芸と自然哲学との対立にその淵源を有する。彼はシェリング哲学たいして、神を代替する「虚偽」として厳しい批判を投げかけ、ニヒリズムへの傾斜をも読み取るが、しかし他方でシェリングに影響を受けた自然哲学者のステフェンスにたいしては誠実な信仰者の側面を強調し、コペンハーゲンでの連続哲学講義を含めてグルントヴィの思想との一致の評価を行い擁護する。

（1）シェリング（Willhelm Friedrich Schelling, 1775-1854）はカント哲学を受けたドイツ哲学のなかで初期の自然哲学や自然と精神の「絶対的同一性」というロマン主義的思索を展開した代表的哲学者の一人。後に、彼は自由論において悪の積極的可能性を人間の自由と見なしてもいる。シェリング哲学はステフェンスの哲学連続講義によってデンマークに導入され、北欧の思想に大きな影響をもつにいたるが、グルントヴィの場合も、ステフェンスの講義を聴講し、とくにランゲラン島での家庭教師時代にその影響を顕著に自覚する（A・ホルム『グルントヴィ概説』花伝社）。だが彼は一八〇〇年代にルター派正統主義に接近するなかで、彼の哲学を厳しく批判するようになる。ここでの論考は初期の自然哲学と後のシェリングの自由論が一貫したものであること、そこにまた批判の枢要点であることを示している。

（2）モルベック（Christian Molbech, 1783-1857）は、デンマークの歴史家であり文献学者。シェリングのロマン主義の影響を受けたグルントヴィの友人の一人であったが、両者にあいだには、グルントヴィの『連関における世界年代記の簡潔な概念』の刊行において論争が生じ、彼の『年代記の応酬』で決定的に決別することになる。なお、第一章の注（8）も参照。

（3）第一章注（12）を参照。

（4）グルントヴィが一八一二年に公刊した『連関における世界年代記の簡潔な概念』（*Kort Begreb af Verdens Krønike i Sammenhæng*）を意味する。なお、補録の梗概を参照。

（5）ゴリアテは旧約聖書サムエル記に登場する巨人兵士。牛飼いの少年ダビデの投石機によって倒されたことから、ダビデの名は立場的に弱小なものが強大なものを打ち負かすたとえによく登場する。

（6）『ブルーノ』は、一八〇二年のシェリングの対話編的な著作であり、正式タイトルは『ブルーノあるいは事物の神的および自然的原理について』（*Bruno oder über das göttliche und natürliche Princip der Dinge*）。なお、邦訳として服部英二郎訳『ブルーノ』（岩波文庫）、茅野良男訳「ブルーノ」（世界の名著『フィヒテ・シェリング』中央公論社所収）がある。

（7）ヨハネの福音書のこの部分を念頭に、グルントヴィは第四章の記述にも見られるように、「手」や「触覚」の働きを、理性的把握のシンボルと見なしている。

（8）ここでは可能性、現実性、必然性といった様相間の推論規則が問題となり、事物の現実性からその可能の推論が主張されているが、その逆は論理的な規則ではない。

（9）矛盾の基本原則（矛盾律）は、第三章の注（6）を参照。なお、第三章の注（7）も参照

（10）一八〇一年から一八〇六年の時期のシェリング哲学は「同一哲学」（Identitätsphilosophie）といわれ、『先験的観念論の体系』や『我が哲学体系の叙述』では精神と自然、主観と客観、実在的なものと理想的なものとの「絶対的同一性」が主張された。補録の注（1）も参照。なお、「知的直観」は「直接知」ともいわれるが、概念的な媒介によらず、感情等による絶対者の直接的認識であり、ドイツ観念論哲学のキーワードの一つ。

（11）『たんなる理性の限界内の宗教』では次のように述べられている。「悪は道徳的悪…にのみ源を発しえたのであり、根源的な素質…それは善への素質である。したがって私たちには。道徳的悪が最初にどこから私たちのなかに入り込めるかについて、理解しうる根拠はない。…聖書はこの不可解を歴史物語の形で表現している。」（Erstes Stück der *Die Religion innerhalb innerhalb der Grenzen der blossen Vernunft*, 1793. 北岡武司訳、岩波書店）。

（12）ステフェンス（Henrik Steffens/ Heinrich Steffens, 1773-1845）は、ノルウェー＝デンマークの哲学・自然科学者であり詩人。グルントヴィの母方の従兄弟に当たる。とりわけステフェンスはドイツのイエナに滞在時にシェリングの自然哲学の影響を受け、後の一八〇二〜〇三年にはコペンハーゲン大学のエラーの学堂で連続哲学講義を行い、ドイツ・ロマン主義を北欧に導入した。それは、詩人のエーレンシュレアー（Adam Oehlenschläger, 1779-1850）やグルントヴィ、彼の友人である哲学者のシベルン（Frederik Christian Sibbern, 1785-1872）らに決定的な影響を及ぼし、一九世紀前半のデンマーク文化黄金期の精神的母胎となった。

（13）ラインハルト（Franz Volkmar Reinhard, 1753-1812）はドイツのプロテスタント神学者でヴィッテンベルク大学の神学教授。彼は当時の合理主義思潮を肯定しつつも、神の至上性や聖書の権威を強調し、啓蒙神学的超自然主義の立場をとった。

（14）補録注（2）を参照。

（15）一八〇二〜〇三年にコペンハーゲン大学のエラーの学堂で行われた連続哲学講義。なお、補録の注（11）も参照。

（16）コッツェブー（August Friedrich Ferdinand Kozebue, 1761-1819）はドイツの大衆作家であり、演劇ディレクター。グルントヴィのこの論考が公刊された後に、コッツェブーの書物が焚書され、また彼は過激派学生組織のメンバーに暗殺された。ラフォンテーヌ（August Lafontaine, 1758-1831）はドイツの大衆作家で、センチメンタルで訓話的な家庭生活の物語が特徴的である。

（17）シェイクスピア（William Shakespeare, 1564-1616）はイギリスを代表する劇作家であり詩人。ゲーテ（Johann Wolfgang von Goethe, 1749-1832）はドイツを代表する詩人であり、作家、自然科学者、政治家。

（18）スカルド詩とは、九世紀から一三世紀ころの北欧で詠まれた古ノルド語の韻文詩であり、それはしばしばスカルド詩人によってハープなどの楽器を用いて吟唱された。エーレンシュレアー（Adam Oehlenschläger, 1779-1850）はステフェンスを介してロマン主義の影響を受け、古代北欧の栄光を詩作し、北欧の詩聖ともいわれる。彼は近代人であるが、ここではそうした古代以来のスカルド詩人の系譜にある者として言及されている。

（19）ここでの引用はグルントヴィの『連関における年代記の簡潔な概念』から。補録の梗概も参照。

（20）とはいえグルントヴィは後年の「ヘンリーク・ステフェンス」（Henrik Steffens, 1824）という論考で、ステフェンスによる『虚偽の神学と真の信仰について――ハインリッヒ・ステフェンスを通じた教区の声』（*Von der falschen Theologie und dem wahren Glauben. Eine Stimme aus der Gemeinde durch Heinrich Steffens*, 1823）の公刊を受けて、ステフェンスが自然哲学の問題性を自覚し、はっきりと信仰に回帰したことをいっそう高く評価している。

（21）第四章注（73）を参照。

（22）「人格的で自存在するもの（生ける悪魔）」の「自存在する」（selvværend）であり、すなわち「自存在」（Selvværelse）は「向存在」（Tilværelse）の対概念であり、ともに世界における存在を示すが、前者は非啓示的、後者は啓示的なあり方を示すと解することができる。

（23）『人間的自由の本質とそれに連関する諸対象についての哲学的探究』（*Philosophische Untersuchungen über das Wesen der menschlichen Freyheit und die damit zusammenhängenden Gegenstände*, 1809）。なお西谷啓二訳『人間的自由の本質』（岩波文庫）、および渡辺二郎訳『人間的自由の本質およびそれと連関する諸対象についての哲学的研究』（世界の名著『フィヒテ、シェリング』、中央公論社所収）がある。

訳者解題――グルントヴィ「学芸」が問いかけるもの

はじめに

私たちは本質的な問いかけのなかにおかれている。なぜこれほど科学技術が発達し、高度な文明が築かれながら、その社会が環境破壊や核災害、核攻撃を含む戦争など、私たちの生命危機と隣接しつつも、その解決に容易に踏み出すことができていないのか。一方で、巨大な富を少数者に集積する社会経済システムが君臨し、他方で、多数の人々が飢餓や貧困の淵にあり、また非人間的労働や生活難のもとにおかれねばならないのか。なぜそうした倒錯が解消できないのか。問題は単純だが本質的な仕方で提出されているし、私たちの英知そのものが問われている。今のところこの問題解決への共通合意はない。訳者は三〇年前にもこれらの事柄を意識していたのだが、デンマークとの偶然の出会いを契機に一定の方向性を予感し、「サムフンズ（共同社会）」概念を鍵として、その事柄の解決への道や解決可能な社会のあり方を探っている（小池二〇〇五、二〇一七、二〇二一）。

さて、ここにいう「サムフンズ」は、通例では〈society〉や「社会」などと訳されるデンマーク語であるが、訳語と原語のあいだに埋めることのできないズレがあり、訳者はその根源に思想的問題があると見て、同国の「国父」ともいわれる聖職者、詩人のN・F・S・グルントヴィと彼が同国の近代史に及ぼした影響を問題解明の手掛かりとしてきた。『グルントヴィ哲学・教育・学芸論集』は、主に彼の世俗世界にかかわる散文テクスト集だが、その第四巻である本書の主題は「学芸」とした。

常識的に、社会をとらえる有力方法として、経済的土台を基礎とし、それに対応した法的、政治的上部構造や社会的意識を説明する唯物史観をあげることができる。その視点は社会科学研究にとっては不可欠である。だが、その理論枠組をめぐって、とくに社会の歴史形成の主体的理解をめぐって、上部構造がそれ自体で独自に機能する点も繰り返し議論されてきた。社会意識にかかわっていえば、それが実世界を超出したかたちで理念や理想を展開し、法制度や社会経済的構造の更新を積極的に促した。とくに一八、一九世紀以降の近代市民社会形成にあって、こうした意味で多くの国々で哲学が基本指針を与えてきたゆえんである。とりわけ、哲学者デカルトによって高唱された人間理性の独立機能は、近代諸科学の正当性を根拠づけ、啓蒙思潮を形成し、各国の近代化と社会形成に絶大な影響を与えてきたし、与え続けている。情報化、知識社会（化）、ＡＩ化ともいわれる現代のテクノロジー発展はこの合理性の進展の極みとさえいえる。

だが、このように具体化される現実が冒頭の基本矛盾を同伴する点を反省するなら、近代知の批判的検証は当然のことであろう。その知は常識世界や宗教的英知から分岐・独立し、しかもシステム化している。その分岐を対立と亀裂の根源と見て、自然的、感情的な調和に一挙に飛躍するロマン主義的思潮も有力ではあるが、やはり現実の亀裂の一端であり、問題解決機能を発揮できているとは思えない。いずれにせよこうした問題に関連して幾何学精神と繊細の精神、灰色の理論と生の緑の樹、システムと生活世界等々の多様な対表現も見受けられるが、グルントヴィもまたそうしたと知の分岐と倒錯をデンマークの近代化前夜の一九世紀初期段階で察知し、人間理性の知的営みの総体を「真理」把握への努力を掲げる「学芸」によって総括し、独自な調和型近代への軌道開拓をめざした。訳者はこの軌道が多かれ少なかれ、今日の北欧の知的世界に、とくにデンマークのそれに刻印されて機能しており、また大きな潜在力を宿すと想定する。このことの検証と私たちへの示唆をさらに探りたいのである。

とはいえ、「学芸」の原語〈Vidskab〉は耳慣れないことばであり、他言語に定訳はなく、そもそもこのことばが注目されることは、デンマークにおいてさえまれである(二)。その理由は一方で、「学芸」の知が提唱された当初の段階では宗教的信仰からはっきりと分離されておらず、前近代的で独断論的な、その意味で保守的なトーンを響かせていたからと思える。周知のように、カント哲学以降の近代学術は学問知から宗教的信仰や形而上学を解除し、事実世界と価値的世界とのあいだを線引きしてきた。この点で両者の統合をめざす「学芸」への違和感は理由のないことではない。また他方で、「学芸」概念はグルントヴィが正統ルター派に接近した一八一〇年代から三〇年代までの未成熟な時期に原型がすえられ、一八三〇年代以降、彼がリベラルな思想家へと転身するなかで「生の啓蒙」といった概念として主張されるようになった経緯もある。

だが、訳者はグルントヴィの「独断論的」な概念の原型に、私たちが再考、再評価すべきユニークな近代化の独自軌道がむしろ鮮明に描かれ、その後の変容を考慮しても近代知の一類型として区別しやすいと考える。この理由から本書では彼の一八一〇年代の哲学的なテクストを訳出することにした。その内容の当否は読者の判断や今後の研究に委ねるしかないが、いずれにしてもこの時期にグルントヴィは同時代の哲学思潮と対峙して、かなりはっきりと自身の思想的布置と立脚点を明示している。以下、この解題では訳者の問題関心を一般的に述べる仕方で、まず一八一〇年代のグルントヴィの思想的背景、次に「学芸」概念の独自性と共同社会との関連、さらに知的近代化類型にかかわってコメントし、日本型近代のコンテクストにたいする示唆についても言及したい。とはいえ、この解題は詳細な論証を眼目とするわけではなく、あくまで関心の大枠だけを比較的自由な仕方で提示するにとどまるが。

一　一八一〇年代のグルントヴィ

通例、思想家としてグルントヴィは、四〇歳代の一八二九年から三一年までの三度のイギリス旅行を契機として、信仰復興論の見直し、宗教の自由や世俗的諸価値の肯定的再評価を行い、以前にましてリベラルな立場に転回したとされる（タニング 一九八七）。もちろん彼は生涯にわたって敬虔なキリスト者であり続けたが、同時にそこに、「フォルケリ・ホイスコーレ」や「フリスコーレ」のような学校の構想、「デンマーク協会」のような団体活動、さらに政論家、政治家としての活動が加わり、しかもそれらが際立つようになった。それゆえ日本では、主にこの面でのグルントヴィがおよそ一〇〇年前に紹介され、一九九〇年代に再発見され、さらにその内実が知られるようになりつつある（コースゴー／清水 一九九三：コースゴー 二〇一六）。

とはいえ、グルントヴィの世俗的関心は、フランス革命に起因する封建社会の解体、ナポレオンによるヨーロッパ支配を受けた対外緊張、それは二度にわたるイギリス艦隊のコペンハーゲン攻撃によって始動しており、さらにシュレースヴィ＝ホルシュタイン問題をめぐるドイツとの二度の戦争を含んでエスカレートした。当時の帝国の解体と小国化を余儀なくされるデンマークで、国民国家の独立維持と政体移行が政治的焦点となったが、グルントヴィの関心は主にそのための主体形成を焦点に展開される。ちなみに一六六〇年以来の絶対王政は一八四九年に廃止され、議会主義を核心とする自由主義憲法が導入されるが、この憲法は「王国最優秀の人々」とされた教養市民層の領導によるものであった。彼らはラテン語、ドイツ語を用い、たぶんにドイツ的「学問」（ヴィッセンシャフト）を知的背景とした。グルントヴィもまた、新憲法制定議会の一議員であったが、しかし彼は「国王の手」と「民衆の声」とを結合する世論統治型絶対王政の支持者であり、議会では教養市民層から距離をとり、自由主義憲法にかんしても態度を留保した。外見上は保守的だが、彼の主眼はなにより「民衆的国民性」（フォルケリヘズ）のキャッチワードにより、下層身分であった小農を対等平等な「市民」「国民」へと育成し、議会制度に包摂すること、したがって彼らが自らの利益や関心を主張し議論できる人間形成にあった。もっとも彼の立場は進化し、一八六四年の対独敗戦以降、国内の再封建化、反動化の波に対抗して、自由主義憲法を擁護して闘争するまでにいたった。そのヒューマニズムは一九世紀的であり、ナショナルな関心と不可分に形成され、また成長したのである。

しかしながら、歳月を遡り一八一〇年代のグルントヴィの言説を考察するなら、ナショナルな関心とともに、むしろそれを凌駕する仕方で強い宗教復興のトーンを聞くことができる。逸話としてしばしば語られる経緯を紹介しておこう。一九〇〇年代のコペンハーゲン大学卒業後のグルントヴィは、大ベルト海峡（シェラン島とヒュン等のあいだの海峡）に浮かぶランゲラン島のエーリュッケの荘園で家庭教師の仕事に就き、既婚女性のコンスタンス・レスと遭遇して強く惹きつけられ、悲恋に苦悩する。それを契機に「皮相な」啓蒙家であった彼はゲーテやシラー、シェリングらのロマン主義的議論に目覚め、その地を離れてコペンハーゲンで作家と教育の活動に専念するにいたるが、結局、ロマン主義に徹することもなかった。むしろ、彼はルター派正統主義に接近した。それは故郷のウズビュの教会牧師であった高齢の父親から代理牧師として呼び戻されたことに起因するが、しかし、彼は歴史家、作家としての世俗的野心を捨てきれずに、聖職者としての活動との板挟みのなかで煩悶し、精神的危機を抱える。一八一〇年暮れに、コペンハーゲンから友人（哲学者F・C・シベルン）とともに帰省する道すがら、彼は最初の深刻な鬱病発作に襲われるのである（コック 二〇〇七：タニング 一九八七：ダム 二〇二〇：ホルム 二〇二四）。

この危機の打開はひとまずルター派正統主義の方向ではかられ、彼は聖職者の仕事とともに強固な宗教復興の視点をもち、ステフェンスを例外とするが、シェリングの自然哲学やその影響下にあった著名な科学者エルステッズ（Hans Christian Ørsted, 1777-1851）、旧友の歴史家モルベック（Christian Molbeck, 1783-1857）と激しく論争する（補録参照）。その折に彼は、ノルウェーのクリスチャニア（現オスロ）で開設された大学の歴史学ポストへの就任という願望ともあいまって、宗教的啓示を指導原理とする歴史や人間学の基礎研究に専念するのであり、その成果が歴史的諸著作や『デーンの防塁』誌の諸論考に結実する。「学芸」はその成果として誕生したといえる。一八三〇年頃の彼の「転回」以降、それがどのように生かされるのか、また放棄されるのかは未検証のテーマであるが、思想の基本枠組としては継承されていると訳者は推定している。

ちなみに『デーンの防塁』誌には「学芸」にかかわる哲学的論考が八つあるとされるが（Holm 2001）、本書はそのなかの四つを含む。その他に、「世界における人間」（『哲学・教育・学芸論集』①）があり、また歴史論、社会制度論の三つの論考がある。だが、これらすべては、経験知と啓示とを積極統合する人間知＝「学芸」を扱い、人間を「神像」の自覚へと歴史的に形成するというメッセージに貫かれている。広義の進歩的歴史観という意味では当時の啓蒙思潮と軌を一にするが、宗教的啓示を不可欠の契機とする点でユニークである。以下この点を少し詳しく敷衍してみよう。

二 「学芸」概念のユニークさ

ところで、本書で「学芸」とした原語〈Vidskab〉は、他言語に定訳がないばかりか、適訳を見つけることさえ困難である。ちなみに英訳書では、コンテクストに応じて〈learning〉、〈philosophy〉、〈knowledge〉等の訳語が選択されている。だが訳者としては概念の独自性に注目し、訳語を統一してその可能性を追究したい。通例日本語辞書では「学芸」は学問と芸術の総称と説明される。だが、「学芸会」や「学芸員」等の特殊な表現もあり、そこには高度な専門知にとどまらない一般の知的活動、しかも「機知」や「冗談」、「楽しみ」といった柔機能を併せもつ知の圏域を含み込める。訳者はこの種の知の可能性に定位したい。しかし、いずれにしてもグルントヴィの議論には、大枠では客観的、歴史的経験知と聖書的啓示との再統合として、宗教復興とともにある人間知という性格にアクセントがある。この点を彼の定義からまず見ておきたい。第一章「哲学の世紀」では、次のようにいわれる。

「哲学は周知のように、英知すなわち完全な認識、直接的直観への人間の努力の表現である。すなわち、最高のキリスト教的表現を用いれば、顔と顔を突き合わせての考察努力である。我々がこの努力をその生ける様態で記すために最良に選択できるデンマークのことばは、疑いなく学芸である。」

（一五頁）
ここから、グルントヴィが「学芸」にどのような意味合いを込めたか、四点ほどふれておこう。第一に大前提であるが、「学芸」は、「哲学」すなわち完全な認識への『人間の努力』とされているように、学問（科学）そのものでも、宗教的啓示そのものでもなく、あくまで現実的世界の知的発展と理念的世界とを架橋する人間的知的営為であり、探究だという点である。この意味で「学芸」はまさしく古代ギリシアにおける「フィロソフィア」の原義、つまり知の有限性、人間の有限性を原点としながら知を愛し求めるところにある。グルントヴィは「哲学」にたいし、とくに一八世紀哲学にたいして厳しい批判を展開したが、彼は哲学の原義に異を唱えているわけではない。「学芸」はソクラテス的な世界概念としての哲学を継承するのであり、むしろ批判はとくに「ヴォルフからシェリングまで」の「閉じられた」体系、学問、あるいは哲学のスコラ化に向けられる。

第二に、こうして「学芸」は知的有限性を契機とするが、しかし、それは懐疑主義でも不可知論でもない。むしろ「永遠真理」といった形而上学を不可欠の契機とする探求である。この「永遠真理」は哲学的というよりむしろ、「キリスト教的表現」ということばに見られる聖書的啓示である。「顔と顔をつきあわせる」はコリント人への第一の手紙の表現だが、鏡に映すように自身の真の姿を明瞭にとらえることを意味する。それは端的に「神像」あるいは「真理のシンボル」としての人間の自己認識であり、「学芸」は人間の知的営為としてこの目標に向けた人間の発達、すなわち全人発達を基本規定とする。この点で「学芸」は近代啓蒙の人間発達史観とリンクし、またそのオルタナティヴの可能性を示唆する。彼が世界（世俗）における諸事象の現実存在を「向存在」（Tilværelse）と表記するとき、それは「～へと向う存在」といったニュアンスで諸事象が全体として時間的、目的論的にとらえられている。こうして「学芸」は古代ギリシアのみならずヘブライ的宗教伝統をも継承するのであり、その複合的立脚点から、グルントヴィは一八一〇年代に、啓蒙主義、ロマン主義を含む近代理性の自立化、独尊化を「虚偽」や「狂気」として批判し、理性と啓示との統合による「健全な人間知性」あるいは「良心」への転回を企図するのである。

以上の二点を訳者は思想史上の「学芸」の基本枠組と受け取るが、本書に収録したテクストも全体を通じてこの枠組からの議論がなされている。とはいえ、それを補足すれば、第三に、「学芸」は一方で「自我」「人格」ともいわれる諸個人の理性的営為を示す。周知のように、理性知はデカルト哲学に象徴されるように、その神および世界からの独立性の主張とともに人間の個人化、すなわち個人の自覚を促し発達させてきた。この点ではグルントヴィもまた近代の申し子である。彼は個人化を含むこの理性知そのものを否定し去るわけではなく、その必然性を承認している。だが彼は、そこにとどまることない。むしろ個人や人格に基づく具体的な理性的知見をすり合わせて「健全な人間知性」あるいは「良心」へと練り上げようとする。知の個人化は言語を介して集団化、共同化の営みと連携し、そこにはじめて新規の知の積極可能性が展開される。しかも、集団化は個人の人類主体への飛躍によってなされるのではなく、身近なレヴェルからの多様な中間集団によって媒介されるのである。

こうしてグルントヴィにおいて言語の知的メディアとしての意義をはっきりと確認できる。しかも一九世紀を生きた彼にとって、とくに民属集団の維持形成が眼目となり、政治的活動の基調ともなった。周知のように一八三〇年代以後のグルントヴィは、「学芸」の発展を当時の教養市民層の言語であったラテン語やドイツ語ではなく、一般庶民の用いる母語によって構想したが、ここにははっきりとした「学芸」の言語制約性が言明され、知的一般性とは何かについての問いがあった。彼は、ホイスコーレ論に見られるように母語を基本メディアとした。それは一定の民属内における共通の意味理解を可能にする。たしかに、当時の教養市民層の知的圏域にあってはラテン語、ドイツ語が共通メディアとして用いられ、「普遍的」、「国際的」な共通理解が可能であった。現代のグローバル化した世界では、英語がその役割を代替している。これらの言語には人類的視座をもって議論し、連帯を具体化する機能を認めることができる。だが他方で、これらの言語は同時に知的亀裂を前提とし、また再生産する。いわゆる「国際語」とは実質的には帝国（主義）的特殊語であり、その普及も不均等であって、同一民属内においてはむしろ、生からの遊離や諸身分・階級の亀裂の象徴ともなる。これにたいして母語には、この亀裂を架橋し修復する機能があり、「国際語」の欠点をカヴァーできる。グルントヴィの「学芸」が母語が貶められ、その架橋機能を無視された状況に対抗して、「デンマークらしさ（ダンスクヘズ）」や「民衆的国民（フォルケリヘズ）」といった標語とともに言語を拠点としたことは理の当然だった。このことは「一パーセントが九九パーセントを支配する」といわれる現代においても依然として示唆的といえるかもしれない。

これと関連するが最後に、「学芸」を「学問的慣習」の類義語とする議論にふれておきたい。「学芸」の知的営為の側面に焦点を当てるなら、それは知性による世界の概念把握、精神的把握である。しかし、それは近代理性による心身分離、知的営為と日常的生活との分離の解消努力である。「経験」概念はこのことを象徴する。換言すれば歴史的世界に生きる人間は通常は身体表象を同伴し、また生活の具体的営みである「経験」に媒介された知の営みのなかにある。理性が外界から遊離し、知が学問体系として純粋概念において完結することはありえない。だがグルントヴィは、この日常的経験知の世界にたいしても精神化を要請する。そのさいに生まれる身体的かつ精神的な知が「学芸」独自のシンボル世界をなすものである（カッシーラー 一九九七）。そのさいに理性は矛盾律、あるいは同一律といった知的規則を「真理原則」とし、「永遠真理」の絶えざる参照が導きの糸となる。この導きに依拠して「学芸」は想像力や感情、知性といった諸能力を駆使して「永遠真理」に多様にアプローチする。それは「偉大」、「美」といった諸価値とも連関し、その活動形態は「学問的慣習」すなわち知的生活形式となり、それゆえに「教会」、「国家」、「学校」がそれぞれ独自の仕方で「学芸」を枠づける制度となる。とくに「学校」は近代において最重要な制度と意義づけられるのである。グルントヴィは、こうした慣習あるいは制度の歴史展開を「歴史・詩的ヴィジョン」のもとに解明しようとするが、ここでは指摘だけにとどめたい。

以上ごく簡単に「学芸」の基本性格を描出したが、もちろんより詳細な研究が求められる。だがいずれにせよ、グルントヴィは近代における理性発達を、それが皮相であり疎外的であっても必然と解して、その深刻な難点を厳しく批判しつつも、啓示的理念との統合による理性の「健全化」の方向で、問題打開の方向を探った。その制度は広義の意味での「学校」となったのであり、「フォルケリ・ホイスコーレ」や「フリスコーレ」構想に結びついたことはいうまでもない。

三　理性中心主義から「健全な人間知性」、「良心」へ

さて、以下で訳者は「学芸」の同時代の思潮とのかかわりを、次の人口に膾炙したフレーズ（一八三七年）を参考に議論してみたい。

まずは人間、しかしてキリスト者
生の順序はこれ以外にない

（グルントヴィ①二〇二〇、一八一頁）

このフレーズは、キリスト者の生の前提に人間の生があること、その生が真理に即して充実することがキリスト者への準備と見なしうるというものであり、この思想が彼の一八三〇年代の「転回」期以降に強調されるが、おそらくそれは「学芸」思想の基調である。だがそのヒューマニズムは、グ

ルントヴィの宗教復興意識とともに産み落とされたものであり、それゆえ通常イメージされる人間理性中心主義、つまり宗教的契機の排除によって主張されるわけではない。むしろ、彼はそのような人間理性中心主義の難点を自覚し、制限したともいえる。その立場は「ギリシア・キリスト的ヒューマニズム」（コック 二〇〇四）と規定できるかもしれない。そこには、ヒューマニズムがキリスト教との連関においてこそ成立するというメッセージがあるからである。じっさい本書に掲載されたどの論考にも、人間理性の独立性の主張は観念論や機械的唯物論、ロマン主義的自然哲学を問わずに「傲慢」や「己惚れ」、「虚偽」、「狂気」等として厳しく指弾され、むしろ人間理性の「永遠真理」への依存性が主張される。だが、それは単なる宗教復興ではなく、やはり独自のヒューマニズムであり、真に「覚醒した理性」が啓示の自覚とともに成長するという「啓蒙」である。この点から彼は当時の主流思潮と厳しく対峙したのである。

そのさいグルントヴィは、カント哲学に敬意を払いつつも、それゆえに対峙の基本対象と見なしているふしがある。本書の第一章から第四章までの『デーンの防塁』から訳出したテクストはさながら、カントの三批判書や宗教論との批判的対話の様相を呈しており、「学芸」のある種の体系的輪郭さえうかがわせる。とはいえ「学芸」は『純粋理性批判』や『実践理性批判』のカントではなく、むしろ『判断力批判』の対象世界、すなわち自然と道徳とを媒介する文化的シンボル世界と類比できるかもしれない。しかも、カントがあくまで人間理性に立脚して、学問的認識や道徳、文化、宗教の理性の限界内での妥当性を承認したことに比べると、グルントヴィ「学芸」はむしろ、身体性、啓示的精神性という人間理性の外部を際立たせ、理性の内外の歴史的統合を意義づけることで、理性中心主義あるいは人間中心主義と対峙したのである。

もちろん、そうした理性中心主義の構図は、当時のヒューマニズムの基調となってその後の世界を席巻することになるが、グルントヴィはその構図をたんに啓蒙主義だけでなくロマン主義にも見ている。とくに北欧ロマン主義はドイツからシェリング哲学に象徴される仕方で、デンマーク＝ノルウェー出身の哲学者ステフェンスの一八〇二〜〇三年の連続哲学講義によって導入される。グルントヴィも同連続講義の聴講者であり、しばらくして既述の家庭教師時代の悲恋を機にそうしたロマン主義に強くとらえられた。だが彼は結局ロマン主義者にはならなかった（ホルム 二〇二四）。とくに、一九一〇年代のグルントヴィは、シェリングの「絶対的同一性」、すなわち真理と非真理、善悪を越えた調和の次元のなかに、理性による神の代替の虚偽や人間の恣意的自由の放任、倫理的ニヒリズムへの傾斜を洞察して決別することになる。これらの点については本書の『補録』を参照できるが、しかし訳者は、グルントヴィにとって近代理性、すなわち感覚や感情、想像力、知性を包括する人間理性に対峙しつつ、それとともに歩む「良心」の重みを感じざるをえない。「良心」は一方で「健全な人間知性」（コモン・センス）として人間の共通知の地平をなすが、他方で歴史的世界と啓示との交差点にも位置する。それは諸々の理性的、個的人格を、真理と愛の絆である共同社会（サムフンズ）に包摂する実体的かつ主体的な慣習であり、「学芸」の本質実在を構成するからである。

それゆえ繰り返しになるが、グルントヴィは同時代の理性批判、哲学批判によって、理性一般を拒否し、古代の想像力偏重、中世の感情偏重への回帰を志向するわけではない。むしろ彼は想像力による神話や共同感情の世界を理性によって媒介し、いわば「学芸」的共同社会に回収しようとした。そこに理性や知性の歴史的役割があった。その意味で彼の理性批判はむしろそのオルタナティヴな理性の歴史存在論への展開ということができ、独尊的理性の構成主義を「良心」による歴史形成に転回して、有限な人間理性（健全な人間知性）の積極的開花をめざすものであった。

これにたいして理性の独尊的発露は、それ自身に一定の必然性が承認されるものの、「狂気」や「己惚れ」、「傲慢」等と相関的とされ、自己正当化やすりかえ言説を常套手段として知的な共同社会の損壊に結びつきかねないものとした。ここに学問（科学）や諸芸術の独立圏域、また経済や政治の分岐した独自圏域が「学芸」によって媒介される必要性が主張され、それらの妥当な制度化が要求されたのである。おそらくこうした論点は、コンセンサス・デモクラシーといわれ、協議社会とも特徴づけられる現代デンマークの思想的背景を説明する。いずれにしてもそこには、理性中心主義、人間中心主義から「良心」、「健全な人間知性」へのヒューマニズムの展開が問われたのである。

四　近代化の独自類型

ここで人間理性の独自台頭と拡散、支配を基調とする近代化にかかわって、訳者の関心から二点の思想的問題性について補足しておきたい。まず第一に、その類型把握の問題である。近代化、文明化はすでに日本では百年以上の長期にわたる議論があり、戦後に限定していえば単線型社会展論から大量消費社会出現論にいたるまで多様な仕方で論議されてきた。だが、いずれもその直接的なアクチュアリティを喪失し、むしろ冒頭でふれた諸問題、諸リスクの解決をめぐって再帰性や維持可能性、脱経済成長性が問われている。この点に関連して本書からは、近代化自体が単一にはとらえられず、むしろ複合的な思想を含む径路であること、それゆえに諸経験を区別しそれらの比較検討を要すること、またその諸類型を析出し、その可能性を問い直すことなどに気づかされる。じっさい、デンマークでは近代化は「学問」ないし合理性の普及・浸透に還元されず、むしろ「学芸」がある種ヘゲモニー的ともいえる地位を獲得して人間の成長と社会発展を領導したからである。

そのさい、訳者はステレオタイプ化されたプロテスタント型近代論のとらえなおしをまず念頭におく。周知のように、ヴェーバー以来、近代化や知的合理化はプロテスタンティズムとの関連で議論され、戦後日本の社会科学もまた、マルクスの社会発展論とともにヴェーバーの合理化論や近代化論に決定的な影響を受け、『プロテスタンティズムの倫理と資本主義の精神』は古典的著書として資本主義の生成を精神的に説明するとされてきた。同書で彼はとくにカルヴァン派の展開に注目し、自然主義から禁欲合理主義へのエートス転換が結果として信仰を希薄化し、合理性の「鉄の殻」と呼ばれる社会経済的基礎を準備したとする。メカニカルな仕方で自然主義が再生したのであり、そこに生きる「最後の人間」は「精神のない専門家、心のない享楽家」として人間の達成に己惚れるとする悲観論さえ公言され（ヴェーバー 一九八九）、その点でつとに「神の死」に言及したニーチェの議論との通底も指摘されるのである。

だが、ヴェーバーは隣国北欧のプロテスタンティズムに言及していない。これまで見てきたグルントヴィの啓示と連携する「学芸」からすると、「最後の人間」はむしろ「精神」もあり「心」もある「神像」の自己認識であり、そのことにより共同社会を日常世界の最終ゴールとする歴史軌道が敷かれた。この思想的影響はデンマークでは社会主義にも浸透したのであり、プロテスタンティズムは結果的に世俗化のなかで、社会民主主義を介して高度な福祉国家を創出したといえる（Knudsen 2000；小池 二〇一七、二〇二〇）。なぜ、北欧諸国が通例いわれる近代理性の反転、ニヒリズムあるいはシニシズムの蔓延といった諸問題を他の諸国に比して相対的に免れえているのか。ここでは指摘だけにとどめるが、この点は、近代化や知的合理化の類型的視点からも解明されるべきであろう。

第二に、自然主義の問題にふれたい。近代化は自然主義的態度の禁欲的、合理的転換ともとらえられる。だが、日本ではその転換も独自であり、伝統から連続する自然主義内の態度転換と受け取ることができる。その自然主義はしばしば主語のない述語主義、実体のない機能主義等として言及され、戦時期の哲学者三木清はこれを「東洋的自然主義」として対決したし（三木 一九三六）、戦後の政治学者丸山真男はその思考の基礎範疇を「つぎつぎとなりゆくいきほひ」とし、その帰結を「泥沼」と悲観的に記述した（丸山 一九七二）。この点からグルントヴィの「学芸」について見れば、それが禁欲合理主義とは別の独自視角から自然主義と切り結んでいることがわかる。じっさい彼は本書の「補録」にも見られるようにシェリングの自然哲学や自由論にニヒリズムへの傾斜を読み取り、身体性の権利や自然の相対的独自性を承認しながらも、同時にそれを啓示の視点から検証、訂正することで自然主義への埋没を抑止しようとした。この種の自然主義批判が日本においてどのようになされてきたのか訳者には不明であるが、いずれにしてもユニークな視座であり、その可能性は未解明といえる。ちなみに、二〇世紀の日本では、キリスト教的規範のある部分がマルクス主義思潮によって代替された経緯があったが（丸山 一九六二）、その思潮の脱宗教性への貢献が過度に強調されることで、結果として様々な圏域での規範的衰退や退廃現象の噴出の、優れた意味でのヒューマニズムの解体や衰退の基本要因となってはいないか、その嫌疑は否定できないと思える。訳者は信仰を立脚点としてはいないが、宗教問題を決着済みとする視点（マルクス 一九七〇）を留保するとともに、むしろマルクスの思想との関連でも「学芸」思想の解明の必要性を強く感じている。少なくとも世俗化や近代化には諸類型があり、魔術から科学へといった二項対立の単線移行図式に還元できないことだけは、ここで改めて確認しておきたい。

むすびにかえて

いずれにしても「学芸」概念への着目は、デンマーク近代史の事実、すなわちグルントヴィ「学芸」知の普及の事実に根拠がある。繰り返すが「学芸」は諸個人の「頭」、学問あるいは科学・技術の狭域に還元されることなどありない。人間知の最高峰は合理的個人ではなく、むしろ「良心」あるいは「健全な人間知性」の次元にあり、亀裂の架橋、あるいは分岐したものの再統合にこそある。この種の知は、世俗化がいっそう進展し、また社会化がグローバルに展開する現代においてもしばしば「ヒューマン・キャピタル」等のやや嫌みのある経済学的概念のなかで語られはする。だがデンマークでは、そこに全人的人間形成、グルントヴィの用語では「神像」への形成を最重要なテーマとして議論がなされており、フォーマル、インフォーマルを問わず教育一般でも、社会団体活動一般の場でも多かれ少なかれ慣習となり生活形式となっている。

なお最後に、訳者がこうした「学芸」を近代デンマークの知的、理念的基礎と考えるようになった直接的契機として、社会科学領域での「学習経済」、「学習福祉」、「社会投資型福祉国家」等の概念や、また「フレキシキュリティー」として近年話題を呼んだ社会政策のなかで可視化されるようになったことも申し添えておきたい（小池 二〇一七；豊泉 二〇二一）。もちろん、そのさいの知の実質機能については、さらに批判的検証と論理化を要することではあるが。

【注】

（一）〈Vidskab〉は第二次大戦後以来、グルントヴィの哲学や認識論として議論されてきた（Højrup1949; Jensen 1979）。近年ではこの概念を主題にした詳細な文献学的研究も公表されているが（Christensen 1998）、それもやはり、認識論的な主題の研究である。訳者の関心は、「学芸」をその視点にとどめず、むしろ人間的生の歴史存在論の側面に光を当て、サムフンズ（共同社会）形成の知として探求することにある。

参考文献

Christensen, B.(1998), *Omkring Grundtvigs Vidskab*, Gads Forlag.

Holm, A.(2001), *Historie og Efterklang, En Studie i N.F.S. Grundtvigs Tidskrift Danne-Virke*, Odense Universitetsforlag.

Højlup, H. (1949), *Grundtvig Syn paa Tro og Erkendelse: Modsigelens Grundsætning somTeologisk Aksiom hos Grundtrig*, Gyldendal.

Jensen, H. F. (1979), Grundvigs Erkendelsesteori: Om Forholdet mellem Tro og Fornunft i Tidskrift "*Danne Virke*"(1816-19), *Grundtiv Studier*, 31-1.

Knudsen, T. (2000), Tilblivelse af den Universalistiske Velfærdsstat, i: T. Knudsen (red.), *Den Nordiske Protestantisme og Velfærdsstaten*, Aarhus Universitetsforlag.

ヴェーバー、M.（一九八九）『プロテスタンティズムの倫理と資本主義の精神』（大塚久雄訳、岩波文庫）

――（一九八〇）『職業としての学問』（尾高邦雄訳、岩波文庫）

タニング、K.（一九八七）『北方の思想家グルントヴィ』（渡部光男訳、杉山書店）

ダム、P.（二〇二〇）『グルントヴィ小伝』（小池直人訳、一粒書房）

カッシーラー、E.（一九九七）『人間――シンボルを操るもの』（宮城音弥訳、岩波文庫）

グルントヴィ、N.F.S.（二〇一一～二〇）『グルントヴィ哲学・教育・学芸論集』①～③（小池直人訳、風媒社）

コースゴー、O．／清水満編書（一九九三）『デンマークで生まれたフリースクール、フォルケホイスコーレの世界』（新評論）
コースゴー、O．（二〇一六）『政治思想家としてのグルントヴィ』（清水満訳、新評論）
小池直人（二〇〇五）『〈改訂版〉デンマークを探る』（風媒社）
——（二〇一七）『デンマーク共同社会（サムフンズ）の歴史と思想』（大月書店）
——（二〇二〇）「マーテンセンの倫理的社会主義」（『ユートピアから法制への社会改革』一粒書房）
——（二〇二一）『共同社会型ヒューマニズムへの探求』（一粒書房）
コック、H．（二〇〇七）『グルントヴィ』（小池直人訳、風媒社）
坂口緑／佐藤裕紀／原田亜紀子／原義彦／和気尚美（二〇二二）『デンマーク式生涯学習社会の仕組み』（ミツイパブリッシング）
豊泉周治（二〇二一）『幸福のための社会学——日本とデンマークの間』（はるか書房）
ホルム、A．（二〇二四）『グルントヴィ概説』（小池直人／坂口緑／佐藤裕紀／原田亜紀子訳、花伝社より刊行予定）
マルクス、K．（一九七〇）『ヘーゲル法哲学批判序論』（真下信一訳、大月書店・国民文庫）
丸山真男（一九六一）『日本の思想』（岩波新書）
——（一九七二）「歴史意識の『古層』」（『忠誠と反逆——転形期日本の精神史的位相』、ちくま学芸文庫、一九九八年）
三木清（一九三六）「東洋的人間の批判」（『三木清全集』第一三巻、岩波書店、一九六七年）

謝辞（Taknemlighed）

訳出にあたって、『デーンの防塁』にかんする研究書を公刊し、またグルントヴィ思想の国際普及にも活躍しているA・ホルムさん（コペンハーゲン大学）には、訳出困難な部分にかかわってアドヴァイスを依頼し、関連する研究状況についても情報を提供してもらった。まず彼の援助に感謝したい。次に、グルントヴィの英訳全六巻の偉業を完結された翻訳家E・ブロードブリッジさんの仕事は、今回も大いに参考にさせてもらった。お礼を申し上げたい。さらにリセロッテ・ラーセンさん（グルントヴィ図書館）からのご援助にも感謝したい。最後に、グルントヴィ研究のかたわら、医療看護の哲学的問題にも携わっているR・ビィルケルンさん（南デンマーク大学）からは今回も翻訳にかかわって様々な示唆とともに、公私にわたる支援をえた。改めてここに謝意を表したい。なお末筆ながら今回の訳書出版でもお世話いただいた風媒社の劉永昇さんにも改めてお礼を申し上げたい。

Jeg vil gerne ”tusind takke” til A. Holm (Københavns Universitet), E. Broadbridge (den engelske oversætter), L. Larsen (Grundtvig Biblioteket) og R. Birkelund (Suddansk Universitet) for deres venlige hjælp til denne oversættelse.

索引（50音順）

著者紹介

グルントヴィ

Nikolaj Frederik Severin Grundtvig, 1783-1872

C・F・クリステンセンによる若きグルントヴィの肖像（1820年）

近代デンマークを代表する思想家、詩人であり聖職者。童話作家H・C・アンデルセン、哲学者S・A・キルケゴールらの同時代人。「生けることば」による「相互作用」を原理として覚醒神学のリーダーとなる一方、「生の啓蒙」を提唱して信仰から世俗を解放し、「歴史・詩的な」学芸知の圏域を開き、デンマークをはじめとした北欧諸国の社会文化や教育にきわめて重要な足跡を残した。晩年にはデンマーク王国議会議員も歴任。『デーンの防塁』、『北欧神話記』、『世界史手帳』、『デンマーク人』、『キリスト教の基礎教程』をはじめとして膨大な著作、草稿が残されているが、主なものはH・ベートルップの編集の十巻選集（*N. F. S. Grundtvigs Udvalgte Skrifter,* 1904-09）およびG・クリステンセンとH・コックの編集による十巻選集（*N. F. S. Grundtvig Værker i Udvalg, Bind,* 1940-49）、S・グルントヴィらの編集による全九巻からなる詩歌集（*N. F. S. Grundtvigs Poetiske Skrifter,* 1880-1930）などに収録されている。近年では、英訳選集（全六巻）、独訳選集（全一巻）などの翻訳がなされており、また、オーフス大学のグルントヴィ・センターを中心にオンライン版全集 *Grundtvigs Værker* の編集が進められている。

訳者紹介

小池直人（こいけ　なおと）

1956年、群馬県生まれ。思想史研究者。岡崎女子大学非常勤講師。主な著書：『デンマークを探る（改訂版）』（風媒社、2005年）、『福祉国家デンマークのまちづくり』（西英子との共著、かもがわ出版、2007年）、『デンマーク共同社会（サムフンズ）の歴史と思想』（大月書店、2017年）、『共同社会型ヒューマニズムへの探求』（一粒書房、2021年）など。主な訳書：H・コック『生活形式の民主主義』（花伝社、2004年）、コック『グルントヴィ』（風媒社、2007年）、N・F・S・グルントヴィ『生の啓蒙』（風媒社、2011年）、グルントヴィ『ホイスコーレ上・下』（風媒社、2014～2015年）、グルントヴィ『世界における人間（新版）』（風媒社、2020年）など。

グルントヴィ哲学・教育・学芸論集　4

学芸　同時代哲学との対峙

2024年6月7日　第1刷発行　（定価はカバーに表示してあります）

著　者　N. F. S グルントヴィ

訳　者　小池　直人

発行者　山口　章

発行所　名古屋市中区大須1-16-29　振替 00880-5-5616 電話 052-218-7808　http://www.fubaisha.com/　風媒社

＊印刷・製本／モリモト印刷　乱丁本・落丁本はお取り替えいたします。

ISBN978-4-8331-3193-3